AN INTRODUCTION TO
AMERICAN
LAW

수정판

미국법과 법률영어

Fukuda Moritoshi 저 / 박덕영 역

박영사

수정판 역자서문

지난 2009년에 번역하여 출간한 미국법과 법률영어가 그동안 독자들의 많은 사랑을 받아왔다. 번역권에 대한 계약기간이 만료되어 원저자와의 새로운 계약을 통하여 수정판을 발간하게 되었다. 본서의 수정판 출간과 관련하여 몇 가지 사항을 밝혀 두고자 한다.

첫째, 책의 내용이 변경되는 것은 아니며, 원저자의 요청에 따라 일부 내용을 수정하여 출간하게 되었음을 밝힌다.

둘째, 본서의 각주는 원서에는 실려 있지 않으나, 원저작자의 허락을 얻어 한국 독자들의 편의를 위하여 한국과 관련된 사항을 추가적으로 기재한 것이다. 각주의 내용에 관해서는 번역자가 모든 책임을 진다.

셋째, 원서에는 없는 영문으로 된 내용이 9곳 (28, 60, 75, 186, 215, 221, 227, 233, 263면 박스 안의 내용) 들어가 있는데, 이는 번역본 출간 과정에서 해당 면의 여백을 활용하기 위한 것으로 원저작자의 허락을 얻어 기재한 것이다. 해당 내용에 대해서는 번역자가 모든 책임을 진다.

본서가 출간된 이래로 그동안 많은 미국법 혹은 법률영어 관련 서적들이 출간되었으나, 여전히 본서는 나름의 특장을 갖고 있다고 생각한다. 미국법상 주요한 제도와 개념들을 영문으로 간략하게 소개하고, 관련 내용과 법률영어의 쓰임새를 매우 잘 정리하였다. 본서는 그 내용상, 시간의 구애를 별로 받지 않는 내용들로 구성되어 있어서, 앞으로도 미국법과 법률영어를 공부하는 초학자들에게 많은 도움이 되기를 기대한다. 아울러 본서와 자매서 격으로 출간된 「국제비즈니스를 위한 영미법입문」도 관심 있는 독자들의 일독을 권한다.

2014년 10월 단풍이 물들어가는 가을에
번역자 박 덕 영 씀

한국어 번역판 출판에 즈음하여

저의 책이 한국어로 번역되어 미국법에 관심이 있는 한국의 학생들, 대학원생, 연구자, 실무가 분들에게 도움을 드릴 수 있게 된 것은 커다란 영광이 아닐 수 없습니다.

특히 번역을 담당해주신 박덕영 교수님과 연세대학교의 모든 교수님들께는 감사와 존경의 뜻을 전하는 바입니다.

이 책은 복잡한 미국법률이나 법제도에 대한 수많은 영문자료를 참고로 하여 미국의 법문화와 Common Law를 그 기초부터 알기 쉽게 해설한 것입니다. 뿐만 아니라 사례를 통해 특수한 법률영어를 익히고 동시에 법적 사고(Legal Mind)를 함양할 수 있도록 내용을 구성하였습니다.

미국법을 이해하는 것은 국제비즈니스법 차원에서도 중요한 일입니다. 통상적으로 국제계약은 영문으로 작성되는 일이 많으며 이 때문에 계약서면에는 미국법의 규칙이나 개념이 곳곳에 나타나게 되는 경우가 많기 때문입니다.

본서가 독자들에게 미국법에 대한 이해의 단초가 될 수 있다면 매우 기쁠 것입니다.

마지막으로 이제부터는 한일법률교류가 더욱 활발해지기를 기원합니다.

2014년 7월

원저자 S.J.D. 법학박사 간다외국어대학 교수 **후쿠다 모리토시**

역 자 서 문

　　지난 1991년 국비유학시험에 합격하여 영국 Cambridge 대학교에서 LLM 과정을 이수한 바 있다. 당시 신입생환영회에서 국제정치학을 전공하는 덴마크 친구가 "Are you a lawyer?"라는 질문을 하였고, 역자는 당시 변호사는 아니었기에 당연히 No라고 대답하고, 한국의 사법시험에 대하여 상세히 설명해 주었다. 그랬더니 그 친구는 "What is your subject?"라고 재차 물었고, "I am studying international law"라고 답하였더니, 이번에는 이 친구 왈 "Wow, you are international lawyer"라며 놀라는 것이었다. 그리고 나서야 lawyer가 단순히 변호사만이 아니라 법학자, 법률가, 법학을 공부하는 사람 전반을 총칭하는 단어라는 것을 깨닫게 되었다.

　　국제법 전공이었음에도 불구하고, 영국에 유학하였다는 이유만으로 귀국 이후 연세대학교를 비롯한 여러 대학에서 영미법과 법률영어 관련 과목을 수차례 강의한 바 있다. 이때부터 국내 학생들이 쉽게 이해할 수 있는 법률영어 교재의 필요성을 인식하고 외국의 관련 교재들을 두루두루 수집하기 시작하였고, 법률영어에 관한 교재 집필을 마음먹었다. 그러나 2007년 여름 로스쿨법의 통과로 연세대학교로 자리를 옮기게 되고, Law School 관련 보고서 준비 등으로 바쁜 나날을 보내다가, 책을 집필하는 데는 너무 많은 시간이 소요될 것으로 보여 수집한 책 중에서 비교적 평이하고 읽기 쉽게 서술된 본서를 먼저 번역하기에 이르렀다.

　　본서는 법률영어 교육을 위하여 역자의 기획하에 여러 사람의 도움을 받아 번역되었다. 미국법을 이해하는 기초자료로 활용도 가능하겠지만, 법률영어를 익히기 위한 교재로 활용하고자 하는 것이 주된 목적이다. 그 과정에서 헌법, 민법, 형법 등에 해당하는 영미법상의 기본개념들을 익힐 수도 있을 것이다. 본서의 구성은 영미법 일반, 형법 그리고 불법행위법과 계약법 관련 주제에 관한 예문들을 제시하고, 용어에 관한 설명과 해당 주제에 관한 법적 설명을 추가하고 있다. 원저가 일본서이고, 저자가 일본인이다 보니 미국법과 비교한 설명은 일본의 법제도를 바탕으로 하고 있다. 일본의 법제도와 우리나라 법제도는 모두 대륙법을 계수한 특징을 갖고 있어서 일본 관련 설명을 우리나라 법에 비추어서 이해하더라도 큰 무리는 없어 보인다. 다만, 우리 법과 다른 부분은 역자 주의 형식으로 설명을 일부 추가하였다.

먼저 번역을 허락해준 일본의 유비각 출판사와 저자 후쿠다 모리토시 교수님께 감사드린다. 일본어 설명 부분 초벌번역 과정에 참여해 준 연세대학교 대학원 LLM 공동학위과정 김유철 군과 정성껏 수정작업을 도와준 대학원 박사과정 국제법 전공 이경화 님, 처음부터 끝까지 원고정리와 교정작업을 도맡아 준 역자의 조교, 석사과정 조유미 님에게도 고마움을 전한다. 아울러 우리 법률용어와 번역의 최종검토, 각주작업에 도움을 준 김도훈 연구교수, 고준성, 김가헌, 엄복현 조교 등에게도 고마움을 표하고 싶다.

번역 초안을 세밀하게 읽고 조언해 준 충북대학교 법과대학의 이경재 교수님께도 감사의 마음을 전하고자 한다. 이경재 교수와는 20여 년 전 대학원 재학시절 매주 토요일마다 모여서 1년 동안 田中英夫 교수가 저술한 「英美法總論」이라는 일본 법서를 음독을 해가면서 같이 일본어 독해공부를 한 추억을 갖고 있다. 번역 완료 후에 한국법과의 비교를 위하여 번역 초안을 세심하게 읽고 조언해 주신 우리 대학교 민법담당 이연갑 교수님과 형법담당 한상훈 교수님께도 심심한 감사의 말씀을 올린다.

어려운 출판 여건하에서도 출간을 허락해 준 박영사 안종만 회장님과 조성호 부장님, 편집작업을 맡아준 심성보 위원님께도 마음속 깊은 감사의 뜻을 표시하고 싶다. 글로벌 시대에 법률영어를 적절하게 구사할 수 있는 능력을 배양하는 것은 법률가로서 필수적인 소양이라고 할 것이다. 본 번역서의 보다 심도 있는 속편이라고 할 수 있는 글로벌비즈니스와 법률영어 (Global Business and Legal English) 교재의 향후 출간을 기약하면서 이만 줄인다.

2009년 정월

박 덕 영 씀

저 자 서 문

　본서는 미국법 연구의 입문서로 미국법 관련 자료와 판례요약을 영어 원문 그대로 수록하여 이의 강독을 통하여 미국법률체계를 학습하게 하고, 가능한 한 쉬운 말로 이를 해설한 데 그 특징이 있다. 일본에서 사법제도 개혁의 일환으로 국제화가 당면과제로 대두하여, 국제거래 분야에서 영어권 국가의 법률인 영미법, 특히 최근 미국법에 대한 이해가 중요 과제로 지적되고 있다.

　미국은 다민족 국가라는 특성으로 인해 건국 이래 일찍부터 국민들 사이에서 법제정 작업이 이루어져, 계약관념이 사회의식의 발현으로서 눈부시게 발전하였다. 이러한 국민성을 가지고 있는 미국은 '사회구성합의체(Gesellschaft)'를 대표하는 국가이며, 50개 주, 콜롬비아 자치구(Washington D.C), 연방법의 52개 법역이 공존하는 복잡성으로 인해, 외국은 물론 수년간 체제한 외국인에게도 그 이해가 쉽지 않은 법제도를 갖고 있는 국가이기도 하다. 미국 국민은 매일 법적 제 문제에 직면하고 이와 접한 생활을 한다는 면에서, 상대적으로 법과 괴리된 생활을 하는 일본인과는 아주 다른 법 개념을 가지고 있다.

　본서는 이처럼 난해한 미국 법률을 독자에게 소개하고, 보통법(common law)의 내용, 미국인의 법사고와 법문화, 나아가 일본법과의 비교 등에 주안점을 둔다. 본서는 총 50장에 걸쳐 주요 미국법 분야 전반을 다루며, 영문 자료를 축으로 내용의 핵심과 논점을 정리하고 있다. 내용 부분은 주로 판례 및 사건의 요약으로 구성하여 법이라고 하면 추상적으로 난해한 조문의 해석이라고 생각하는 독자들도 쉽게 미국법을 이해할 수 있도록 하였다.

　또한, 색인을 첨부하여 법률영어의 소양을 함양하는 데에도 도움이 되게끔 편집하였다. 법률영어는 그 용어와 용법, 문장구성의 정밀성 등이 난해하여 이해에 상당한 난점이 있는 것으로 평가받는다. 그러나 국제화가 진행 중에 있는 오늘날 특히 법률영어에 대한 이해의 필요성이 최근 점차 높아져 가고 있는 실정이다. 독자들이 이렇듯 난해한 법률영어에 익숙해지도록 하는 것

역시 본서의 목적 중 하나이다. 본서는 독자들이 법률영어를 배움과 동시에 법적 사고(legal mind)를 양성하는 데에 큰 도움이 될 것이라 생각한다.

법률은 그 국가의 문화에 크게 영향 받는다. 동양에서는 매우 엄하게 처벌 받는 행위가 다른 나라에서는 그다지 심각한 범죄로 인식되지 않는 경우가 있는가 하면, 그 반대의 경우도 존재한다. 미국 판례를 읽고 있자면, "왜 이런 사소한 부분까지 신경 쓰는가?" "왜 이런 일로 상대방을 고소까지 하는가?" "왜 이런 것이 이렇게까지 크게 문제시되는가?" 등의 의문을 가지게 되는 경우가 있다. 이는 나라마다 다른 문화에 기인하는 현상이다. 가치관의 차이는 직접적으로 그 나라의 법률상 처벌로 나타난다. 본서를 읽음으로써 미국인이 지닌 가치관에 녹아있는 합리성을 이해할 수 있다면 저자에게는 더할 나위 없는 기쁨이라 하겠다.

본문에 사용한 영문 자료는 미국 비즈니스법 교과서와 각 출판사 저자 간에 체결된 라이센스 계약에 따라 인용된 것이다. 또한 책의 뒷부분에는 연방 및 주 법원의 구성도, 미국 지적재산권의 비교표, 미국헌법의 대역이 수록되어 있다. 본서의 내용은 1997년부터 2년에 걸쳐 MAINICHI WEEKLY에 연재된 미국법 각 분야에 대한 소개와 해설에 기초한 것이다. 연재 당시 각계에서 이를 책으로 출판해 달라는 요청이 있어 전편을 수정 · 편집하여 유비각(有斐閣)에서 본서를 출판하게 되었다.

본서의 삽화는 MAINICHI WEEKLY에 연재할 당시 수고해 주신 故 우치야마(內山安二) 선생님의 작품이다. 본서 출간시 이 프로젝트의 계기를 마련해 주신 마이니치 신문사의 요츠다(古田哲子) 기자, 집필 당시 자료정리와 준비단계에서 여러 도움을 준 야마나카 세이코(森川晴子) 씨 등 여러분들에게 큰 도움을 받았다. 또 유비각 서적편집 제 1 부의 다가오(田顏繁実) 씨로부터 소중한 충고와 제안을 여러 차례 받아 본서를 완성할 수 있었다. 이 지면을 통하여 이 모든 분들께 감사의 말씀을 드리고 싶다.

2005년 1월 3일

후쿠다 모리토시(福田守利)

Contents of Legal Texts

내용설명 목차

1. "All laws, written and unwritten, have need of interpretation."

— Thomas Hobbes

The body of law is vast and complex. American law is based on numerous elements — the case decisions and reasoning that form common law; statutes passed by federal and state legislatures; federal and state constitutions; law codifications, such as the Uniform Commercial Code, that have been adopted by the various states; administrative law; and so on. But, as the opening quotation from Thomas Hobbes indicates, all laws "have need of interpretation." And for all that we call the above-mentioned collection of elements "the law," effectively it only become "law" when it is interpreted and applied by the courts. The courts play a paramount role in the legal environment of business, and it is often in the courtrooms that the law touches the lives of Americans.

Since businesspersons will likely face either a potential or an actual lawsuit at some time or another in their careers, it is important to anyone involved in business to have an understanding of American court systems, including the mechanics of lawsuits. Even though there are fifty-two court systems (jurisdictions) — one for each of the fifty states, one for the District of Columbia, plus a federal system — similarities abound. Keep in mind that the federal courts are not superior to the state courts; they are simply an independent system of courts, which derives its authority from Article III, Section 2, of the U.S. Constitution.

- **written and unwritten:** 여기서는 written and unwritten law를 가리킨다. written law는 쓰여 있는 법률, 즉 성문법 혹은 법전을, unwritten law는 쓰여 있지 않은 법, 불문법을 지칭하나 실제로는 판례법을 의미한다.
- **interpretation:** 해석, 이 경우 법해석은 문언상의 해석만이 아니라 그 시대의 정치상황, 경제상황 등 현실의 사회정세에 맞추어 해석해야 함을 의미
- **Thomas Hobbes**(1588~1679)**:** 영국의 정치철학자. 주요 저서로는 「법의 요소」, 「철학원론」, 「철학강요」, 「Leviathan」 등이 있다.
- **body of law:** 법률 자체, 법률 전반
- **element:** 요소
- **case decisions and reasoning:** 판결 및 판결의 이유
- **common law:** 관습법, 보통법, 판례법, 불문법, 코먼로, 영미법. 본래 영국 법원이 내린 판례의 축적에 의해 발전한 판례법을 의미하기 때문에 전통적으로 관습법, 보통법이라고도 불린다. 일반적으로 영어권 국가에서 사용되는 법체계로서, 법원의 과거선례, 관습, 정당성, 합리성 등에 기초한 포괄적 원칙으로 구성되어 있다. 대륙법체계와 달리 제정된 조문이 없으므로 불문법이라고도 불린다. 대륙법에 상대적인 개념으로 영미법의 의미로도 사용되며, 형평법의 상대적인 의미로도 사용된다.
- **statute:** 제정법. 성문으로 제정되어 있는 법. 미국에서는 판례법의 해석을 통일하거나 입법불비를 보완하기 위하여 제정되므로 제정법은 판례법에 우선하며, 제정법에 저촉하는 판례법은 무효가 된다.
- **legislature:** 의회, 입법부, 주 의회를 가리킴
- **constitution:** 헌법
- **law codifications:** 법전화된 법률. 일반적으로 codified law라고 한다.
- **Uniform Commercial Code:** 통일상법전. 미국의 상사거래를 총괄하는 모델 통일법. 1952년 통일주법전국위원회와 미국법률협회에 의한 official comments(동 법전 기초자의 공식주역)와 함께 공동 작성되어, 그 후 수차례에 걸쳐 개정되었다. 통일상법전과 official comments의 저작권은 이 2개의 단체가 보유하고 있다. 약칭은 U.C.C.
- **administrative law:** 행정법. 연방과 주의 행정기관의 조직, 권한 및 절차에 관한 법으로써 그 목적은 각 기관이 기능하기 위한 특정의 제정법을 실시하기 위해 정한 것이다. 법령, 규칙, 명령, 판단의 형식으로 집행된다.
- **(when it is) applied by the courts:** 법원에서 적용되는 경우
- **legal environment:** 법적 환경

- **lawsuit:** 민사소송. 민사법정에서 둘 혹은 그 이상의 당사자가 관계된 계약 혹은 불법행위 관련의 소송을 말한다. 광의의 의미로는 형사소송 이외의 보통법과 형평법상의 소송을 의미한다. 후의 suit도 동일한 의미

- **jurisdiction:** 법역, 관할권, 재판권. 법체계의 효력이 미치는 범위. ① 미국에는 50개 주, 연방 및 워싱턴 D.C.의 52개의 법역이 존재한다. 일반적으로 정부나 주의 지배권이 미치는 지리적 범위를 의미한다. ② 재판이 제기되어 소송과정을 통하여 이를 심리하고 판결을 내리는 권한을 의미한다. 또한, 법원의 관할범위를 가리킨다. 관할권은 이하의 세 종류로 나뉜다. 인적관할권(personal jurisdiction) 및 재산관할권은 피고 또는 피고의 재산 소재지에 따라 결정되는 관할권이다. 물적관할권(subject matter jurisdiction)은 사건의 내용이나 종류에 따라 결정된 관할권이다. 기타 관할권에 관한 용어로서 다음이 있다. 일반적 관할권(general jurisdiction)은 어떠한 사건에도 관할권을 갖는 것을 말한다. 제1 관할권(original jurisdiction)은 사건을 수리한 법원의 관할권을 의미한다. 항소관할권(appellate jurisdiction)은 상소를 수리한 법원의 관할권을 의미한다. 연방관할권(federal jurisdiction)은 연방문제에 관한 사건을 다루는 법원을 관할하는 것을 의미한다. 다른 주적(州籍)에 관한 사건으로서 분쟁 액수가 7만 5천 달러를 초과하는 사건은 연방지방법원이 관할권을 갖는다.

- **federal system:** 연방제도

- **abound:** 풍부한, 많은

- **derive:** 유래하다. 기원하다. 본원, 출소에서 파생된 것. 특히 법률의 유래를 나타낼 때 이 단어가 사용된다.

- **authority:** 출전, 법률상 논쟁, 주장, 견해 등의 근거로서 인용하는 헌법, 조약, 제정법, 판례, 학설 등을 가리킴(관할권을 갖지 않는 법원의 판결은 무효이다)

- **Article Ⅲ, Section 2, of the U.S. Constitution:** 미합중국 헌법 제3조 제2절. 헌법 제3조는 사법부에 관한 규정인데, 제2절에서는 법원의 관할권에 대해 규정하고 있다(일반적으로 Section이 절로 번역되지만, 미국헌법에서는 우리나라 법상의 항의 개념으로 사용되고 있다).

1. 미국법 개론

성문법과 불문법

우선, 법에 있어 'written'과 'unwritten'이라는 귀에 익지 않은 용어가 실려 있는데, 전자는 육법전서와 같이 법전의 형태로 작성된 법률을 말하는 반면, 후자는 법전의 형태로 쓰여 있지는 않지만, 판례가 선례로서 구속력을 지니며 법률로서의 지위가 주어진 법을 의미한다. 즉, 법전의 형식으로 기록되어 있지 않다는 의미로 'unwritten'이라는 표현이 사용되는 것이다. 세계에는 크게 나누어 두 개의 법체계가 존재한다. 하나는 '대륙법(civil law)'이라고 하는 유럽대륙의 법체계로 로마법에서 발원하였고, 법률 자체가 모두 조문으로 규정되는 것을 기본으로 한다. 한국이나 일본의 법체계는 바로 이에 속한다. 또 하나의 법체계는 '보통법(common law)'이라고 하여, 앵글로·아메리칸 법을 연원으로 하며 판례법을 기본으로 하는 영미법으로, 현재 영어권 국가들이 이러한 법체계를 계승하고 있다. 일본과 같은 대륙법계 국가에서는 법률은 모두 육법전서와 같이 조문으로 규정되어 있다는 선입관이 있으므로, 'unwritten law'라고 하면 매우 낯선 느낌이 드는 것이 사실이다.

"성문법이든 불문법이든 모든 법은 해석을 필요로 한다." -토마스 홉즈-

법률 자체는 그 수를 셀 수 없을 정도이며, 매우 복잡한 체계를 지니고 있다. 미국법은 많은 구성요소들로 이루어져 있다. '보통법(common law)'을 형성하는 쟁송사건의 판결과 그 이유, 연방과 주 의회에서 제정된 제정법, 연방과 각 주의 헌법, 많은 주에서 채용된 통일상법전(Uniform Commercial Code)과 같은 법전, 행정법 등이 바로 그러한 구성요소이다. 하지만 앞서 언급한 토마스 홉스의 말처럼 모든 법은 해석을 필요로 한다. 따라서 상기한 '법률' 요소는 법원에 의해 해석되고 적용되는 때에 비로소 유효한 '법률'이 되는 것이다. 법원은 비즈니스의 법적 환경에 지대한 역할을 미치며, 법률은 미국인의 생활에 밀접한 관련을 맺고 있다.

비즈니스 종사자들은 업무 수행 중 언제 민사소송에 직면할지 모르기 때문에, 민사소송의 메커니즘을 포함한 미국 법원 제도를 이해하는 것이 중요하다. 52개의 재판 시스템(법역) ─ 50개 주가 각기 하나씩, 워싱턴 D.C.가 하나, 그리고 연방 ─ 이 존재하지만 서로 많은 유사점을 공유한다. 미국헌법 제 3 조 제 2 절이 규정하는 바와 같이, 연방법원이 주 법원보다 상위에 있는 것이 아니라, 각기 독립된 법원으로 존재하는 것이 미국의 법체계라는 것에 유의하기 바란다.

미국의 법률

이상의 내용을 요약해 보면, '법의 나라, 미국'에는 판례법 이외에도, 주와 연방의 의회가 제정한 제정법, 연방과 주(州)의 헌법, 통일상법전과 같은 모델법 등 많은 법률이 존재한다. 미국헌법은 1787년에 제정된 세계에서 가장 오래된 성문 헌법으로, 기본권 조항은 일본헌법을 포함한 세계 각국의 헌법에 큰 영향을 미쳤다.

흔히 미국은 건국 230년 정도밖에 되지 않은 젊은 나라라고 불리어지는 경우가 있으나, 헌법을 기초로 형성된 근대국가의 형태를 갖춘 국가 중에서는 세계에서 가장 오래된 우리의 선배 국가인 것이다. 각 주는 연방법에 위반되지 않는 범위 내의 주 헌법을 가지고 있다. 주는 화폐주조, 외국과의 조약체결 등 외교 관계에 관한 권한은 가질 수 없지만, 그 이외의 영역에서는 무엇이든 자유롭게 할 수 있는 반(半) 독립국가와 같은 성격을 가지고 있다. 그 증거로서 각 주가 독자적인 헌법을 가지고 있는 것을 들 수 있다. 주헌법 중에는 연방법보다 장문으로 더 세밀한 규정을 두고 있는 것도 있다.

U.C.C.

통일상법전(Uniform Commercial Code)은 미국의 상거래 전반을 규제하는 통일상법전으로 통일주법전국위원회의와 미국법률협회에 의해 1952년에 처음으로 공동작성 되었다. 의회에 의해 제정된 것이 아니므로 법률로서의 강제력은 없지만, 모든 상거래에 권위 있는 법규범으로서 각계에서 참조하고 있다. 이

법전의 목적은 상거래에 관한 여러 주 법률에 일관성을 갖게 하는 것으로 미국 비즈니스 거래에 있어 편의성을 고려하여 만들어졌다.

52개의 법역(法域)

다음은 법원의 체계에 관하여 살펴보자. 미국에는 52개의 법역(法域)이 존재한다. 법역은 jurisdiction이라고 하는데, 기본적으로 법원의 관할권을 의미한다. 우선 미국 전역에 50개 주가 있으므로 50개의 관할권으로 나누어진다. 또한 연방이 독립한 관할권으로 존재하고, 워싱턴 D.C.가 수도로서 관할권을 가지므로, 전부 52개의 법역이 존재하는 것이다. 다시 말하면 모두 52개의 다른 법률구역이 있는 것이다. 이러한 52개의 법역의 존재가 미국이라는 거대국가를 외부에서 보았을 때, 알기 힘든 복잡한 나라라는 이미지를 갖게 한다. 주에도 각기 supreme court라고 불리는 최고법원(이와는 다른 명칭을 가진 주도 있다. 예를 들어, 뉴욕 주의 최고법원의 명칭은 Court of Appeals이다)을 정점으로 하여, 연방과 유사한 법원 시스템을 갖추고 있다.[1]

관할권은 제기된 소송을 각 법원이 수리한 다음, 이를 심리하여 판결을 내리는 권한을 말하며, 지리적 요소, 인적·재산적 요소, 혹은 소송대상(subject-matter)이라고 하는 사건의 내용과 종류에 따라 어느 법원이 관할권을 갖는지가 결정된다.

소송비용

'법의 나라 미국'에서는 재판이 문제해결의 수단으로 기능하고 있다는 관념을 가지고 있어, 제소비용도 소송가액[2]의 다과에 관계없이 일괄적으로 약 100달러 정도로 저렴하여 매우 빈번하게 소송이 행해지고 있다. 연방 지방법원에서는 일률적으로 150달러이다.

---

1) 특이하게도 뉴욕 주에서는 제1심법원을 supreme court라고 부른다. 이 경우 대법원이라고 번역하는 것은 오역이며, 제1심법원이라고 하는 것이 마땅할 것이다.
2) 소가(訴價)라고도 하며, 우리 법제처에서 추진하고 있는 「알기 쉬운 법령 만들기」에서는 "소송목적의 값"이라는 용어를 사용하고 있다.

　　따라서 상대를 고소한 이후에야 문제 해결을 위한 협상이 개시되는 예도 많이 있다. 또한, 같은 회사 동료가 R&D(개발) 부서 직원을 제소함과 동시에 다른 분야에서는 매입에 들어가는 등의 경우와 같이, 일본에서는 생각할 수 없는 일도 빈번히 발생한다. 일본에서는 '고소한다'라는 말 자체에 매우 무거운 의미가 내포되어 있다. 민사소송에서 변호사에게 착수금을 지불해야 하고, 소송비용으로서 법정 소송목적가액에 따라 인지를 소장에 첨부하는 것이 의무화되어 있어, 그 자체가 제소에 대한 억지력으로 작용한다.

2. Common Law and Civil Law

The Legal System of Nations

COMMON LAW		CIVIL LAW	
Australia	Nigeria	Argentina	Indonesia
Bangladesh	Singapore	Austria	Iran
Canada	United Kingdom	Brazil	Italy
Ghana	United States	Chile	Japan
India	Zambia	China	Japan
Israel		Egypt	Mexico
Jamaica		Finland	Poland
Kenya		France	South Korea
Malaysia		Germany	Sweden
New Zealand		Greece	Tunisia
			Venezuela

(*Business Law Today*, 5th Edition, p. 17)

Basically, there are two legal systems in today's world. One of these systems is the common law system of England and the United States.

The other system is based on Roman civil law, or code law. The term civil law, as used here, refers not to civil as opposed to criminal law but to codified law — an ordered grouping of legal principles enacted into law by a legislature or governing body. In a civil law system, the primary source of law is a statutory code, and case precedents are not judicially binding, as they normally are in a common law system. Although judges in a civil law system commonly refer to previous decisions as sources of legal guidance, they are not bound by precedent; in other words, the doctrine of *stare decisis* does not apply.

Exhibit above lists the countries that today follow either the common law system or the civil law system. Generally, those countries that were once colonies of Great Britain retained their English common law heritage after they achieved their independence. Similarly, the civil law system, which is followed in most of the continental European countries, was retained in the Latin American,

African, and Asian countries that were once colonies of the continental European nations. Japan and South Africa also have civil law systems, and ingredients of the civil law system are found in the Islamic courts of predominantly Muslim countries. In the United States, the state of Louisiana, because of its historical ties to France, has in part a civil law system. The legal systems of Puerto Rico, Quebec, and Scotland are similarly characterized as having elements of the civil law system.

- **legal system:** 법체계
- **Roman civil law:** 로마법계의 대륙법
- **code law:** 법전법. 특정분야의 법을 법전으로 체계화한 것
- **civil law:** 대륙법, 민법, 민사법을 의미
- **codified law:** 법전법, 성문법
- **ordered:** 정연한
- **enact:** 제정하다.
- **legislature:** 입법기관, 입법부, 의회
- **governing body:** 총괄기관, 정부
- **sources of law:** 법원(法源). 법의 권원이 되는 것. 영미법은 판례법, 대륙법에서는 성문법이 주요 법원이 되고 있다.
- **statutory code:** 제정법, 입법기관이 제정한 성문법
- **precedent:** 선례
- **doctrine of *stare decisis*:** 선례구속의 원칙
- **colony:** 식민지
- **retain:** 보유하다. 유지하다.
- **ingredient:** 요소
- **predominantly:** 주로, 대부분, 지배적으로

2. 영미법과 대륙법

세계의 법체계

역사상 서양문명 속에서 발전되어 온 법체계에는 영미법과 대륙법이 있다. 같은 법체계에 속하는 국가라 할지라도 각기 그 내용에 있어서는 큰 차이가 존재한다. 영미법 중에서도 헌법을 예로 들자면, 미합중국 헌법은 하나의 완결된 공문서로서 공표된 것이지만, 영국 헌법은 이와 대조적으로 하나의 공문서의 형식을 가진 것이 아니다. 1215년의 마그나 카르타(대헌장), 1689년의 권리장전 등 몇 개의 중요하고 기본적인 법률의 총체를 헌법이라고 하는 것이다. 그 결과 또 하나의 중요한 차이로 들 수 있는 것은 영국에서는 법관이 의회제정법의 위법성을 선언하는 권한을 인정하고 있지 않지만, 미국에서는 명확히 그러한 권한을 법관에게 부여하고 있다는 점이다. 즉, 영국의 법원은 의회제정법을 무효화할 수 없지만, 미국에서는 대법원이 의회제정법이 헌법에 위반된다고 판단할 경우 이를 무효화할 수 있는 것이다. 또한 인도 역시 미국과 같이 영국법 전통을 계승하고 있는 국가이지만, 양국 계약법의 기본이 되는 보통법 원칙 부분에서는 서로 상당한 차이를 보인다. 이와 같이 법은 같은 법체계의 것이라 하더라도 사회정세, 정치, 경제, 지역성 등의 영향에 의해 차이가 발생한다.

상기한 영미법과 대륙법 이외에도, 러시아·동유럽·아시아 등 사회주의 국가의 법제도 역시 법체계의 하나로 분류된다. 또한, '종교적' 관습법을 기본으로 한 아시아, 중근동, 아프리카 국가들에 존재하는 법제도 역시 하나의 법체계를 이룬다고 할 수 있다. 절대적 존재인 종교적 성전을 기본으로 하는 이슬람 법체계는 코란이 법률은 물론이고 모든 생활을 규율하는 규범으로써 지대한 영향을 미치고 있다. 이러한 종교적 법체계하의 국가에서는 그 성격상 법의 개정이 매우 힘든 것으로 알려지고 있다. 또한 세계에는 여러 법체계의 법률을 융합한 제도를 가지고 있는 국가들도 있다.

법체계에 따라 실제로 어떤 차이가 존재하는 것일까? 우선, 법원의 조직, 법관의 선출방식, 법률가의 양성방식, 또는 법관이 판결할 때 기준이 되는 법원(法源) 등에 차이가 있다. 다음으로, 입법기관(법원, 의회, 행정부 등)의 상이성을 들 수 있다. 이 장에서는 특히 영미법과 대륙법을 중심으로 그 구체적 차이를 살펴보도록 하겠다.

[각국의 법체계]

영미법		대륙법	
호주	나이지리아	아르헨티나	인도네시아
방글라데시	싱가포르	오스트리아	이란
캐나다	영국	브라질	이탈리아
가나	미국	칠레	일본
인도	잠비아	중국	멕시코
이스라엘		이집트	폴란드
자메이카		핀란드	대한민국
케냐		프랑스	스웨덴
말레이시아		독일	튀니지
뉴질랜드		그리스	베네수엘라

영미법과 대륙법

본문에서 영미법은 common law, 대륙법은 civil law라고 표현한다. 기본적으로 오늘날 세계는 두 개의 법체계로 분류될 수 있다. 그 하나가 영미법인 영국이나 미국의 common law 체계이다. 다른 하나는 로마법 체계의 대륙법인 civil law 또는 code law이다. 여기서 사용되는 'civil law'라는 단어는 형법에 대비되는 민법의 의미가 아니라, 법전법(法典法), 즉 입법기관 또는 통치기관에 의해 법률로 제정된 법원칙을 정연히 정리한 것이라는 의미이다. civil law 체계에서 가장 중요한 법원은 제정법이며, common law 체계에서 통상적으로 구속력을 지니는 판례는 여기서는 동일한 법적 구속력을 지니는 것이 아니다. 법관은 법적 지침의 근원으로서 과거의 판례를 빈번히 참조하지만, 선례에 구속되지는 않는다. 즉 선례구속의 원칙이 인정되지 않는 것이다.

위의 표에 현재 보통법 체계를 채택하고 있는 국가와 대륙법 체계를 채택하고 있는 국가를 분류해 놓았다. 대체로 과거 영국 식민지국가들이 독립 후, 영국의 보통법 전통을 계승하였다. 마찬가지로 유럽 대부분의 국가들이 채택하였던 대륙법 체계는 과거 유럽 국가들의 식민지였던 라틴 아메리카, 아프리카, 아시아 국가들에 의해 계승되었다. 일본과 남아프리카 국가들 역시 대륙법 체계를 따르고 있으며, 대부분의 이슬람 국가들의 법정에도 대륙법의 요소들을 발견할 수 있다. 또한, 푸에르토리코, 캐나다 퀘벡, 스코틀랜드 법체계도 대륙법적 요소를 갖고 있다.

상기한 내용을 기초로 영미법과 대륙법을 비교해 보기로 한다. 우선, 법률문제에 대한 사고방식이라는 점에서, 영미법은 특정 사건에 대해 실천적 면보다 사실을 분석하고, 선례에 비추어 사건을 이해하는 작업이 우선적으로 이루어지지만, 대륙법체계에서는 우선 추상적인 조문을 해석하고, 사건이 어떤 조문에 해당하는 것인가의 작업부터 시작된다. 법과 사회의 관련성이라는 점에서, 영미법에서는 법은 개혁적 성격을 지니며, 세상의 움직임에 맞추어 대응해 나가는 것으로 인식되고 있다. 선례로서 판례에 구속된다는 중요한 원칙이 존재하기는 하지만 새로운 문제에 직면하였을 때, 법관은 이전의 법 원리를 분석한 후, 그로부터 발전된 새로운 상황에 맞는 새로운 법원리를 만들어 낸다. 이에 반해, 대륙법은 일단 법률을 제정한 경우, 이의 개정은 비교적 드물게 이루어진다. 이러한 점에서 대륙법은 영미법과 비교해 볼 때, 보수적인 색채를 띤다고 할 수 있다.

접근하는 양법체계

그러나 두 법체계는 그 원칙은 지켜지고 있지만, 실질적으로 서로 접근해가는 경향을 보이고 있다. 판례법을 가장 중시하는 나라가 법률의 법전화 경향을 보인다든지, 법전법이 중심인 국가도 판례를 적극적으로 수용하는 경향을 보이고 있는 것이다. 즉, 판례를 정리하여 효율적·기능적 의미로 법전화한다든지 조문과 조문의 간극을 판례로 보충하는 현상이 각기 법체계의 국가에서 일어나고 있다.

구체적 차이

다음은 구체적으로 양법체계에서 문제를 다루는 방식의 차이가 나타나는 예를 소개하겠다. 대륙법계의 국가에서는 소권(訴權)의 소멸시효라는 제도가 있다. 이는 실체법상 효과로서 일정한 시간의 경과에 의해 제소권을 소멸시키는 제도이다. 영미법에는 출소기한법이라는 법률이 있다. 이는 사건의 내용·종류에 따라, 수년 이내라면 소송제기를 가능케 하는 법원칙이다. 양자는 내용상, 같은 목적을 지니고 있으나 대륙법에서는 법을 우선시하여 관련내용을 규정하고 있는 반면, 영미에서는 판례법의 국가이고, 판례 중심의 법체계이므로 소송중심, 즉 소송법상의 관점에서 규정하고 있는 것이다.

실체법 (Substantive Law)	절차법 (Procedural Law)
행정법 (Administrative law)	행정소송법 (Administrative procedure)
대리 (Agency)	항소절차법 (Appellate procedure)
위탁 (Bailments)	민사소송법 (Civil procedure)
어음·수표 (Commercial paper)	형사소송법 (Criminal procedure)
헌법 (Constitutional law)	증거법 (Evidence)
계약 (Contracts)	
회사법 (Corporation law)	
형법 (Criminal law)	
보험 (Insurance)	
지적재산권 (Intellectual property)	
조합 (Partnerships)	
동산 (Personal property)	
부동산 (Real property)	
매매 (Sales)	
스포츠 엔터테인먼트법 (Sports and Entertainment law)	
조세 (Taxation)	
불법행위 (Torts)	
신탁과 유언 (Trusts and wills)	

(*West's Business law*, 6th Edition, p. 10)

보다 생활에 밀접한 예를 들어 설명해 보겠다. 만약 일본의 술집에 미성년자가 들어와 술을 마시려 한다면, 가게의 책임자는 "법률이 20세 미만의 자는 음주가 금지되어 있으므로 술을 팔 수 없습니다"라고 표현할 것이다. 반면, 미국에서는 가게의 책임자가 "미성년자에게 음주를 허용하면 가게의 경영자로부터 책임을 추궁당하여 고소될 수 있기 때문에 술을 팔 수 없습니다"라고 설명할 것이다. 즉, 실체법상 문제에 대한 의식이 희박한 것이 영미법적 사고의 특징이라 할 수 있다.

3. History of American Common Law

In 1066 the Normans conquered England, and William the conqueror and his successors began the process of unifying the country under their rule. One of the means they used to this end was the establishment of the King's Court, or Curia Regis. Before the Norman Conquest, disputes had been settled according to local custom. The King's Court sought to establish a common or uniform set of customs for the whole country. The body of rules that evolved under the king's court was the beginning of the common law, called "common" because it was meant to be common to the entire English realm.

As the number of courts and cases increased, the more important decisions of each year were gathered together and recorded in Year Books. Judges, when settling disputes similar to ones that had been decided before, used the Year Books as the basis for their decisions. If a case was unique, judges had to create new laws, but they based their decisions whenever possible on the general principles suggested by earlier cases. The body of judge-made law that developed under this system is still used today and is known as the common law.

Common law began as the ancient unwritten law of England but today includes the statutory and case law background of England and of the American colonies prior to the American Revolution. The case law of the United States since the American Revolution is a predominant part of our common law, consisting of rules of law announced in separate court decisions. The cases may themselves involve a court interpretation of a statute, a regulation, or a provision in a constitution. Such an interpretation becomes part of the authoritative law on the subject and further serves as a precedent in the particular jurisdiction. A case that is referred to as a precedent is a prior case that is similar in legal principles or in facts to a case under consideration.

Common law must be distinguished from statutory law, such as that enacted by state and federal legislatures. In areas where legislation has not covered relevant issue, courts still refer to the common law. The history and circumstances of states differ, which has given rise to differences in the common law of each state.

- **Normans:** 게르만족의 일파. 스칸디나비아인 바이킹족. 10세기 프랑스 북서부 노르망디를 정복한 후 정주
- **conquer:** 정복하다. 후의 conqueror는 정복자의 의미. 특히 the conqueror는 정복왕으로 번역하는데, 이는 1066년 영국을 정복한 윌리엄 1세를 가리킨다.
- **successor:** 후계자
- **unify:** 통일하다. 하나로 만들다.
- **end:** 목적, 목표, 노리는 바
- **establishment:** 설립, 창립
- **Curia Regis:** 국왕법정. 노르만 잉글랜드의 윌리엄 1세가 설치한 궁정 내의 행정기관과 사법기관을 겸한 기관＝King's Court
- **dispute:** 분쟁
- **custom:** 관습, 관습법
- **evolve:** 발전되다. 전개되다.
- **realm:** 왕국, 국토
- **Year Books:** 법연감(法年鑑). 중세 영국 국왕 에드워드 2세부터 헨리 8세 통치시대까지 매년 발행됨
- **general principles:** 일반원칙
- **judge-made law:** 법관법. 법관이 판결을 통하여 만든 법
- **unwritten law:** 불문법
- **American Revolution:** 미국 독립혁명, 미국혁명. 특히 1775년부터 1783년까지의 13개 식민지의 완전 독립을 향한 반(反)영국투쟁을 가리킴
- **predominant:** 지배적인, 유력한, 우세한
- **authoritative law:** 권위 있는 법
- **precedent:** 선례
- **jurisdiction:** 관할권

3. 미국 보통법의 역사

식민지로서의 역사

식민지시대의 전통으로 인해 미국법률의 많은 부분은 영국법률 제도를 모체로 삼고 있다. 이러한 전통과 역사에 대한 지식은 현대 미국 법제도의 본질을 이해하기 위해서도 꼭 필요한 사항이라 할 수 있다.

콜럼버스가 1492년 서인도제도를 발견한 이래, 유럽 국가들은 북미대륙에 주목하기 시작하였고, 특히 스페인, 영국, 프랑스, 네덜란드의 이 지역 진출이 활발히 진행되었다. 영국은 이 중에서도 선도적이어서, 1607년 버지니아에 항구적으로 설치를 계획한 식민지인 제임스타운이라는 거점을 마련하였다. 이로부터 1773년 조지아 주가 형성되기까지 13개의 식민지를 건설하였다.

같은 기간 다른 유럽국가들 역시 각지에 식민지를 경영하고 있었으나, 프랑스가 7년 전쟁(1755년~1763년)에서 영국에 패배한 결과, 영국과의 식민지 경쟁에서 밀려나 북미대륙은 온전히 영국의 지배권 하에 편입되었다. 그 때 영국 본토에서 일어난 종교개혁으로 인해 많은 영국인이 종교의 자유를 찾아 식민지로 이주해 왔다. 영국의 보통법에는 식민지가 건설될 경우, 영국법을 계수(繼受)하게 한다는 원칙이 존재하여 당연히 북미대륙에서는 영국법이 사용되게 되었다.

노르만인의 정복과 국왕법원

1066년 노르만인이 영국을 정복하여 정복왕 윌리엄과 그 후계자들은 그들의 법에 의거하여 국가를 통일하였다. 이들이 그 목적을 달성하기 위해 행한 한 가지 의의는 국왕법원 또는 국왕법정을 설립한 것을 들 수 있다. 노르만인의 정복 이전에는 분쟁이 전국 각지의 관습법에 따라 해결되었다. 국왕법원은 전국 공통 또는 통일된 관습법의 형성을 위하여 노력하였다. 이와 같이 국왕법원을 근간으로 발전해 온 일련의 법체계가 'common law'의 기원이며, 'common'이라는 수식이 붙게 된 것은 새로이 등장한 법체계가 영국 왕국 전

체에 '공통적으로' 적용되기 때문이었다.3)

법관법

법원과 판례의 수가 증가함에 따라, 매년 수많은 중요한 판결이 축적되어 법연감에 기록되었다. 법관이 이전의 판결과 유사한 분쟁을 해결함에 있어, 판결의 기준으로서 법연감을 이용하게 되었다. 법관들은 담당 사건에 인용할 선례가 전혀 없는 경우에는 새로운 법률을 만들어낼 수밖에 없었지만, 가능한 한 선례를 통해 확인된 일반원칙을 기준으로 삼아 왔다. 이 제도를 기반으로 발전한 법관법의 법체계가 현대에도 사용되어 "보통법"으로 알려지고 있다.

미국 보통법의 역사

보통법은 고대 영국의 불문법에서 유래하였지만, 오늘에 이르러 영국의 제정법과 판례법 및 미국 독립 이전 식민지시대의 제정법과 판례법 등의 배경도 포함한다. 독립혁명 이후 미합중국의 판례법은 미국 보통법의 지배적인 부분으로서 개별 법원의 판결에 의해 선언된 법의 지배 원칙에 입각하여 성립된 것이다. 판례는 그 자체가 제정법, 규칙, 혹은 헌법조항에 대한 법원의 해석을 포함하는 것이며, 이러한 해석은 해당 문제에 관한 권위 있는 법률의 한 부분을 구성하여 특정 법역에서 선례로서의 역할을 하게 된다. 선례로서 참조되는 판례는 법적원칙과 사실관계의 측면에서 당해 사건과 유사한 이전의 판례이다. 보통법(common law)은 주 혹은 연방의회에서 제정된 제정법과 구별될 필요가 있다. 관련된 소송상의 논점을 제정법이 규정하고 있지 않은 경우에, 법원은 지금도 보통법(common law)을 참조하고 있다. 각 주의 역사와 제반여건의 차이는 각 주의 보통법 사이에 여러 차이점을 낳고 있다.

---

3) 이러한 의미에서 '보편법(普遍法)'이라는 용어가 '뛰어나지 않은 보통'이라는 의미의 '보통'과 혼동을 피할 수 있다는 점에서 보다 정확한 해석이라고 할 수도 있다.

영국법 계승의 경위

미국은 식민지시대에 영국법을 계승하였으나 식민지의 내부 사정은 영국과 생활환경, 사회제도, 경제적 상황 등 여러 측면에서 상이하였으므로 오랜 기간 동안 영국법의 전면적 적용은 불가능하였다. 그러나 1700년대 중엽 식민지 의회가 통과시킨 법률이 영국 본국에서 부결되는 사태가 속출하여, 식민지 인민들이 스스로의 권리를 지키기 위해 본국에서 항소를 하는 등, 영국 본국을 상대로 법정투쟁을 전개해 나갔다. 이에 따라 필연적으로 보통법을 포함한 영국법의 계수(繼受)과정도 난항을 겪게 되었다.

영국법으로부터의 이탈

그 후 미국은 1800년대 후반부터 공업화를 기반으로 한 경제가 눈부시게 발전하여, 영국과는 상이한 발전경로를 보여왔다. 그 결과 보통법의 전통은 지켜 가면서도, 1900년대에 이후에는 영국법과는 다른 내용의 법체계를 형성하기 시작하였다. 전쟁 후에 이르러서는 특히, 상법, 회사법, 계약법, 재산법의 분야에서 독자적으로 발전된 원칙이나 규칙이 많아져, 단순히 '영미법'이라는 일괄된 범주로 묶기에 곤란할 정도의 상황에 이른 것이 현재의 미국법이라 할 수 있다.

4. Stare Decisis

The practice of deciding new cases with reference to former decisions, or precedents, eventually became a cornerstone of the English and American judicial systems. It forms a doctrine called *stare decisis* ("to stand on decided cases"). The doctrine of *stare decisis* suggests that judges attempt to follow precedents. The doctrine helps the courts to be more efficient, because if other courts have carefully reasoned through a similar case, their opinions can serve as guides. *Stare decisis* reflects the experience and wisdom of the past. The doctrine also makes the law more stable and predictable.

The rule of precedent tends to neutralize the prejudices of individual judge, and if the law on a given subject is well settled, someone bringing a case to court can usually rely on the court to make a decision based on what the law has been.

Sometimes a court will depart from the rule of precedent if it decides that a given precedent should no longer be followed. If a court decides that a precedent is simply incorrect or that technological or social changes have rendered the precedent inapplicable, the court might rule contrary to the precedent.

In these situations, a court is guided in its decisions by fairness, public policy, and legal reasoning. Cases that overturn precedent often receive a great deal of publicity. In *Brown v. Board of Education*, for example, the United States Supreme Court expressly overturned precedent when it concluded that separate educational facilities for whites and blacks, which had been upheld as constitutional in numerous previous cases, were inherently unequal.

Courts have other sources (besides precedent and common law) to consider when making their decisions. These include federal and state constitutions, statutory law, administrative agency regulations, and commercial law codes.

- **practice:**   관행
- **former:**   과거의, 전의
- **cornerstone:**   토대, 기초
- **doctrine:**   원칙
- *stare decisis*:   (라틴어) 선례구속
- **suggest:**   시사하다. 의미하다.
- **efficient:**   효율적인
- **reason:**   판결을 내리다.
- **serve:**   공헌하다. 도움이 되다.
- **guide:**   기준, 지침
- **wisdom:**   식견, 분별, 지혜
- **stable:**   안정적인
- **predictable:**   예측 가능한
- **tend:**   도움이 되다. 보살피다.
- **neutralize:**   제압하다. 무효가 되다. 중립화하다.
- **prejudice:**   편견, 선입견
- **settle:**   해결하다.
- **incorrect:**   타당하지 않은, 옳지 않은, 정당하지 않은, 사실에 반하는
- **render:**   나타내다. 제출하다. 판결하다.
- **inapplicable:**   적용할 수 없는
- **rule:**   판정하다. 판결하다. 결정하다.
- **contrary:**   반하다. 반대의
- **fairness:**   공평
- **public policy:**   공서양속. 공공의 질서, 이익, 복지, 정책을 의미. 공서양속에 반하는 계약은 무효가 된다.
- **legal reasoning:**   법적논거
- **publicity:**   세간의 주목을 받는 것, 주지의 사실
- **overturn:**   뒤집다. 파기하다.
- **constitutional:**   합헌의
- **numerous:**   많은
- **inherently:**   본질적으로
- **administrative agency:**   행정기관
- **commercial law codes:**   상법전

4. 선례구속의 원칙

보통법 원칙으로서의 선례구속의 원칙

Stare Decisis라는 라틴어로 표현되는 선례구속의 원칙은 보통법 체계에 확립된 원칙이며, 이전의 판결로 확인된 법원칙은 이후의 사건에 유효하게 구속력을 갖는다는 원칙이다. 판례법에서는 가능한 한 그 판례와 유사한 사실관계의 사건에 적용된다. 하지만 법 역시 사회의 변화에 대응해 나가야 하므로 정당한 사유가 입증될 경우, 법원은 이 원칙에 구속받지 않아도 되며 이에 따라 선례는 뒤집히게 된다.

과거의 경험

과거 판결이나 선례를 참조하여 새로운 사건에 대한 판결을 내리는 관행은 최종적으로 영국과 미국 법제도의 토대가 되었다. 이는 '선례구속(판결 받은 사례에 기초한)'이라는 법원칙으로 자리잡게 되었다. 이 원칙은 법관이 선례에 좇아 심리함을 시사한다. 만일 다른 법원이 유사한 사건에서 주의깊게 판단을 내린 경우에는 그러한 의견은 기준과 지침으로서 공헌하므로, 이러한 원칙은 법원이 보다 효율적으로 기능하는 데 도움이 된다고 할 수 있다. '선례구속'은 과거의 경험과 식견을 반영하고 있다. 이러한 원칙은 또한 법을 보다 안정적이고 예측 가능하게 한다. 선례구속의 원칙은 개별 법관의 편견을 제어하는 역할을 하기도 한다. 또한, 당해문제에 관한 법률이 판례를 통해 충분히 성립된 경우, 법원에 제소되는 것은 법률이 당해시점까지 어떠했는가를 기초로 법원이 판단한다는 점에서 법원의 신뢰를 제고(提高)하는 기능을 하기도 한다.

선례가 파기되는 경우

때때로 법원이 선례를 따르지 않아 선례의 원칙으로부터 일탈하는 경우가 있다. 선례가 명백히 타당성을 결여하고 있다고 판단되는 경우나, 기술적·

사회적 변화에 의해 선례의 적용이 불가능하다고 판단될 경우에 법원은 선례에 반하는 판결을 내리게 된다. 이러한 상황에서 법원은 선례 대신 공평, 공서양속, 법률적 논거에 의해 판결을 하게 된다. 선례를 파기하는 판결은 세간의 큰 주목을 받는 경우가 많다. 예를 들어, *Brown vs. Board of Education* 사건에서 연방대법원은 백인과 흑인을 분리한 교육시설의 존재는 합헌이라는 종전의 판례를 뒤집어, 이러한 분리정책은 본질적으로 불평등하여 위헌이라는 판결을 내렸다. 법원은 판결을 내릴 때, 보통법 이외에 연방과 주 헌법, 제정법, 행정기관 규칙, 상법전 등 기타 법원(法源)을 참조하기도 한다.

적용의 방법

선례구속의 원칙은 영국에서 오랜 기간에 걸쳐 발전된 법원칙으로서 영국법의 계수(繼受)에 따라 미국에 수용된 원칙이다. 이러한 원칙의 존재에 의해 영미법은 판례법이 그 중심축을 이루게 되었다. 즉, 이전 판례에서 분쟁을 해결한 법원칙은 이후 동종사건의 분쟁해결에서 권위 있는 선례로서 기능하게 된 것이다. 따라서 법원은 유사한 사실내용과 논점을 지닌 모든 사건에 대해 하나의 법원칙을 적용하게 된다. 실제 이러한 원칙의 적용과정에서 다음의 세 단계를 거치게 된다. ① 같은 관할권 내(같은 주) 유사한 사실내용의 하나 혹은 복수의 판례를 탐색하고, ② 이들 판결에서 도출되는 법원칙에 대하여 고찰하며, ③ 이러한 법원칙을 계쟁사건에 적용하는 과정을 거친다.

모든 사건에 완전히 동일한 내용의 판례가 존재하는 경우는 거의 없다. 따라서 법관과 변호인은 선례를 탐색함에 있어 자신의 논리를 지지하는 사실부분을 많은 판례 중에서 취사선택하게 된다. 선례에 나타난 법원칙을 때로는 넓게, 또 때로는 좁게 해석하는 유연성을 가지고 당해사건에 적용하는 것이다.

선례구속의 원칙을 보다 쉽게 설명하기 위해 하나의 예를 들기로 한다. 앤더슨이라는 사람이 미국총기협회에 3,000달러를 기부하기로 약속하였는데, 앤더슨이 후에 이 약속의 이행을 거부하여 동 협회가 약속파기를 이유로 제소하였다고 하자. 이에 대해 법원은 기부 약속은 그 이행을 법적으로 강제할 수 있는 사항이 아니므로 앤더슨의 승소를 인정하는 취지의 판결을 내렸다. 8년 후, 미국 심장병학회가 번스타인이라는 사람이 학회에 4,000달러 기부를 약속해 놓고, 이를 지키지 않아 그 이행을 청구하는 소를 제기했다고 하자. 두 사건은 모두 증여약속의 위반이라는 점에서 같은 사건이라고 볼 수 있다. 후자의 사건을 다루는 법원은 번스타인의 약속은 법적으로 강제할 수 없다는 판결을 내리기에 앞서, 먼저 언급한 사건을 선례로 이용하게 되는 것이다.

예측가능성

선례구속원칙의 존재와 이에 의한 선례의 인용은 법원의 법적용에 있어, 불변성, 공평함, 예측가능성의 유지를 가능하게 해준다. 특히 예측가능성은 미국법의 큰 특색으로 상급법원의 판결은 스스로와 하급법원을 선례로서 구속한다. 즉, 선례구속의 원칙에 따라 연방대법원의 판결이 연방 하급법원을 구속하고, 이와 유사한 형태로 각 주 최고법원의 판결이 각 주 하급법원을 구속하게 되는 것이다.

미국법의 유연성

영국에서 선례구속의 원칙이 매우 엄격하게 적용되었던 시기도 있었으나, 실제 선례를 존중하는 관행의 형성에 있어 많은 어려움이 발생하여, 1966년 영국 상원(House of Lords)에서 판례의 변경이 가능하다는 취지의 유연한 정책이 발표되었다.[4] 이러한 정책에도 불구하고, 영국에서는 선례구속의 원칙이 비교적 엄격하게 지켜져 오고 있는 반면, 미국의 경우는 선례구속의 원칙이 지켜지기는 하나 영국만큼 원칙이 엄격하게는 지켜지지 않는 실정이다. 이에 따라, 연방대법원 혹은 주 대법원이 사회 정세나 사회정의 실현을 위해 선례를 뒤집는 사례가 종종 발생한다. 선례구속의 원칙은 영미법의 기본법리이지만 그 근저에는 법은 경험의 축적이라는 개념이 자리하고 있다.

마지막으로 1939년부터 1975년까지 미국 대법원 판사로 재직했던 유명한 W. O. 더글라스 판사가 1949년 4월 12일 뉴욕시 법조인협회가 개최한 제8회

---

4) 영국은 의원내각제 국가로 상원이 대법원의 역할을 하고 있다. 그러나 실제로는 유능한 법관들을 Law Lords 칭호를 주어 상원의원에 임명하고, 대법원은 이러한 Law Lords들로 구성된다.

벤자민 카르도조 기념강연에서 선례구속의 원칙에 대해 한 말을 소개하고자 한다. "법은 즉흥적으로 적당히 변하는 것이 아니다. 법은 그 완결성으로 인하여 모든 조직이 필요로 하고, 그 안정적인 작동을 원하는 특성을 지닌다. 또한 인간사회의 일상사에 적용함에 있어서 통일성을 가지지 않으면 안 된다. 법의 통일성과 계속성은 많은 행위를 규제하기 위해 필수불가결한 요소이다. 이러한 통일성과 계속성이 존재하지 않는다면 계약이나 유언장, 부동산양도증서, 증권 등 존중되어야 할 것들이 침해받는 경우가 생긴다. 선례구속의 원칙은 법의 가변성을 억제하고, 사회의 안정을 모색하는 데 일조한다. 이와 같이 선례구속의 원칙은 미래와 과거를 잇는 강한 연결고리라 할 수 있다."

5. Courts of Equity

Equity is that branch of unwritten law, founded in justice and fair dealing, that seeks to supply a more equitable and adequate remedy than any available remedy at law. When individuals could not obtain an adequate remedy in a court of law because of strict technicalities, they petitioned the king for relief. Most of these petitions were decided by an adviser to the king, called the chancellor. The chancellor was said to be the "keeper of the king's conscience." When the chancellor thought that the claim was a fair one, new and unique remedies were granted. In this way, a new body of chancery rules and reliefs (or remedies) came into being, and eventually formal chancery courts were established. These became known as courts of equity, granting remedies in equity.

Thus, two distinct systems were created, each having a different set of judges. Two bodies of rules and remedies existed at the same time — remedies at law and remedies in equity.

Plaintiffs had to specify whether they were bringing an "action at law" or an "action in equity," and they chose their courts accordingly. For example, a plaintiff might ask a court of equity to order a defendant to perform within the terms of a contract. A court of law could not issue such an order because its remedies were limited to payment of money or property as compensation for damages. A court of equity, however, could issue a decree for specific performance — an order to perform what was promised.

Likewise, a court of equity could issue an injunction, directing that a party refrain from engaging in a particular act. In certain cases, when the legal remedy of the payment of money for damages was unavailable or inadequate, a court of equity might have allowed for the rescission of the contract, that is, the undoing of the agreement, to return the parties to the positions that they held prior to the contract's formation.

- **equity:** 형평법. 보통법과 함께 영미법 체계의 근간을 이루는 법원칙. 보통법의 흠결과 한계, 비융통성을 보충·교정하고, 침해 및 손해에 대한 구제를 목적으로 한다. 현재는 보통법과 형평법은 융합되어 법원도 하나로 병합되어 기능하고 있다.
- **justice:** 정의. 공정하여 옳은 도리에 이르는 것. 법률적으로 보아 정당성이 있는 것
- **fair dealing:** 공정한 관계
- **equitable:** 공평한, 형평법상의
- **adequate:** 충분한, 이유 있는, 상당한, 적절한
- **remedy:** 구제, 구제방법, 권리침해 혹은 계약위반에 의한 손해에 대해 보상하는 행위. 피해를 입은 측은 제소 유무에 관계없이 구제를 받을 권리를 갖는다. 전형적인 구제방법은 금전에 의한 손해배상이다.
- **technicality:** 전문적 사항, 전문적 문제
- **petition:** 청원하다. 구하다.
- **relief:** 구제
- **chancellor:** 대법관
- **keeper:** 보관인. 수호자
- **conscience:** 양심
- **chancery:** 대법관부(大法官部), 형평법원
- **action at law:** 보통법에 의한 소송
- **action in equity:** 형평법에 의한 소송
- **accordingly:** ~에 따라, 따라서
- **plaintiff:** 원고
- **defendant:** 피고
- **terms:** 조건
- **compensation:** 보상. 손해를 회복시키는 것. 손해에 대하여 동등의 대가를 지불하는 것
- **damages:** 손해배상
- **specific performance:** 특정이행. 계약불이행에 대한 형평법상의 구제방법으로 계약 체결시 합의한 조건으로 이행을 강제하는 것. 계약을 계약내용 그대로 이행시키는 것을 불이행에 대한 구제로 한다. 이 원칙은 보통법상 계약불이행에 대한 구제인 금전적 배상만으로 불충분한 경우, 계약자는 합의내용에 따라 계약을 이행하지 않으면 안 되는 것이다. 법원은 일반적으로

토지의 매매계약이나, 특정한 물품의 매매에 대해서는 특정이행을 인정한다.

- **injunction:** 금지명령. 사법구제의 하나로서 법원이 특정 작위나 부작위를 하도록 명함. 통상, 금지하는 내용의 명령이 많아서 이러한 명칭을 사용
- **refrain from:** ~를 삼가다.
- **unavailable:** 사용 불가능한
- **inadequate:** 불충분한
- **rescission of the contract:** 계약의 합의해제로 취소도 포함하는 개념. 계약의 양당사자가 합의하여 계약을 무효화하고 철회하여 그 계약이 존재하지 않았던 상태로 되돌리는 것. 계약의 합의해제는 당사자 쌍방의 합의 혹은 형평법의 원칙에 따라 성립한다.
- **undoing:** 취소

미국법과 법률영화 (1)

- **Legal Education:** 'Legally Blonde' 'The Firm' 'The Paper Chase'
- **Legal Ethics:** 'The Devil's Advocate' 'And Justice for All' 'Primal Fear'
- **Constitutional Law:** 'The Pelican Brief' 'The Brethren' 'Amistad' 'Larry Flynt'
- **Human Rights:** 'Truman Show' 'Enemy of State' 'Roe vs. Wade' 'Gideon's Trumpet' 'Guess Who is Coming to Dinner'
- **Contracts:** 'Jerry Macguire'
- **Criminal Law:** 'Reversal of Fortune' 'A Time to Kill' 'I Want to Live!' 'Catch me, If You can'
- **Legal Research & Writing (Appellate Briefing):** 'The Chamber'
- **Torts:** 'The Rainmaker'

5. 형 평 법

형평법이란 무엇인가

형평법은 영미법 체계의 하나로 보통법과 마찬가지로 선례구속의 원칙에 따른 판례법이다. 오늘날 양자의 구별이 생겨나는 경우는 민사사건에 한정되며, 형사사건에서는 이러한 구별이 발생하지 않는다. 형평법상의 구제는 정의나 공평, 공정성에 기반하는 데 반해, 보통법상의 구제는 금전배상이 그 중심이라 할 수 있다.

영국에서 보통법 체계의 원형이 완성된 것은 12세기 말부터 13세기 말 무렵의 에드워드 1세 통치 기간이었다. 당시 국왕법원이 보통법원라고 명명된 데서 알 수 있듯이, 당시의 법원이 인정할 수 있는 구제수단은 매우 제한적인 것이었다. 법원은 특정인이 타인에게 손해를 끼쳤을 경우, ① 토지, ② 고액의 물품, ③ 금전 중에서 하나 혹은 그 이상을 피해자에게 보상하도록 명하였다. 이 세 가지의 구제가 보통법상 구제라고 불리어졌다. 이러한 제도는 분쟁의 해결에 있어 일관성을 담보하기는 하였으나, 원고가 경제적 보상 이외의 구제를 청구하였을 경우, 보통법원이 취할 수 있는 구제수단이 없어 "본 법원이 명할 수 있는 구제수단이 없으며, 그러할 권한도 없다"라고 선언하는 것이 전부였다.

이러한 역사적 흐름 속에서 시민사회의 발달과 함께 사건의 내용과 성질에 따라 보통법원에서는 그 어떠한 구제도 받을 수 없는 사건이 증가하였고, 이러한 불합리를 시정하고자 보통법원 이외에 형평법원이 설치되었다. 실제로는 14세기 초반부터 중엽에 걸쳐, 재판절차의 엄격성으로 인해 보통법원의 판결에 불만을 품게 된 사람이 증가하고 이러한 사람들이 국왕에게 직접 구제를 청원한 것에서 유래하였다. 이 두 법원은 영미법 역사상 500년 이상 존속되고 기능을 수행하였으나, 1873년 최고재판소법(Supreme Court Judicature Act)에 의해 두 법원이 병합되었다.

미국에서는 1848년 뉴욕 주 소송절차법(Code of Procedure)에 의해 두 법원이 병합되었다. 동 법전에 의해 보통법과 형평법 간의 절차상 차이가 없어지게 되었고, 이후 다른 주들도 뉴욕 주를 좇아 보통법과 형평법의 병합(merger of law and equity)이 진행되었다. 역사적 측면을 지나치게 강조한 감이 있으나, 실제 시민생활 속에서도 매우 중요한 가치를 지니는 제도이고, 그 개념의 이해는 영미법의 체계를 잡는 데 큰 중요성을 지니므로 이러한 역사적 기원의 이해 역시 큰 의미를 지니는 작업이라 할 수 있다.

형평법원

　　형평법은 불문법으로부터 파생된 것으로 정의와 공정한 관계에 기반하며, 보통법에서 제공하는 구제보다 공평하고 충분한 법적구제를 제공하는 것을 목적으로 한다. 보통법원에서 충분한 구제를 얻지 못한 시민들이 국왕에게 구제를 청원하였다. 이러한 구제의 대부분은 대법관이라고 불리는 국왕의 고문에 의해 내려졌다. 대법관은 "국왕의 양심 보좌관"이라고 불렸으며, 법적구제 신청이 정당하다고 판단할 경우 새로운 독자적 구제가 인정되었다. 이러한 관행이 쌓여 대법관 규칙과 구제라고 하는 새로운 법체계가 탄생하였을 뿐만 아니라, 정식으로 대법관부(大法官府)가 설립되었다. 대법관부는 형평법에 따라 구제를 명한다는 의미에서 형평법원이라고 알려지게 되었다.

　　이리하여 두 개의 별개의 체계가 만들어져 각각 다른 법관을 두었다. 두 개의 법원이 두 개의 법률과 구제수단, 즉 보통법에 의한 구제와 형평법에 의한 구제가 병존하게 되었다. 원고는 '보통법에 따른 소송'인지 '형평법에 의한 소송'인지 명확히 밝히고, 그에 따라 두 법원 중 하나를 선택하여야 했다. 예를 들어, 원고가 계약조건에 따르도록 피고에게 명할 것을 형평법원에 청구하였다고 하자. 보통법원은 그러한 명령을 내릴 수 없다. 왜냐하면 보통법원은 손해배상의 방법으로서 금전적 손해배상 이외의 구제수단을 인정하고 있지 않기 때문이다. 반면 형평법원은 특정 이행판결, 즉 약속의 이행을 명령할 수 있다.

　　또한 형평법원은 당사자의 특정 행위에 대한 금지명령을 내릴 수도 있었다. 법적 구제수단으로서 금전배상을 추급할 수 없거나 그 금액이 충분하지 않을 때에는 당사자 간 관계를 계약 이전의 상태로 돌리기 위하여 계약의 합의해제, 즉 계약의 취소를 인정하기도 하였다.

형평법의 원리원칙

형평법원은 그 재량에 따라 보통법을 보완하는 책임을 지고 있었다. 오늘날에도 형평법원은 보통법에 의한 구제와 형평법에 따른 구제를 동시에 인정할 수 있는 경우 대개는 그 재량으로 형평법의 원리원칙을 적용하였다. 이러한 원리원칙은 법원이 종종 인용하는 법 규칙의 서술 또는 일반적 진술이다. 그러한 원리 몇 가지를 이하에서 소개한다.

① 공평을 구하는 사람은 모두 공평한 행위를 하여야 한다. (공정한 대우를 바라는 사람은 모두 타인을 공정하게 대우하여야 한다.)

② 형평법은 평등한 공평이 존재하는 곳에 존재하여야 한다. (형평법은 분쟁을 해결할 때 양 당사자의 이익이 평등하게 되도록 결정한다.)

③ 형평법원에 구제를 구하는 사람은 "더러운 손"으로 법원에 나가서는 안 된다. (원고는 공정하고 정직한 행동을 하는 자여야 한다.)

④ 형평법은 불법행위가 구제 없이 방치되는 것을 허용하여서는 안 된다. (구제할 권리가 있고 또한 보통법에 따른 구제가 충분하지 않을 경우 형평법에 따른 구제를 제공한다.)

⑤ 형평법은 형식보다 실질을 중시한다. (형평법은 법률의 전문적 사항보다 공정과 정의를 중요시한다.)

⑥ 형평법은 자신의 권리에 대해 적절한 주의를 기울이는 자를 구제하며, 권리 위에 잠자는 자를 구제하지 않는다. (합리적인 시간이 경과하기까지 자신의 권리에 주의를 기울이지 않는 자는 구제받지 못한다.)

마지막 사항은 형평법상의 청구권 소멸(laches) 원칙으로 알려져 있으며, 항변 시 원용되고 있다. 이 원칙은 증거의 유효성이 소멸하지 않은 시점에서 제소하도록 장려하기 위해 생긴 제도이다. 합리적 시간이라는 기준은 당해 사건의 상황에 따라 가변적인 것이다. 오늘날 사건에 따라 상이한 제소기간 기준은 출소기한법에 규정되고 있다. 출소기한법에 인정된 시간이 경과한 후에는 그 사건에 대한 승소가 아무리 유력하다고 하더라도 제소가 불가능하다.

보통법과 형평법의 병합

오늘날 대부분의 주에서 보통법원과 형평법원이 병합되어 두 법원의 구별 및 절차상의 구별은 대부분 사라졌다. 오늘날 원고가 사건의 제소 시 보통법과 형평법 모두에 의한 구제청구가 가능하게 되어 예심법원의 법관은 둘 중 선택하거나 혹은 양자 모두에 의한 구제를 인정할 수 있게 되었다.

그러나 보통법과 형평법이 병합되었음에도 불구하고 보통법에 의한 구제와 형평법에 의한 구제의 구별의 중요성이 사라졌다고는 할 수 없다. 적절한 구제를 구하기 위해서는 어떠한 구제가 어떠한 방법으로 인정되는지를 명확히 인식할 필요가 있다. 원고가 법원에 형평법상의 구제를 구할 경우에는 먼저 보통법상의 구제가 불충분함을 증명하여야 한다. 따라서 미국법 학습에 있어 보통법에 의한 구제와 함께 형평법에 따른 다양한 구제수단에 대한 명확한 인식이 필요하다.

Procedural Differences between an Action at Law and an Action in Equity

Procedure	Action at Law	Action in Equity
Initiation of lawsuit	By filing a complaint	By filing a petition
Decision	By jury or judge	By judge (no jury)
Result	Judgment	Decree
Remedy	Monetary damages	Injunction, decree of specific performance, or rescission

(*West's Business Law*, 6th Edition, p. 12)

6. The Court System (1) — The State Court System

Consider the typical state court system, it has three main tiers: ①
state trial courts of general, or limited, jurisdiction, ② state appellate
courts, and ③ the state supreme court.

The state trial courts have either general or limited jurisdiction.
Trial courts that have general jurisdiction as to subject matter may be
called county, district, superior, or circuit courts. The jurisdiction of
these courts of general and original jurisdiction is often determined
by the size of the county in which the court sits.

Courts with limited jurisdiction as to subject matter are often called
special inferior trial courts or minor judiciary courts. Small claims
courts are inferior trial courts that hear only civil cases involving
claims of less than a certain amount, usually 5,000 dollars. Most
small claims are less than 500 dollars. Suits brought in small claims
courts are generally conducted informally, and lawyers are not
required. Decisions of small claims courts may be appealed to a state
trial court of general jurisdiction.

Other courts of limited jurisdiction are domestic relations courts,
which handle only divorce actions and child custody cases; local
municipal courts, which mainly handle traffic cases; and probate
courts, which handle the administration of wills and estate settlement
problems.

In some states trial courts of general jurisdiction also have limited
jurisdiction to hear appeals from the minor judiciary — for example,
small claims and traffic cases.

Every state has at least one court of appeals, or reviewing court.
The subject matter jurisdiction of these courts is substantially limited
to hearing appeals. These intermediate appellate, or review, courts are
often called the courts of appeals. The highest appellate court of the
state is usually called the Supreme Court. They examine the record of
the case on appeal and determine whether the trial court committed

an error. They look at questions of law and procedure, but usually not at questions of fact. The decisions of each state's highest court on all questions of state law are final. If a federal statute or constitutional issue is involved in the decision of the state supreme court, that decision may be further appealed to the United States Supreme Court.

- **tiers:** 단계, 단, 층, 계. 단계가 있는 상태를 가리킴
- **trial court:** 예심법원. 쟁송사건이 최초로 다투어지는 법정으로, court of first instance(제1심법원)를 지칭함. 예심법원에서는 해당 사건에 관한 사실과 적용되는 법률이 고려되지만, 항소심에서는 예심법원에서 적용된 법률문제만 심리된다. 우리나라의 지방법원에 해당한다.
- **general jurisdiction:** 일반적 관할권. 법원이 모든 유형의 사건을 다루는 경우에 사용되는 용어
- **limited jurisdiction:** 한정적 관할권. 법원이 한정한 종류의 사건을 다루는 경우 사용되는 용어
- **appellate court:** 항소법원. 판결이 내려진 사건의 법적용을 재심리하는 법원으로서, 새로운 판결을 내리는 법정이 아니라, 하급심의 판단이나 판결의 정당성 여부를 판단하는 기능을 함. 소송은 제1심에서 판결을 받은 후, 항소법원에 항소가 가능하다.
- **supreme court:** 대법원. 본문에서는 주 대법원을 의미함. 그러나 몇몇 주에서는 대법원을 다른 명칭으로 나타냄. 예를 들어 뉴욕 주에서는 Supreme Court를 제1심법원으로, 대법원을 Court of Appeals라고 하며, 매사추세츠 주에서는 주 대법원을 Supreme Judicial Court라고 칭한다.
- **subject matter:** 사물. 사건의 내용과 종류. 소송의 대상. 이에 따라 어느 법원이 관할권을 갖는지가 결정됨
- **county court:** 군(郡)법원
- **district court:** 지방법원. 주 급(級)에서는 제1심법원을 가리키는 경우가 있다.
- **superior court:** 상소법원. 심사권에 관해 제한을 받는 하급법원(inferior court)에 반하여, 상위에 위치하여 보다 광범위한 관할권을 가지는 법원. 하

급법원에서의 판결을 원고 또는 피고의 항소에 의해 재심리하는 곳
- **circuit court:**   순회법원. 주 급(級)에서는 제 1 심법원을 의미하는 경우가 있음
- **original jurisdiction:**   제 1 심관할권. 소송의 제기와 관련하여 최초로 수리된 법원의 관할권. 이 법원은 court of first instance 또는 trial court라고 부름. 법률 및 사실관계에 기초한 판결을 내림. 소송에 따라서는 대법원이 제 1 심이 되는 경우도 있다.
- **inferior:**   하위의
- **small claims court:**   소액법원. 제한된 관할권을 갖는 법원으로 주마다 기준이 다르지만, 소송가액이 5,000달러 이하의 분쟁을 다루는 법원. 소송절차는 간략하여 형식적이지 않고, 당사자들은 자신의 청구내용을 스스로 진술하고 대변한다. 신속, 약식, 저렴한 재판을 수행함. 일본의 간이재판소와 유사한 재판체제이다. 단, 간이재판소는 소액이 140만 엔 이하의 재판을 다룸
- **hear:**   심리하다.
- **domestic relations court:**   가정법원
- **divorce action:**   이혼소송
- **child custody:**   자녀보호권
- **municipal court:**   시 법원
- **traffic case:**   교통사건
- **probate court:**   검인(檢認)법원. 유언의 검인이나 유산 관리를 다루는 법원. surrogate court라고 칭하는 주도 있음
- **will:**   유언, 유언장
- **estate:**   유산
- **reviewing court:**   항소법원, 상소법원. 재심리를 수행하는 법원
- **procedure:**   법절차
- **fact:**   사건에 관한 사실
- **constitutional issue:**   헌법상의 논점

6. 재판제도 (1) — 주 법원

연방주의

미국의 연방주의(federalism)는 각주가 주권을 가지고 독자적 헌법·법률·재판제도를 자유롭게 제정하거나 창설하는 것을 인정하는 제도이다. 재판제도는 각주의 역사와 전통에 기초하여 그 주의 사정과 필요성에 따라 다양한 형태로 설치되므로, 조직구성이나 법원의 명칭이 통일되어 있지 않다.

미국에서 소송은 주 법원에 제소되는 경우가 대부분이다. 법원을 기능별로 살펴보면 예심과 상소심으로 나뉘는데, 우선 예심법원은 사건의 제1심관할권(第一審管轄權)을 가지고 해당 사건의 사실관계를 확정하고 법률을 적용한다. 예심법원으로부터 상소(항소)를 심리하는 법원은 상소관할권을 가지며, 예심법원이 인정한 사실과 증인에 대한 재심리를 하는 것이 아니라, 소송절차나 법의 적용에 관한 착오가 없었는지 혹은 법관이 법적 착오를 행하지는 않았는지에 대한 심리를 하게 된다.

전형적 주 법원제도

전형적인 주 법원은 ① 일반적 관할권 혹은 한정적 관할권을 가지는 주 예심법원, ② 주 항소법원, ③ 주 대법원 이렇게 세 단계의 법원으로 이루어진다. 주 예심법원은 일반적 관할권 혹은 한정적 관할권 가지는데, 사물에 관한 일반관할권을 가지는 예심법원은 군(郡) 법원, 지방법원, 상급법원, 순회법원 등으로 불려진다. 일반적 관할권 및 제1심관할권을 가지는 법원의 관할권은 그 법원이 설치된 군의 크기에 의해 정해진다.

소액법원

대개의 경우, 사물에 관하여 한정적 관할권을 가지는 법원은 특별하위예심법원 혹은 하급법원이라고 불린다. 소액법원은 통상 5,000달러 미만의 소액청구에 관한 민사소송만을 심리하는 하위예심법원이다. 실제 사건은 500달러 미만의 소액청구가 대부분이며, 소액법원으로의 청구는 약식으로 행해지는 경우가 일반적이고 변호인도 필요로 하지 않는다. 소액법원의 판결에 대해서 일반적 관할권을 가지는 주 예심법원에의 상소도 가능하다.

그 밖에 한정적 관할권을 가지는 법원으로는 이혼소송과 자녀보호권에 관한 소송만을 취급하는 가정법원, 교통사건을 주로 취급하는 시 법원, 유언서 관리와 재산처분문제를 취급하는 검인법원 등이 있다. 모든 주에 해당하는 것은 아니지만, 일반적 관할권을 가지는 예심법원이 한정적 관할권을 가지고, 소액청구나 교통사건 등 하급법원으로부터의 상소를 심리하는 경우도 있다.

상소법원

각 주에는 상소법원 혹은 항소법원이 적어도 하나는 설치되어 있다. 이러한 법원의 사물관할권은 실질적으로 상소를 심리하는 데에 한정되어 있다. 이러한 중간의 상소심 혹은 항소심은 보통 항소법원이라고 불린다. 주에서 가장 높은 급의 상소법원은 통상 대법원이라고 불린다. 여기서는 상소된 소송의 기록을 심사하고 예심법원이 혹시 범하였을지도 모르는 착오에 대해 판단하는 역할을 한다. 법과 절차에 관한 문제에 대해 심사하기는 하지만, 사실에 관한 문제는 심사하지 않는 것이 보통이다. 주법에 관한 문제에 대해서는 그 주의 대법원에서의 판결이 최종적인 것이다. 연방제정법 혹은 헌법상의 문제가 주 대법원의 판결에 관련된 경우에는 그 판결에 관하여 연방대법원에 상소할 수 있다.

네 가지 단계

본문에서 주 재판제도는 세 가지 단계로 나뉜다고 설명하고 있으나, 특별하위법원을 제1단계로 상정할 경우, 총 4단계로 구분할 수 있다. 4단계 중 하위의 2개 법원은 trial courts(예심법원), 상위의 두 법원은 appellate courts(항소법원)라 할 수 있다.

제1단계는 특별하위법원으로 한정적 관할권을 지니는 예심법원이다. 이러한 법원에서는 경미한 형법위반이나 소액의 민사사건을 다루며, 절차도 간소할 뿐 아니라 판사역을 담당하는 사람도 법률전문가가 아닌 파트타임으로 일하는 법률종사자로 신속성에 그 특징이 있다. 배심재판도 없으며, 대부분 주에서 정식 재판기록도 남겨지지 않는 이유로 판결에 불복하는 사람은 상소가 불가능하므로, 다시 제 2 단계상 예심법원에서 새로이 제소하여야 한다. 제 1 단계 법원으로는 소액법원, 가정법원, 시 법원, 검인법원 등이 있으며, 주에 따라서는 17세 미만의 소년비행을 다루는 소년법원(juvenile court), 주택 주거자에 관한 분쟁을 다루는 주택법원(housing court), 경범죄와 그에 대한 처벌을 다루는 경찰법원(police magistrate)이나 치안판사법원(justice of peace court) 등이 있다.

제 2 단계에는 일반적 관할권을 지니는 주(州) 예심법원이 있다. 계약법, 불법행위법, 형법, 회사법 등에 관련된 문제는 모두 이러한 법원에서 개시된다. 본문 중에 열거된 법원 이외에 보통소송법원(court of common pleas)이라고 불리는 법원도 있으나 그 명칭은 주에 따라 상이하며, 보통 제 1 심법원으로서 기능한다.

제 3 단계는 주 항소법원으로서 일반적으로 중간항소법원(intermediate appellate court)으로 불리며, 주 내에 수 개가 설치되고 각 3명의 법관으로 구성되며 예심법원으로부터의 상소(항소)를 취급한다.

주 대법원

제 4 단계는 주 대법원이다. 주의 수도에 소재하며 주에 따라 5명에서 9명의 판사로 구성된다. 여기서는 중간항소법원으로부터의 상소 사건에 대해 다시 심리하게 되는데, 주법에 관한 법률문제에 대해 최종심 법원으로서 기능하게 된다.

헌법 혹은 연방법에 관련된 문제에 대해서는 주 대법원으로부터 연방대법원에 상고할 수 있다. 이러한 연방문제의 예로는 ① 범죄 소추에 관해 사형이 내려진 사건, ② 주법이 주간 통상조항에 저촉되는 사건, ③ 인종차별 문제, 임신중절, 정당한 법적용에 관한 문제 등 헌법상 기본적 인권에 관한 사건 등이다. 항소법원으로서 주 대법원만이 설치되어 있는 주도 존재하는바, 이 경우는 2심제에 해당한다. 이러한 주에서는 중간항소법원이 없기 때문에 예심법원으로부터의 상소는 직접 주 대법원으로 이루어진다.

미국의 주 재판제도는 독립한 국가들의 재판제도를 보는 것처럼 이해하기 어려운 부분이 많지만, 상기한 4단계로 나누면 그 분류가 명확해진다. 특별하위법원을 차치하고 본다면, 대부분 3심제이지만 주에 따라서는 2심제를 운용하고 있기도 하며, 같은 단계의 법원도 주에 따라 다른 명칭을 가지고 있는 경우도 있다. 한 주에 거주할 경우에는 이런 상이한 명칭이 아무런 문제가 없지만, 주간 활동을 하거나 타주로 이주할 경우에는 본 장의 이해가 매우 중요하다 할 수 있다.

7. The Court System (2) — The Federal Court System

The federal court system is similar in many ways to most state court systems. It is also a three-tiered model consisting of (1) trial courts, (2) intermediate courts of appeals, and (3) the United States Supreme Court.

At the federal level, the equivalent of a state trial court of general jurisdiction is the district courts. There is at least one federal district court in every state. The number of judicial districts can vary over time, primarily owing to population changes and corresponding caseloads.

U.S. district courts have original jurisdiction in federal matters. In other words, district courts are where federal cases originate.

Congress has established twelve judicial circuits that hear appeals from the district courts located within their respective circuits. The decisions of the courts of appeals are final in most cases, but appeal to the United States Supreme Court is possible. Appeals from federal administrative agencies, such as the Federal Trade Commission(FTC), are also made to the U.S. circuit courts of appeals.

The highest level of the three-tiered model of the federal court system is the United States Supreme Court. According to the language of Article Ⅲ of the U.S. Constitution, there is only one national Supreme Court. All other courts in the federal system are considered "inferior." Congress is empowered to create other inferior courts as it deems necessary.

The United State Supreme Court consists of nine justices; these justices are nominated by the president of the United States and confirmed by the Senate. They (as do all federal district and courts of appeals judges) receive lifetime appointments (since under Article Ⅲ they "hold their offices during Good Behavior"). Although the United States Supreme Court has original, or trial, jurisdiction in rare instances (set forth in Article Ⅲ, Section 2), most of its work is as an appeals court.

> The Supreme Court can review any case decided by any of the federal courts of appeals, and it also has appellate authority over some cases decided in the state courts.

- **federal:** 연방의, 연방 수준의. 합중국(U.S.)과 같은 의미의 연방, 합중국. 어느 쪽으로 불러도 무방함
- **equivalent:** 동등한, 상당하는
- **federal district court:** 연방지방법원 = U.S. district court
- **judicial district:** 재판구
- **caseload:** 취급 건수
- **originate:** 시작하다, 기원하다.
- **judicial circuit:** 순회재판구
- **administrative agency:** 행정기관
- **Federal Trade Commission:** 연방거래위원회. 흔히 FTC라는 약칭으로 불림. 1914년에 창설된 연방행정기관. 불공정한 경쟁방법이나 불공정 또는 기만적 행위 및 관행 등 Anti-trust법 위반행위에서 소비자를 보호하는 것을 목적으로 한다. 위반자에 대하여 위반행위의 배제조치명령을 내리는 권한을 갖는다.
- **U.S. Circuit Court of Appeals:** 미 연방순회항소법원. 연방 수준의 중간항소법원. U.S. Court of Appeals, 즉 미 연방항소법원이라고도 불림. 미 연방항소법원이 설치된 지역을 순회구(circuit)라고 한 것에서 이 명칭이 유래됨
- **inferior:** 하위의
- **be empowered to:** ~할 권한을 가지다.
- **nominate:** 지명하다.
- **confirm:** 승인
- **lifetime appointment:** 종신지위의 임명
- **hold their office:** 특정의 직위를 가지다.
- **during Good Behavior:** 품위를 유지하는 이상
- **original jurisdiction:** 제 1 심관할권

7. 재판제도 (2) ─ 연방법원

헌법상의 법원

미 연방헌법 제 3 조 제 1 절은 다음과 같이 규정하고 있다.

"미합중국 사법권은 하나의 최고법원 및 연방의회가 수시로 제정, 설치하는 하급법원에 귀속된다. 연방대법원 및 하급법원의 판사는 그 품위를 손상하지 않는 이상 그 직위를 유지하며, 직무에 대한 대가로 보수가 지급되며, 이는 재직중에 감액되지 않는다."

이와 같이, 연방헌법의 조문에서 그 명칭이 규정되고 설치된 연방법원은 연방대법원이 유일한 것이다. 연방의회는 제 3 조에 부여된 권한을 기초로 하여 연방의 하급심인 연방지방법원, 연방항소법원을 설치하였다. 이러한 헌법 제 3 조 제 1 절의 규정에 의해 설치된 연방대법원, 항소법원, 순회항소법원, 지방법원을 헌법상의 법원(constitutional court), 혹은 별칭으로 Article Ⅲ Court라고 부른다. 연방의회는 또한 특별법원(special court 혹은 specialized court)을 설치하였다.

심리하는 사건

연방법원이 심리하는 사건은 크게 ① 연방문제에 관련된 사건, ② 주간 관할권이 충돌하는 사건으로 나눌 수 있다. ①은 연방 형법에 위반한 사건 또는 헌법상 부여된 기본적 권리가 침해된 사건이나 연방법 혹은 헌법이 관련된 사건을 일컫는다. 또한 연방법원이 독점적 관할권을 가지는 연방제정법으로 규정되는 특허법, 상표법, 저작권법, 파산법, 형사사건, 해사(海事)사건 역시 이 범주에 속한다. ②의 전형적인 예는 각각 다른 주에 거주하는 시민 간 발생하는 사건으로, 소송가액이 75,000달러 이상의 계쟁사건의 경우이다. 이 범주에는 외국 또는 외국시민과 미국시민 간의 관계 역시 포함되므로 일본인 혹은 일본기업이 당사자 일방으로서 관련된 소송 역시 여기에 해당하여 연방지방법원으로부터 재판이 개시된다.

미 연방지방법원

연방재판제도는 많은 점에서 대부분의 주 재판제도와 상통한다. ① 예심법원, ② 중간상소(항소)법원, ③ 연방대법원의 3단계 형이다.

연방 수준에서는 지방법원이 일반적 관할권을 갖는 주 예심법원에 상응한다. 각 주에는 연방지방법원이 적어도 한 개씩 설치되어 있다. 재판구의 수는 주로 인구의 변화와 대응하는 사건의 취급 건수에 따라 변한다. 연방지방법원은 연방에 관한 사물에 대해 제 1 심관할권을 갖는다. 즉, 지방법원에서 연방에 관한 소송이 시작된다.

미 연방항소법원

연방의회는 12개의 순회재판구(巡廻裁判區)를 설치하여, 각 순회재판구에서는 연방지방법원으로부터의 항소사건을 심리한다. 항소법원의 판결은 대개의 소송에서 최종적인 것이 되나, 연방대법원에의 상소 역시 형식적으로는 가능하다.5) 연방거래위원회(Federal Trade Commission) 등 행정기관으로부터의 상소는 미 순회항소법원에서도 행하여진다.

미 연방대법원

연방재판제도에 있어서 3단계의 최상위에 위치한 것이 미 연방대법원이다. 미국 헌법 제 3 조는 "미국의 최고법원은 오직 하나만 존재한다"고 규정하고 있다. 연방제도에 있어, 기타 법원은 모두 하위로 간주되며 연방의회는 필요한 경우 기타 하급법원을 창설할 권한을 가진다.

미 연방대법원은 모두 9명의 판사로 구성되며, 대통령이 지명하고 상원에서 승인된다. 모든 연방지방법원의 법관과 마찬가지로 연방대법원 판사는

---

5) 우리나라와는 달리 미국에서는 연방대법원 판사 4명 이상이 동의해야 연방대법원이 그 사건을 다루게 되는데, 이를 일컬어 "Rule of Four"라고도 한다. 미국 대법원은 연간 약 150건 이내의 사건을 처리하는 반면, 우리 대법원은 약 20,000건의 사건을 처리한다고 한다. 보다 깊이 있는 판결을 위해서는 우리나라에서도 상고허가제를 검토해 보아야 할 것이다.

종신의 지위로 임명된다. 이는 "품위를 손상하지 않는 이상 그 직위를 유지한다"는 헌법 제3조에서 연원한다. 연방대법원은 매우 드물게 제1심관할권, 예심관할권을 가지지만(제3조 제2절에 기재), 상소법원으로서의 역할을 하는 경우가 대부분이다. 연방대법원은 항소법원의 판결에 대하여 재심리가 가능하고, 판결에 대한 상고를 다룰 권한을 가지고 있다.

94개의 재판구(裁判區)

미국의 연방법원제도는 3심제를 채택하고 있는바, 우선 지방법원부터 설명하기로 한다. 현재, 전미(全美)는 94개의 재판구로 나뉘어 각 지구에 연방지방법원(일반적으로 연방지법이라고 부른다)이 설치되어 있다. 재판구는 주당 하나가 원칙이지만, 많은 인구를 가진 캘리포니아 주, 뉴욕 주, 텍사스 주에는 네 개의 재판구가, 일리노이 주 3개, 위스콘신 주 2개 등 다양하다. 연방지방법원에서는 주의 예심법원과 마찬가지로 법관 혹은 배심원에 의한 사실 인정, 법관에 의한 법률의 적용이 이루어진다. 대부분 사건의 경우 법관 1명에 의해 심리·판결이 이루어지지만, 사건에 따라 3명이 배치되는 경우도 있다. 판결에 불만이 있는 경우에는 미 연방항소법원에 항소할 수 있으나, 대부분의 경우 지방법원의 판결로 종결된다.

13개의 항소법원

다음은 항소법원의 개요이다. 전미(全美)에는 각 11개의 순회구 당 하나씩, 그리고 워싱턴 D.C.의 하나를 더하여 모두 12개의 항소법원이 존재한다. 1982년 Federal Courts Improvements Act(미 연방법원개선법)에 의하여 U.S. Court of Appeals for the Federal Circuit(미 연방순회항소법원)이 설치되어, 연방 수준으로는 모두 13개의 항소법원이 존재하게 되었다.

순회구(巡廻區)에 설치된 11개의 항소법원은 지리적 배분에 의해, 그 영역 내의 항소사건을 담당한다. 나머지 두 개의 항소법원은 그 관할 내용이 조금 다른데, 우선 워싱턴 D.C. 항소법원은 워싱턴 D.C. 내 연방지방법원으로부터의 항소와 연방 행정기관의 결정이나 명령에 대한 항소를 다루며, 13번째의 순회항소법원은 수입거래에 관한 사건을 다루는 미 연방국제무역법원(U.S. Court of International Trade), 연방정부와의 계약에서 파생하는 금전청구 사건을 다루는 미 연방청구법원(U.S. Claims Court), 특허와 상표를 다루는 특허·상표청(Patent and Trademark Office)으로부터의 상소를 전문적으로 수리·재심리하는 기능을 한다.

이러한 법원들은 사물관할권(事物管轄權)의 특색으로 인해, 지리적 요소에 관계없이 관련된 미국 전역의 모든 사건을 다룬다. 현재 특허 항소사건은 특허법원이 전속적으로 다루며, 여기서 연방대법원으로의 상고는 획기적인 경우를 제외하고는 사실상 거의 인정되지 않기 때문에 특허사건에 관해서는 실질적으로 최고법원으로서의 역할을 담당하고 있다.

미 연방항소법원은 주 수준의 항소심과 마찬가지로 사실문제, 증인의 증언 등은 심리하지 않고, 예심법원이 행한 법의 적용과 법적 판단, 편견에 의한 과오 여부만을 재심리한다. 법의 적용이나 법적 판단의 오류, 편견에 의한 과오가 없는 경우에는 상소를 기각하고 원판결을 확인한다. 재판은 통상 3명의 법관으로 구성된 패널에 의해 진행된다.

이송영장(移送令狀)

마지막으로 연방대법원에 대해 알아보기로 한다. 연방대법원은 수도인 워싱턴 D.C.에 소재하며 1명의 대법원장과 8명의 대법원 판사로 구성된다. Justice라는 용어는 연방대법원 판사를 지칭할 때만 사용되며, 그 밖의 판사는 Judge라고 불리므로 주의를 요한다. 연방대법원은 기본적으로 상고되어 올라오는 사건을 다루는 상급심 법원이지만, 연방헌법 제3조 제2절 (2)는 "대사와 그 외 외교사절 및 영사에 관한 사건, 주가 당사자가 되는 모든 사건에 대해서는 연방대법원이 제1심관할권을 가진다"라고 규정하고 있다.

연방 항소법원 및 주 대법원으로부터의 상고를 심리하기도 한다. 우리 대법원과 같이 상고되어 오는 모든 사건에 대해 심리하는 것이 아니라, 미 연방대법원은 9명의 판사 중 4명이 재심에 찬성하는 경우 하급심으로부터 사건기록의 이송을 명하는 '이송영장(writ of certiorari)'을 발급하고, 이 영장이 발급된 사건에 대해서만 다룬다. 이는 연방대법원 판사의 자유재량에 속하는 영역이며, 상고된 사건의 최종적인 심리는 9명의 연방대법원 판사 전원에 의해 이루어진다.

특별법원

연방법원 내에는 상기한 법원 이외에 특별법원(special court, specialized court)이라 불리는 법원이 존재한다. 연방세(聯邦稅)에 관한 문제를 다루는 연방조세법원(U.S. Tax Court), 연방 파산절차법의 문제를 다루는 연방파산법원(U.S. Bankruptcy Court), 군사법원(Court Martial)으로부터의 상소사건을 다루는 연방군사항소법원(U.S. Court of Military Appeals) 등이 있다. 그 밖에 전술한 미국 연방순회항소법원에 항소할 수 있는 미국 연방국제무역법원, 미국 연방청구법원, 특허·상표청 등도 이 부류에 속하나, 모두 한정적 관할권만을 가지는 제도이다.

미 연방대법원과 그 존재

연방법원 가운데서도 연방대법원이 미국사회에 미치는 영향은 막대한 것이다. 미국인이 갖는 가치관, 정의감, 공정성을 기초로 한 판결을 통하여 미국 국민에게 중요한 문제에 대한 방향성을 제시해 주는 점에서 미국이라는 다민족국가에게 있어서는 큰 영향력을 가지는 존재라고 할 수 있다.

8. Constitution (1) — Introduction

The U.S. Constitution is brief. It consists of only about seven thousand words, which is less than one third of the number of words in the average state constitution. Because of its brevity, the Constitution has proved to be "marvelously elastic," and therefore it has survived for over two hundred years — longer than any other written constitution in the world.

The U.S. Constitution is the supreme law of the land. As such, it is the basis of all law in the United States. A law in violation of the Constitution, no matter what its source, will be declared unconstitutional and will not be enforced.

The Tenth Amendment to the U.S. Constitution, which defines the powers and limitations of the federal government, reserves all powers not granted to the federal government to the states. Each state in the union has its own constitution. Unless they conflict with the U.S. Constitution or a federal law, state constitutions are supreme within their respective borders.

The relationship between the national government and the state governments is a partnership. Neither partner is superior to the other except within the particular area of exclusive authority granted to it under the Constitution.

To prevent the possibility that the national government might use its power arbitrarily, the Constitution divided the national government's powers among the three branches of government. The legislative branch makes the laws, the executive branch enforces the laws, and the judicial branch interprets the laws. Each branch performs a separate function, and no branch may exercise the authority of another branch. Additionally, a system of checks and balances allows each branch to limit the actions of the other two branches, thus preventing any one branch from exercising too much power.

- **brevity:** 간결성
- **marvelously:** 놀라울 정도로
- **elastic:** 탄력성 있는, 융통성 있는, 신축성 있는
- **supreme law:** 최고위의 법률
- **unconstitutional:** 위헌의, 헌법위반의
- **enforce:** 시행하다, 실시하다, 강제하다.
- **reserve:** 유보하다.
- **union:** 합중국 = the United States of America
- **conflict:** 저촉하다. 상반하다. 충돌하다.
- **exclusive:** 배타적, 독점적
- **partnership:** 2명 이상의 개인이 출자하여 공유자로서 영리를 목적으로 한 사업을 운영하기 위한 공동사업체. 법인격을 갖지 않음. 미국에서는 일반적으로 공동사업을 할 때 광범위하게 드는 비즈니스 형태임
- **authority:** 권한
- **arbitrarily:** 독단적으로
- **legislative branch:** 입법부
- **executive branch:** 행정부
- **judicial branch:** 사법부
- **checks and balances:** 견제와 균형

8. 헌법 (1) — 개설

미국 헌법에 대하여

연방헌법은 짧고 읽기 쉬우면서도 영속성을 가진다. 그 구성은 7개의 조문과 권리장전 및 17개의 수정조항이며 2세기 이상 풍운을 견딘, 세계에서 가장 오래된 성문헌법이다.[6] 미 연방헌법은 다음 3가지의 중요한 법적 역할을 담당한다. ① 주정부의 권한을 제한하는 기능, ② 주가 연방에 양도한 권리의 범위를 설정하는 기능, ③ 미국시민에게 기본적 인권보장을 제공해 주는 기능을 한다.

주에 대한 제한

주는 독자적 통치기관을 가지며, 주 의회는 스스로 법률을 제정하는 권한을 가지고 있다. 이에 대해 연방헌법은 제 6 조의 연방우위조항에 따라 주법은 연방법에 구속됨을 규정하고 있다. 본 조항은 또한 미 연방헌법, 연방제정법, 외국과의 조약에 저촉하는 주법은 무효라고 규정하고 있다. 이는 주에 대한 일반적 의미의 제한이지만 헌법 제 1 조 제10절에서는 주에 대해 보다 특정적 제한을 두고 있다. 예를 들어, 주의 외국과의 조약체결·화폐주조·소급처벌법(법률 제정 이전의 행위에 대해 소급하여 적용되는 법률)·계약상 채무에 손실을 끼치는 법률의 제정·수출입품에 대한 관세부과 등을 금지하고 있다. 이러한 조항들은 원래 주가 탄생하고 난 뒤 연방이 형성되었으므로 연방과 힘의 균형을 맞추려 한 역사적 배경에서 비롯된 것이다.

연방이 가지는 권한

미국은 원칙적으로 연방이 가지는 권한과 주가 연방에 양도한 권한으로

---

6) 권리장전과 수정조항을 포함하여 현재는 27개이다. 자세한 내용은 본서에 부록으로 첨부된 미국헌법을 참조.

나뉘는 분권형 시스템을 가지고 있다. 헌법에 명문으로 규정된 연방의 권리 이외에는 주의 전속적 권한이 인정되는바, 미 연방헌법 제1조는 입법부인 연방의회의 설립과 그 권한을 규정하였다. 이에 따라 연방의회는 세금부과, 주와 주 사이의 거래 및 외국과의 통상규제, 통화발행, 법원 수의 증감에 대한 조정 등의 권한을 갖는다. 제2조에서는 대통령에게 연방정부의 행정권을 부여하고 있는바, 대통령은 각료를 비롯한 행정부 각료에 대한 임명권, 미 최고 사령관으로서의 군 통수권, 의회의 권한을 억제하기 위해 의회가 제출한 법안에 대한 거부권(단, 의회는 대통령이 거부권을 행사한 법안에 대해 양원 3분의 2의 찬성으로 다시 가결 가능)을 가진다. 또한 대통령은 상원 출석의원 3분의 2의 동의를 얻어 외국과 조약을 체결할 수 있으며, 외국에 대사를 파견하고 미 연방법원의 법관을 임명할 권한을 가진다. 제3조는 연방의 사법권은 미 연방대법원에 부여되어 있음을 규정하고 있다. 연방법원의 중요한 역할 중 하나는 연방법과 조약, 주 헌법, 주법이 연방헌법에 위반되는지 여부를 판단하는 위헌법률심사(judicial review)이다.

개인의 기본권

개인의 자유 보장은 수정헌법 제1조에서 제10조까지의 권리장전 및 수정헌법 제14조에 규정되어 있다. 이러한 권리로는 언론·출판, 종교의 자유, 불합리한 체포 및 수사로부터의 보호, 형사상 소추 시 공평한 배심원에 의해 신속한 재판을 받을 권리, 정당한 절차에 대한 권리 보장 등을 들 수 있으며, 미 연방헌법은 정부에 대해 이러한 개인의 권리를 침해하지 않도록 엄격하게 규제하고 있다.

앞에서 살펴본 세 가지가 연방헌법에 있어 기본법으로서 근간을 이루는 부분이라 할 수 있다. 미 연방헌법은 7,000 단어 정도로 이루어진 매우 간결한 헌법이며, 이는 평균적으로 주 헌법을 구성하는 단어의 3분의 1에도 미치지 못하는 수치이다. 이러한 간결함으로 인해 미 연방헌법은 "놀라울 정도의 탄력성을 가진 헌법"으로 평가받아 왔다. 따라서 다른 어떤 성문화된 헌법보다도 오랜 200년이 넘는 역사를 가지고 있다.

최고법규

미 연방헌법은 미국의 최고법으로 다른 법률의 기초로 자리매김하고 있다. 미 연방헌법에 위반되는 법률은 그 근원을 불문하고 위헌으로 선언되며, 위헌으로 선언된 법률은 집행될 수 없다.

수정헌법 제10조는 연방정부의 권한과 그에 대한 제한을 규정하여 연방정부에 위임되지 않은 모든 권한은 주에 유보되어 있음을 규정하고 있다. 미국 각주는 각자 독자적 헌법을 가지고 있으며, 연방헌법과 연방법에 저촉되지 않는 이상 주 헌법은 그 주에 있어 최고법으로서의 지위를 가진다.

연방정부와 주정부는 협력관계에 있는바, 연방헌법이 인정하는 배타적 권한이라는 특별한 분야 이외에는 둘 중 어느 하나의 정부가 우위에 있다고 할 수 없다.

견제와 균형

연방정부가 전횡적으로 권력을 행사하는 것을 방지하기 위하여, 연방헌법은 권력을 세 기관이 분점하도록 구조화하고 있다. 법률의 제정권은 입법부에, 법률의 집행권은 행정부에, 법의 해석권한은 사법부에 부여하고 있는 것이다. 각 기관은 독립적 기능을 가지며 그 어떤 기관도 여타 부분의 권한을 행사할 수는 없다. 또한 견제와 균형(checks and balances)이라는 제도를 통해, 각 기관이 다른 두 기관의 권력행사를 일정 정도 제한함으로써 한 기관이 지나치게 큰 권한을 행사하는 것을 막고 있다.

미국사회와 헌법

연방헌법은 연방정부의 조직과 권한을 규정하고 있으며, 법질서 유지를 위한 기본적 지침으로 기능한다. 또한 헌법은 그 자체가 이론적으로 가장 우수한 기계적 기능을 발휘하고 있으며, 현실에서는 단순한 지침과 기능 이상으로 커다란 존재감을 형성하고 있다. 이는 헌법이 미국이라는 국가 가치의 결정체이기 때문이다. 헌법은 혼란한 사회에서 국민이 요구하는 권리와 예측 가능성을 구체화한 법이다. 미국 국민은 항상 사회의 변화를 추구하고 있으며, 이러한 변화를 위해 필요한 헌법 해석의 제공과 방향성 제시의 권한을 연방대법원에 부여한 것이다.

미국헌법은 고도화·복잡화된 사회의 요구로부터 상당한 압박을 받고 있는 것이 사실이나, 헌법은 놀라울 정도의 적응력을 통해 본래의 기능을 시대에 맞게 발휘하고 있다. 미국헌법은 자유와 법 앞의 평등을 갈망한 건국의 아버지들이 작성한 지혜의 결정체이며, 영속성을 갖고, 문장이 간결하여 현대에 이르러서도 널리 적용되도록 고심한 노고가 보인다.

미국헌법은 전체적으로 건국 이래 미국인의 정신구조 또는 사고방식을 구성하는 핵심을 담고 있으며, 불공정한 것을 싫어하는 미국인의 가치관, 정의감, 공정함을 이해하는 데에 중요한 자료라고 할 수 있다. 미국인은 헌법논쟁을 좋아하여 국민 전체가 헌법법률가(constitutional lawyer)로서의 자부심을 가지고 있다는 평가도 있다. 일반시민에 이르기까지 헌법문제에 관해서는 일가견을 가지고 일상생활 속에서 헌법문제로 토론하는 광경을 자주 목격할 수 있다. 이는 오랜 전통 속에서 형성된 관습으로 국민성의 특징 중 하나라고 할 수 있다.

9. Constitution (2) — Bill of Rights

The first ten of these amendments, commonly known as the Bill of Rights, were adopted in 1791 and embody a series of protections for the individual against various types of interference by the federal government.

As originally intended, the Bill of Rights limited only the powers of the national government. Over time, however, the United States Supreme Court "incorporated" most of these rights into the protections against state actions afforded by the Fourteenth Amendment to the Constitution. That amendment, passed in 1868 after the Civil War, provides in part that "no State shall ⋯ deprive any person of life, liberty, or property, without due process of law." Starting in 1925, the Supreme Court began to define various rights and liberties guaranteed in the national Constitution as constituting "due process of law," which was required of state governments under the Fourteenth Amendment. Today, most of the rights and liberties set forth in the Bill of Rights apply to state governments as well as the national government. In other words, neither the federal government nor state governments can deprive individuals of those rights and liberties.

The rights secured by the Bill of Rights are not absolute. Many of the rights guaranteed by the first ten amendments are described in very general terms. For example, the Fourth Amendment prohibits unreasonable searches and seizures, but it does not define what constitutes an unreasonable search or seizure. Similarly, the Eighth Amendment prohibits excessive bail or fines, but no definition of excessive is contained in that amendment. Ultimately, it is the United States Supreme Court, as the final interpreter of the Constitution, that defines our rights and determines their boundaries.

- **Bill of Rights:** 권리장전. 미국 수정헌법 제 1 조 ~ 제10조까지의 조항으로 기본적 인권이 규정되어 있다.
- **adopt:** 채택하다.
- **embody:** 포함하다. 삽입하다.
- **protection:** 보호
- **interference:** 개입, 간섭
- **federal government:** 연방정부
- **intend:** 의도하다.
- **power:** 권한
- **incorporated into:** 삽입하다. 합체하다.
- **afford:** 부여하다. 제공하다.
- **Civil War:** 미국의 남북전쟁. 1861년부터 1865년까지 링컨대통령이 이끄는 북군측이 승리
- **provide:** 규정하다.
- **deprive:** 빼앗다. 박탈하다.
- **liberty:** 자유
- **property:** 재산
- **due process of law:** 정당한 법적절차, 적법절차
- **guarantee:** 보증하다.
- **constitute:** 본질을 이루다. 상당하다. 일부가 되다. 구성하다.
- **secure:** 보증하다.
- **absolute:** 완전한
- **describe:** 기술하다. 표현하다.
- **prohibit:** 금지하다.
- **search:** 수색
- **seizure:** 압수
- **excessive:** 과다한
- **bail:** 보석금
- **fine:** 벌금
- **ultimately:** 최종적인, 최후에, 결국
- **interpreter:** 해석자
- **determine:** 판단하다. 판정하다. 결정하다.
- **boundary:** 경계선

9. 헌법 (2) — 권리장전

수정헌법의 승인절차

미 연방헌법 개정절차는 제5조에 규정되어 있다. 그 내용은 연방의회 양원 의원 3분의 2가 필요를 인정하는 때에 수정을 발의하고, 또는 모든 주 의회의 3분의 2가 청구할 경우에는 수정 결의를 위한 헌법회의를 소집하여야 된다는 것을 그 골자로 한다. 어떠한 경우에도 수정안의 최종가결을 위해서는 모든 주의 4분의 3에 해당하는 수의 의회 혹은 4분의 3의 주에 걸친 헌법회의의 승인을 필요로 한다. 즉, 미 연방수정헌법은 제 5 조에 근거하여 연방의회가 발의하고 각주의 의회가 승인한 헌법의 추가조항과 수정조항을 의미한다. 현재 27개의 수정조항이 규정되어 있다.

권리장전

수정헌법 제 1 조부터 제10조까지는 기본적 인권에 관한 규정으로 권리장전(Bill of Rights)이라고 불린다. 최초 10개의 조문은 권리장전으로 알려져 있으며 1791년에 채택되었고, 연방정부에 의한 다양한 간섭으로부터 개인을 보호하는 일련의 조항을 포함하고 있다. 원래 권리장전은 연방정부의 권한만을 제한하는 것으로 의도한 것이었다.

그러나 시간이 흐름에 따라 연방대법원은 이들 권리의 대부분을 수정헌법 제14조에 따라 주의 행위에 대한 보호의 대상으로 포섭하였다. 이 수정헌법 제14조는 남북전쟁 직후인 1868년에 통과되었고, "어떤 주도 정당한 법적 절차에 의하지 않고서는 시민의 생명·자유·재산을 박탈할 수 없다"는 규정을 그 핵심으로 하고 있다. 미 연방대법원은 1925년부터 판결을 통하여 헌법에 보장된 여러 권리와 자유, 수정헌법 제14조에 의하여 주정부에게 요구되는 '적법절차' 등의 본질에 관하여 명확한 정의를 내려 왔다. 오늘날 권리장전에 규정되어 있는 대부분의 권리와 자유는 연방정부뿐만 아니라, 주정부에도 적용되는 것이다.

주정부와 연방정부 모두 개인의 권리와 자유를 박탈할 수 없다는 것이다. 권리장전에 의하여 보장되는 권리는 완전한 것이라고는 할 수 없다. 수정헌법 초기 10개 조항에 의해 보장되는 권리는 일반적인 용어로 규정되어 있다. 수정헌법 제4조는 불합리한 수색 및 압수를 금지하고 있으나, 구체적으로 어떤 행위가 '불합리한 수색' 혹은 '압수'를 구성하는지 그 정의조항을 결여하고 있다. 마찬가지로 제8조는 과다한 보석금 혹은 벌금의 부과를 금지하고 있으나, 여기서 '과다'의 정의규정은 포함되어 있지 않다. 최종적으로는 연방대법원이 헌법의 최종적인 해석주체로서, 헌법조항에 규정된 국민의 권리에 대한 구체적 정의를 내리고 그러한 권리의 경계선을 판단하는 것이다.

제정 당시의 역사적 배경

미국 수정헌법 중에서도 최초의 10개 조항은 특히 유명한데, 개인의 기본권 관련 조항에 있어 세계 각국 헌법에 심대한 영향을 미쳤다. 1776년 7월 4일, 독립선언서가 채택되어 미국은 독립국가로 탄생하였다. 이듬 해, 연합헌장을 제정하여 13개의 식민지가 승인되었고, The United States of America라는 국명 또한 정해졌다. 이러한 가운데 13개 주가 영국과 독립전쟁을 하여 최종적으로 1783년에 승전하면서 완전한 독립국가로 성립하였다.

이후 연합체의 완전한 형성이 제창되어 헌법회의가 소집되었고, 1788년 6월 연합헌장의 개정이 아닌 새로운 미 연방헌법이 승인되고 발효되었다. 하지만 당시 헌법제정에 반대하는 사람도 다수 있었는데, 그 이유의 하나는 헌법초안이 연방정부나 연방의회 등 권력구조 관련 조항만을 포함하고 권리장전이 빠진 데 따른 것이었다. 당시 대부분의 주 헌법에서는 모두 개인의 권리 보호조항이 삽입되어 있었고, 신헌법은 13개 주 가운데 9개 주가 승인하였다.

그런데 신정부가 출범한 1789년에 이르러서도 로드아일랜드 주와 노스캐롤라이나 주는 연방의회가 권리장전을 추가하겠다고 약속할 때까지는 헌법을 승인하지 않겠다는 입장을 천명한 상태에 있었다. 이러한 사정으로 인해 권리장전안은 헌법발효 뒤 1789년 제1회 연방의회에서 헌법개정제안으로 발의되어, 1791년 12월에 수정헌법으로서 정식으로 승인·실시되었다. 수정헌법 통과가 헌법발효 후 불과 3년째 되던 해에 이루어진 것을 보더라도 당시 수정헌법이 얼마나 뜨거운 논쟁거리였는지 알 수 있으며, 또한 자유와 평등을 국시로 삼는 미국다운 결정이었다고 평가할 수 있다. 권리장전 규정은 당초 주정부에 대한 제한기제는 아니었으나, 수정헌법 제14조의 제정에 의해 주정부에 대해서도 적용될 수 있게 되었으므로 밀접한 관계가 있다고 할 수 있다.

권리장전의 내용

권리장전의 주요조항과 수정헌법 제14조를 요약하면 다음과 같다.

제 1 조: 종교·언론·출판·집회의 자유 및 청원권의 보장
제 2 조: 무기를 보유 혹은 휴대할 권리의 보장
제 3 조: 평시에 있어 병사의 숙영에 대한 제한
제 4 조: 불합리한 수사·압수·체포의 금지
제 5 조: 형사재판에 관한 권리, 정당한 절차의 보장 및 공용징수에 대한
        제한
제 6 조: 형사사건에 있어 배심에 의한 신속한 공개재판을 받을 권리
제 7 조: 민사사건에 있어 배심재판을 받을 권리의 보장
제 8 조: 과다한 보석금과 벌금 및 잔혹한 형벌 부과의 금지
제 9 조: 인민의 기본적 권리보장
제10조: 주 혹은 인민이 가지는 권리의 보장
제14조: 시민권·정당한 법적 절차 및 법의 평등한 보호

미국에 대한 이해와 헌법

이러한 헌법상의 보호는 비즈니스 기업에도 적용되는 것이다. 기업은 각자가 법적실체로서 또는 법인으로서 존재하며, 개인과 마찬가지로 다양한 권리 및 특권을 향유할 수 있다. 권리장전은 현대 미국의 제도와 법률, 그리고 문화 등을 이해함에 있어서 불가결한 것이며, 긴 역사 속에서 형성된 미국 특유의 국민성을 고찰함에 있어서도 중요한 내용이라고 할 수 있다.

10. Constitution (3) — Commerce Clause

Article I, Section 8, Clause 3 of the U.S. Constitution grants Congress the power "to regulate Commerce with foreign Nations, and among the several States, and with the Indian Tribes." What exactly does "to regulate commerce" mean? What does commerce entail? In the following landmark case, Chief Justice John Marshall interpreted the phrase liberally, and today, theoretically, the power over commerce authorizes the federal government to regulate almost every commercial enterprise in the United States. This power was delegated to the federal government to ensure the uniformity of rules governing the movement of goods through the states.

> Defendant, Ogden had a state-granted monopoly to use steam navigation in New York. Plaintiff, Gibbons has congressional grant to do so. The Supreme Court held for the plaintiff in a conflict between state and federal law. The court made a quantum leap in the scope of regulating interstate commerce. The federal government, and not the states, may regulate a commercial endeavor, even if the activity is within a state, as long as the activity "concerns more states than one."

Formerly, the commerce clause was interpreted as applying only to interstate, not intrastate, commerce. The United States Supreme Court, however, now recognizes that Congress has the power to regulate any activity, interstate or intrastate, that "affects" interstate commerce. A farmer's wheat production intended wholly for consumption on his or her own farm, for example, was held to be subject to federal regulation since such home consumption reduces the demand for wheat and thus may have a substantial economic effect on interstate commerce.

In *McLain v. Real Estate Board of New Orleans, Inc.*, the United

States Supreme Court held that local real estate brokers, who were licensed to perform their function only in Louisiana, substantially affected financial transactions and title insurance that were clearly interstate in nature. Thus the broker's activities affected interstate commerce sufficiently to be regulated by the federal law.

- **Commerce Clause:** 통상조항. 주간통상에 관해 연방의회가 이를 규제하는 권한을 가지고 있음. 연방헌법 규정(제 1 조 제 8 절 (3))은 주로 제 외국간, 다른 주간의 통상을 규정하고 있음
- **grant:** 부여하다. 인정하다. 허가하다.
- **regulate:** 규제하다. 규정하다. 제한하다.
- **entail:** 내포하다. 함의하다.
- **landmark case:** 역사적으로 중요한 판례, 획기적인 판례
- **Chief Justice:** 대법원장
- **liberally:** 관대하게, 완화된
- **theoretically:** 이론적으로
- **authorize:** 인정하다. 부여하다.
- **commercial:** 상업의, 통상의, 무역, 통상 일반, 상업 및 매매 등에 관한 일반적인 용어. 형용사로도 명사로도 사용된다.
- **enterprise:** 사업, 기업
- **delegate:** 위임하다. 권한이나 권리를 위임함
- **ensure:** 확보하다. 확실히 하다. 보증하다.
- **uniformity:** 일관성, 통일성
- **monopoly:** 독점
- **steam navigation:** 기선교통, 선박교통
- **conflict:** 충돌하다, 저촉하다.
- **quantum leap:** 크게 도약하다.
- **scope:** 범위
- **interstate commerce:** 주간통상. 연방 내 2개 또는 그 이상의 주간통상, 전송, 통행 등 소위 상업상 인적 또는 물적 거래 또는 교역을 일컬음. 주간통상을 규정하는 연방헌법 제 1 조 제 8 절 (3)을 Interstate Commerce Clause(주

간통상조항)이라고 함

- **intrastate commerce:** 주내통상, 하나의 주 내에서 비즈니스 기승전결이 완전히 행해지는 통상
- **consumption:** 소비
- **substantial:** 실질적인, 사실상의
- **real estate:** 부동산
- **financial transaction:** 금융거래
- **title insurance:** 권원보험. 부동산 매매에서 매도인의 소유권이 불완전한 경우나 선취득권의 행사가 있을 경우, 매수인의 피해를 보험회사가 보상하는 것을 정한 보험

미국법과 법률영화 (2)

- **Civil Procedure:** 'The Verdict' 'The Insider' 'A Civil Action' 'Class Action'
- **Criminal Procedure:** 'The Hurricane' 'The Accused' 'David Gale' 'Eye for an Eye' 'The Usual Suspects' 'Double Jeopardy'
- **Evidence:** 'Presumed Innocent' 'Witness for the Prosecution' 'Deathtrap' 'My Cousin Vinny' 'A Place in the Sun'
- **Family Law:** 'The Client' 'I Am Sam' 'Irreconcilable Differences'
- **Insurance:** 'Malice' 'Double Indemnity'
- **Property:** 'The Castle'
- **Company Law:** 'Wall Street' 'Disclosure'
- **Mass Torts:** 'The Runaway Jury' 'Erin Brockovich'

10. 헌법 (3) — 통상조항

미국 연방헌법

미 연방헌법은 미국에서 최고지위를 가지는 법률이다. 연방의회와 주는 헌법과 상충하는 법을 통과시킬 수 없으며, 이러한 점에서 연방헌법은 정부의 권한을 제약하는 역할을 한다고 할 수 있다.

법률상 어떤 특정한 영역에서 연방정부와 주(州)정부 중 어느 쪽이 권한을 행사해야 하는가에 대한 분쟁이 빈번히 발생한다. 이러한 경우 연방대법원은 헌법의 판단자로서 헌법을 판단 준거로 하여 연방과 주 어느 정부가 권한을 갖는지에 대한 최종적 판단을 행함으로써 이러한 분쟁을 해결한다. 헌법은 주간통상(州間通商)을 규제하는 권한을 연방정부에게 명시적으로 인정하고 있다.

주간통상(州間通商)과 주내통상(州內通商)

주간통상은 각기 다른 주에 거주하는 시민간의 무역거래 및 기타 여러 형태의 비즈니스 거래를 가리킨다. 원래 통상이라 함은 물품의 판매, 거래를 의미하는 것이지만 통상의 수단인 철도와 항공기, 자동차, 선박에 의한 운송부터 전신, 전화, 라디오, 텔레비전, 인터넷에 의한 통신을 포함하는 넓은 개념으로 확대되었다. 레저 목적의 주간 이동이나 보험 역시 이러한 개념에 포함된다. 유연한 헌법해석의 전통에 의해 이렇게 통상의 정의가 확대되어 왔다고 할 수 있다.

외국과의 통상은 미국 시민과 외국 시민 간의 비즈니스로서 미국 국외에서 발생하는 상거래 행위를 말한다. 주간통상에 반대되는 개념으로 '주내통상' 혹은 '지역 내 통상'이라는 용어가 있다. 이는 주간 경계를 넘어 이루어지는 통상이 아니므로 주에 의해 전속적으로 관리·통제된다. 주가 주내의 통상을 규제하는 권한은 주간통상조항에 의해 침해받지 않는다. 특정 주 안에 국한되어 이루어지는 상업과 통상이라 할지라도 다른 주에 영향을 미치는 경우에는 주간통상의 범주에 해당하며, 이러한 경우에는 거래의 양태가 주간 경계를 넘나드는 것일 필요가 없다. 즉 그 내용의 본질이 국내에 관련되어 있는 경우 연방의회가 독점적으로 규제·제한하는 권한을 가지는 것이다. 이러한 의회권한의 목적은 주간통상을 주의 지역적 규제와 제한으로부터 보호하여, 그 자유로운 흐름을 보장하는 데에 있다.

주간통상의 규제라는 관점에서 반독점법인 셔먼법(Sherman Act), 클레이튼법(Clayton Act), 연방무역위원회법(Federal Trade Commission Act), 혹은 노동관계에 관한 전국노동관계법(Wagner Act), 공정노동기준법(Fair Labor Standards Act), 증권거래에 관한 증권법(Securities Act), 소비자제조물안전법(Consumer Product Safety Act) 등 통상조항에 기초하여 많은 법률이 제정되었다. 이러한 배경을 토대로 이하의 본문 내용을 살펴보기로 한다.

통상조항이란 무엇인가

연방헌법 제 1 조 제 8 절 (3)은 연방의회에게 "외국과의 통상, 각 주간 거래 및 인디언 부족과의 통상을 규제"할 권한을 부여하고 있다. "통상을 규제한다"는 것은 어떤 의미이며, '통상'은 구체적으로 어떤 행위를 내포하고 있는 것인가. 아래에 소개된 역사적 판례에서, 존 마셜 대법원장은 이를 폭넓게 해석하여 오늘날 이론적으로는 연방정부가 대부분의 상업적 거래를 규제할 수 있는 권한을 가지는 데에 하나의 단초를 제공하였다. 이러한 권한은 한 주에서 다른 주로 물품 이동 시에 적용되는 규칙들의 일관성을 담보하기 위해 연방정부에 위임된 것이다.

피고 오그든은 뉴욕 주로부터 기선교통에 관한 독점적 권리를 획득하였고, 원고 기번스는 유사한 권리를 연방정부로부터 획득한 상태에 있었다. 연방대법원은 주 법과 연방법 간의 충돌이 발생한 동 사건에서 원고 승소 판결을 내렸다. 연방대법원은 동 사건에서 주간통상 규제권한의 범위를 확장시킨바, 상업활동이 한 주의 경계 내에서 이루어진다 할지라도 '복수의 주에 관련되는' 활동인 이상, 주 정부가 아닌 연방정부가 이러한 상업활동을 규제할 권한을 가진다고 판시하였다(*Gibbons v. Ogden*, 22 U.S. 1 1824).

본래 통상조항은 주간 통상에만 적용되며, 주내 통상에는 적용되지 않는 것으로 해석되었다. 하지만 오늘날에는 연방법원은 주간 거래이든 주내 거래이든 주간통상에 '영향을 미치는' 활동일 경우, 그 활동에 대한 규제권한이 연방의회에 있음을 인정하고 있다. 예를 들어 어떤 농가가 단순히 자급을 목적으로 자신의 농장에서 밀을 생산했다고 하더라도 그러한 자가소비가 밀의 수요를 감소시켜 주간통상에 실질적인 경제적 영향을 미치므로 연방의 규제대상이 될 수 있다는 판결을 내린 바 있다.

매클레인 대 뉴올리언즈 부동산위원회 사건에서 연방대법원은 뉴올리언즈 지역의 부동산업자는 루이지애나 주 내에서만 유효한 사업 면허를 가지고 주내에 국한된 사업을 하고 있으나, 사실상 주간통상의 성격을 지니는 금융거래 및 권한 보험에 실질적 영향을 미친다고 판단하였다. 따라서 부동산업자들의 활발한 활동은 주간통상에 충분히 영향을 미치고 연방법의 규제대상이 된다고 판시하였다.

주의 권한 v. 연방의 권한

본문의 *Gibbons v. Ogden* 사건은 1824년 통상조항에 관한 유명한 연방대법원 판례로서 사건의 개요는 다음과 같다.

증기선의 발명자인 로버트 풀턴과 주불미국공사였던 로버트 리빙스턴이 1803년에 뉴욕 주 의회로부터 주내 기선교통 영업에 관하여 독점적 권리를 취득한 후, 뉴욕 주와 뉴저지 주 간 페리보트 영업권리를 애런 오그든에게 양도하였다. 토마스 기번스는 뉴욕 주로부터 허가증을 받지 않았음에도 불구하고, 연방의회가 발급한 허가증을 근거로 뉴욕 주와 뉴저지 간을 운행하는 2척의 증기선을 운영하였다. 오그든은 기번스를 상대로 제소하였고, 뉴욕 주 법원은 오그든에게 승소 판결을 내림과 동시에 기번스의 영업에 대해 금지명령을 내렸다. 이에 기번스는 뉴욕 주 법원의 판단은 헌법의 통상조항에 저촉되는 것임을 이유로 연방대법원에 상고하였다.

본 사건의 논점은 연방의회의 주간통상 통제권한이 주간통상에 관련된 기선교통에 미치는가의 여부였다. 연방대법원은 국내 항구를 출입하는 선박의 교통을 복수 주간 이루어지는 통상의 범위 안에 있다고 보았으며, 따라서 오그든에게 주어진 뉴욕 주의 허가는 연방법의 적용을 막는 것이어서 이의 유효성을 인정한 뉴욕 주 법원의 판결을 파기하였다. 연방대법원은 하나의 주 안에서 이루어지는 활동이라 할지라도, 둘 이상의 주에 관한 활동의 경우에는 통상조항이 적용된다고 판단한 것이다.

원칙적으로 주는 헌법의 통상조항과 연방법 우위조항(제6조 (2))의 규정에 의해 주간통상 문제에 대해 규제할 권한을 가지고 있지 않다. 그러나 이후에는 주가 주간통상 문제에 관련한 내용의 입법을 할지라도, 주의 경찰권이 관계된 주의 안전·공중위생·복지 등의 문제에 관해서는 연방법과 충돌하는 경우를 제외하고는 그 권한이 인정되는 방향으로 해석되고 있다. 미국사회에서 통상조항은 법원의 해석을 통하여 비즈니스에 관한 각 주의 지역적인 규제를 제거하여 경제발전을 가능하게 하였다.

현재 미국 내 활동중인 외국 기업에게 있어, 이러한 헌법상의 통상조항에 기초한 연방법 규제의 본질에 대한 인식과 이해, 이에 대한 대책의 수립은 필수 불가결하다고 할 수 있다.

11. Treaty — *Asakura Case*

Asakura, plaintiff in error is a subject of Japan, and since 1904, he has resided in Seattle, Washington. Since July 1915, he has been engaged in business there as a pawnbroker. The city passed an ordinance, which took effect July 2, 1921, regulating the business of pawnbroker.

It is unlawful for any person to engage in the business unless he shall have a license, and the city ordinance provides "that no such license shall be granted unless the applicant is a citizen of the United States." It was shown that he had about 5,000 dollars invested in his business, which would be broken up and destroyed by the enforcement of the ordinance. Asakura brought an action to restrain enforcement of the ordinance, contending that it violated a Treaty of 1911 between the United States and Japan.

The treaty provided in part that the citizens of each High Contracting Parties shall have liberty to enter, travel and reside in the territories of the other to carry on trade, wholesale and retail, to own or lease and occupy houses, manufactories, warehouses and shops, to employ agents of their choice, to lease land for residential and commercial purposes, and generally to do anything incident to or necessary for trade upon the same terms as native citizens or subjects. The Supreme Court of Washington held the ordinance valid and reversed the decision of the lower court of which in favor of Asakura.

Then Asakura appealed to the United States Supreme Court. Justice Butler delivered the opinion of the court as follows.

"There is nothing in the character of the business of pawnbrokers which requires it to be excluded from the field covered by above quoted provision, and it must be held that such business is 'trade' within the meaning of the treaty. The city ordinance violates the treaty." Decree of the Washington Supreme Court was reversed.

- **plaintiff in error:** 잘못된 판결에 불복하여 상급심에 그 파기를 청구하는 소송당사자
- **subject:** 국민
- **pawnbroker:** 전당포. 동산을 담보로 잡고, 금전을 대차하는 업무에 종사하는 사람
- **pass:** 법안을 통과시키다.
- **ordinance:** 조례. 시나 군 등 지방자치단체가 제정하는 법률로 그 자치단체가 가지는 관할권의 범위 내에서만 유효함. 용법으로 city ordinance(시 조례) 등
- **unlawful:** 위법의, 불법의, 합법적이지 않은
- **license:** 허가, 허가증, 인가. 어떤 행위를 행하거나 특권을 행사하는 것에 대해 소관관청이 기업, 개인에 대해 부여하는 인가. 이를 얻지 않고 행위를 하는 경우, 위반행위로 간주함. 또한 특정 업무를 수행하는 것에 대해 인가나 면허를 의미하기도 함
- **provide:** 규정하다.
- **applicant:** 신청인. 법원 등에서 신청하는 자. 기타 일반적으로 응모하는 자를 가리킴
- **citizen:** 시민
- **invest:** 투자하다. 이익을 얻거나 영리를 목적으로 기업에 자본 투자를 하거나, 사업에 출자 또는 부동산에 자본을 투자하는 것을 일컬음
- **enforcement:** 집행. 법률에 효력을 부여하는 것. 명령을 실시하는 것
- **restrain:** 제한하다. 행동, 자유 등을 제한하다. 억제하다. 금지 등의 의미. 특히 제한을 규정하는 내용의 계약은 공공의 이익을 해할 경우 무효로 됨
- **high contracting parties:** 조약의 체약국
- **liberty:** 출입의 자유
- **carry on:** 행하다. 계속하다.
- **trade:** 상업, 거래. 물품의 판매, 무역, 교역, 통상 등 상거래 전반을 의미. 그 수법은 물물교환, 또는 금전지불에 의함. 기타 고용, 거래처, 소매업 등을 의미
- **wholesale:** 도매업. 도매업자가 상품을 최종 소비자가 아닌 소매업자나 개인에게 양도하는 것. wholesaler는 도매업자 또는 중개인을 가리킴
- **retail:** 소매업, 도매는 그 후에도 판매가 계속되는 데 반해 최종 소비를 위한 판매를 의미. retailer는 최종 소비자, 즉 end user에 대한 판매자

- **lease:** 임대권, 임대차 계약. 부동산 소유자가 임차인에게 일정기간 동안 점유를 허락하고 대가로 임료를 지불받는 계약, 또는 그러한 권리를 설정하는 것을 가리킴
- **occupy:** 점유하다. 사용하다.
- **manufactory:** 공장, 제조소
- **incident:** 부수하다. 어떤 중요한 목적을 수반하다. 부수하는, 관련한 상태를 나타내는 형용사. 명사로서는 부수조건, 사건의 의미가 있음
- **terms:** 조건
- **reverse:** 뒤집다. 상급법원이 하급법원의 판결을 파기하는 것
- **deliver:** 진술하다. 말하다.
- **exclude:** 제외하다. 배제하다.
- **quote:** 인용하다.
- **violate:** 위반하다. 침해하다. 조약이나 약속을 파기하다. 의무를 위반하다. 타인의 권리를 침해하다 등의 의미. 명사는 violation. 일반적으로 violation of law, breach of contract, infringement of intellectual property rights 등으로 사용된다.
- **decree:** 판결. 법원(법관)이 내리는 결정, 명령. 형평법상 판단에 따라 당사자 간의 권리를 결정하는 것으로서, 본래는 형평법원의 판결을 가리킴. 보통법상 판결에서 judgment에 해당하는 용어이지만, 현재는 둘 다 동의어로서 쓰임(우리나라에서는 presidential decree의 경우처럼 명령이란 의미로 주로 사용된다)

11. 조약 — 아사쿠라 전당포 사건

조   약

국제사법재판소 규정 제38조 (1)항은 조약을 국제법의 법원 중 하나로 규정하고 있다. 조약은 국가 간에 체결된 법적구속력 있는 합의서 혹은 협정서를 일컫는다. 조약은 체결을 위한 교섭이 이루어진 뒤, 국내적 절차에 따른 정식 비준 절차를 밟지 않으면 안 된다. 일본은 헌법 제73조에서 조약은 내각이 체결하고, 사전 혹은 경우에 따라서는 사후에 국회의 승인을 얻어 비준됨을 규정하고 있다. 또한 제7조 (8)항은 천황의 인증을 거쳐 공포됨에 따라, 조약이 국내법적 효력을 지닌다고 규정하고 있다.[7]

미국에서는 연방헌법 제2조 제2절 (2)에서 대통령은 상원의 조언과 동의를 얻어 조약을 체결하는 권한을 가진다고 규정하고 있다. 적어도 출석 상원의원의 3분의 2가 찬성표를 던진 경우, 조약은 비준되어 미국법으로서의 효력을 가진다. 연방헌법 제6조 (2)항은 조약은 헌법과 연방법과 같이 미국 내에서 최상위법으로서의 지위를 가진다고 규정하고 있다. 이에 따라 조약에 규정된 의무에 위반하는 주법은 무효가 되며, 각 주의 법관 역시 각 주의 헌법 혹은 주법에 반하는 규정을 담고 있는 조약이라 할지라도 이에 구속되는 것이다. 상이한 차원의 두 개의 법률이 충돌하는 경우에는 상위 법률이 우선한다는 법원칙의 논리적 귀결이라 할 수 있다.

1911년 미일우호통상항해조약

이 장에서는 초기 일본출신 이민자가 미·일간 체결된 조약상의 권리를 근거로 제소한 사건을 소개하고 설명하기로 한다. 자국민이 외국에서 어떠한 법적지위를 향유해 왔는가를 역사적으로 검증하는 작업은 그 국가와의 외교

---

7) 우리나라에서는 대통령이 조약체결권을 가지며, 국제조약과 국제관습법은 국내법과 같은 효력을 갖는다. 주요한 조약의 경우 국회의 사전동의권을 규정하고 있다. 우리 헌법 제6조, 제60조 및 제73조 참조.

관계의 원점을 분석하는 작업이기도 하다는 점에 의의가 있다. 양국 간의 우호통상항해조약은 미·일 양국 관계의 출발점이자 기초라고 할 수 있다.

1894년 성립된 미일우호통상항해조약의 종료시점이 가까워진 1911년 2월 21일, 양국 간에 조약의 재체결이 합의되어 조인(調印)이 이루어졌다. 이 조약은 'The 1911 Treaty of Friendship Commerce and Navigation between Japan and the United States'라고 명명되었다. 동 조약 제 1 조에는 상호주의에 입각하여 양국 국민이 자유롭게 향유할 수 있는 다양한 권리가 규정되었다.

전당포업에 관한 시조례(市条例)

하급심의 판결에 불복하여 상고한 아사쿠라는 일본국민으로, 1904년부터 워싱턴 주 시애틀에 거주하였고, 1915년부터는 전당포업에 종사하였다. 시의회는 1921년 7월 2일부터 실시하는 전당포업에 관한 시조례를 통과시켰다. 그 내용은 누구도 면허 없이 전당포업을 경영하는 것은 위법이며, 면허 신청자격은 미국시민에 한정한다는 것이었다. 아사쿠라는 약 5,000달러를 전당포업에 투자하였으므로, 시조례가 시행될 경우 파산에 이르게 되는 상황이었다. 이에 따라 아사쿠라는 시조례가 1911년 미일조약에 위반된다는 이유로 시조례의 시행금지를 청구하였다.

조약상의 권리

이 조약은 일방 체약국의 국민이 타방 당사국의 영역에서 자유롭게 입국, 여행, 거주할 권리, 도·소매업을 포함한 상업활동을 할 수 있는 권리, 가옥·공장·창고·점포에 대한 소유권, 또는 리스나 점유·사용할 권리, 스스로의 선택에 의한 대리인 고용권, 거주 또는 상업적 목적에 의한 토지 임차권, 상업활동에 있어 일반적으로 대우하거나 내국민대우를 제공할 것 등을 규정하고 있었다. 워싱턴 주 대법원은 시조례의 유효성을 인정하면서, 아사쿠라에게 승소판결을 내린 하급심의 판결을 파기하였다.

연방대법원에의 상고

이에 아사쿠라는 연방대법원에 상고하였다. 버틀러 대법원 판사는 본 사건에 대해 다음과 같이 진술하였다. "전당포업의 특성상 상기 인용된 조약의 규정의 범위에서 제외되어야만 하는 특수한 요소를 발견할 수 없으며, 조약이 의미하는 '상업'의 범위 안에 있다 할 수 있다. 따라서 시조례는 조약에 위반된다." 이러한 판결에 따라, 워싱턴 주 대법원의 판결은 파기되었다. 이 사건은 약 80년 전에 시애틀 시에서 일본인이 시를 상대로 연방대법원까지 투쟁한 국제법상의 소송사건이다.

귀화불능 외국인

아사쿠라가 일본을 떠나 시애틀에 도착한 것은 1904년의 봄이었다. 아사쿠라는 영어를 배운 후 일본인이 경영하던 시계상에 취직하여 기술을 습득하였다. 그리고 1915년 자금 1,000달러를 가지고 독립하여 시계상과 전당포를 개업하였다. 사업은 순조로이 번창해 갔으나, 1921년 7월, 시애틀 시의회가 전당포업에 대한 면허제도 실시와 외국인에 대한 면허 발급 불용을 골자로 하는 조례를 실시하였다. 당시, 일본인은 귀화불능 외국인(ineligible alien)으로 분류되었고, 1952년까지 미국으로의 귀화권이 인정되지 않았기 때문에 아사쿠라는 시의 입법조치에 의해 사실상 영업을 지속할 수 없는 상황에 내몰림과 동시에 전당포에 투자한 5,000달러를 모두 잃어버릴 지경에 처하였다.

아사쿠라는 전당포업이 1911년 체결한 미일조약 제1조상의 자유가 규정된 '상업(trade)'의 하나이며 시의 입법은 미 수정헌법 제14조 및 워싱턴 주 헌법에 위반됨을 이유로 킹 카운티 상급법원에 동법의 이행금지명령을 청구하였다. 시 측은 "전당포업은 사회의 안녕에 위협을 가하고 절도품의 피난처가 되어 범죄를 장려하는 결과를 낳을 가능성이 있으므로, 이에 대해서 주와 시 당국이 경찰권을 행사하여 관리·규제할 필요가 있다. 전당포 영업의 법률적인 성질은 허가를 요하는 특권이므로 누구라도 행사할 수 있는 상업이라고 할 수 없다"고 항변하였다. 카운티 상급법원에서는 아사쿠라가 승소했으나, 시애틀 시 측에서 항변하여 워싱턴 주 대법원에서는 반대로 시의 주장이 인용되어 아사쿠라가 패소하였다.

아사쿠라의 승소

이에 아사쿠라는 1923년 10월, 미국 연방대법원에 상고하였다. 다음 해 5월 26일, 버틀러 연방대법원 판사는 아사쿠라의 주장을 전면적으로 수용하여 전당포업은 미일조약에 의해 양국민이 그 자유로운 활동을 보장받는 '상업'에 해당하므로, 시애틀 시조례는 조약에 저촉된다고 판시하였다. 아사쿠라는 약 3년 만에 영업을 재개하게 되었다.

당시 미국에서는 배일(排日) 정서가 깊어, 토지법, 이민 관계 소송에서 일본인에게 불리한 판결이 내려지던 상황에서, 이 사건에서만은 조약과 관련하여 연방대법원이 광의의 완화된 해석을 한 것이다. 80년 전의 이민 1세대에게 생활환경·언어·관습 등 불리한 제약이 있었음은 굳이 설명할 필요도 없을 것이다. 이러한 상황하에서 소송을 꺼리는 일본인이 법의 나라 미국에서 그들의 법률 시스템 속에서 자신의 주장을 관철시킨 데에 본 사건의 의의가 있다. 아사쿠라는 변호사 선임, 소송방법론 등에 있어 상당한 지식을 가지고 있었던 것으로 추측된다.

아사쿠라는 조약을 원용하였을 뿐만 아니라, 연방대법원에의 상고를 위해 동부의 워싱턴 D.C.까지 출두하였다는 점에서 그의 국제감각·행동력·용기 등에 경탄하지 않을 수 없으며, 오늘날 일본의 국제화시대에 비추어 보아도 배울 점이 많은 사건이라 할 수 있다.

외국기업에의 교훈

최근 미국에서 외국기업이 제소 당하는 사건이 증가하고 있다. 한국이나 일본에서 재판은 매우 중대한 문제로 다루어지지만, 미국에서는 문제해결의 사회적 기제의 하나로서 가볍게 이용될 뿐이며, 소송이 빈번히 이루어지는 편이다. 일본기업은 제소 당하면, 미국의 법 현실에 무지한 탓인지 소송에 휘말리는 것을 싫어하는 나머지 적절한 합의금 지급 등의 편법을 통해 해결하려는 경향이 있다. 미국 내에서 일본기업의 이러한 행태에 대한 인식이 확산되어 다시 제소가 증가하는 악순환을 낳고 있다. 소송은 될 수 있으면 회피하는 편이 좋겠지만, 어쩔 수 없는 경우에는 이에 응하는 것이 좋을 것이다.

　비즈니스의 국제화가 진행되는 가운데 국가간 경제환경이 어려워지면 기업 간의 계약서도 매우 엄격하게 해석(strict construction)되는 경향이 있다. 이익이 창출되지 않으면 상호 손실이 되고, 계약서를 매우 엄밀하고 한정적으로 해석하게 되므로, 필연적으로 계약서를 둘러싼 소송이 늘어나게 마련이다. 이러한 경우에 대비하여 법적사고(legal mind)에 기초한 계약서의 검토가 매우 중요하다. 아사쿠라 전당포 사건은 상대국 법률에 대한 지식, 자신이 주장하는 권리를 법률적 이론구성에 의해 명확히 주장한다는 2가지 원칙의 중요성을 말해 주고 있다.

12. Criminal Law and Civil Law

Criminal law encompasses national and state statutes that make the commission of certain acts punishable by fine or imprisonment. In criminal cases, the state or national government prosecutes the person who violated the criminal law. For example;

> Harry Horrible mugged Mrs. Thompson on the street, took her pocketbook and ran. The police arrested him and he was prosecuted for assault and battery and theft, found guilty, and sentenced to jail.

Mrs. Thompson lost her purse and several dollars, missed several days of work at her job, and still has unpaid doctor and hospital bills because of her injuries. The criminal law does not give her the right to have her bills paid, to be compensated for her pain and suffering, or to be reimbursed for the cost of a new purse. Criminal law only attempts to fine or imprison the wrongdoer. The wrong being punished is a wrong against society.

Civil law provides for compensation for personal injury, loss of property and breach of contract. This is the body of statutory and case law that sets out the rights and duties between individuals in society. For example, in the previous situation the state may put Harry Horrible in jail under criminal law, but who is going to pay the bills and reimburse the victim for her loss? Under civil law, more specifically tort law, Mrs. Thompson could sue Harry Horrible for monetary damages. This would be a separate lawsuit.

- **criminal law:** 형법, 형사법. 범죄와 형벌을 정한 법률. 범죄란 사회 또는 공중의 이익이나 질서를 지키기 위해 제정된 법률에 대한 위반으로, 국가·주 등 지방 공공단체 명의로 처벌된다.
- **civil law:** 민법, 민사법, 대륙법. 법률의 분류로서는 형법 및 행정법에 대응하는 것으로 개인적인 권리, 의무를 규정한 법률. 또한 자연법에 대응하는 것으로, 주 또는 국내 법률로서 제정되어 법전화된 것. 영미법에 대응하여 대륙법이라는 의미로도 사용된다.
- **encompass (= include):** 포함하다.
- **statute:** 제정법 (statutory는 형용사)
- **commission:** 범죄를 저지르는 것
- **punishable:** 벌할 수 있는
- **fine:** 벌금
- **imprisonment:** 구금
- **prosecute:** 소추하다.
- **mug:** (강도 등이) 뒤에서 공격하거나 목을 조르다.
- **pocketbook:** 핸드백
- **assault:** 협박, 폭행에의 협박. 불법행위의 용어. 폭력에 의해 타인에게 신체적인 위해를 가하여 협박하는 것으로 실제 폭력을 가할 수도 있다는 것을 느끼게 하는 고의의 행위이다. 가해자가 실제로 공포를 느꼈다면 행위자는 고의의 유무를 묻지 않고 assault가 성립한다. assault는 불법행위와 범죄 모두에 해당되므로 민사소송이나 형사소추의 근거가 된다. 용법으로서는 assault and battery(협박과 폭행)로 표현되는 경우가 많다. battery는 실제로 폭행이 가해진 경우를 말한다.
- **battery:** 폭행. 고의로 타인의 신체에 접촉하여 폭행하는 것으로 본래 불법행위법상 책임이 추궁되지만 형법상의 범죄도 된다.
- **(be) found guilty:** 유죄로 판결하다.
- **(be) sentenced to ~:** ~형을 선고하다.
- **compensate:** 보상하다.
- **reimburse:** 변상하다.
- **wrongdoer:** 위법행위자. 불법행위를 행하여 타인의 법적 권리를 침해하고 손해나 피해를 가하는 자
- **personal injury:** 인적 침해
- **loss of property:** 재산상의 손해

- **breach of contract:** 계약불이행, 계약위반. 당사자 간에 체결된 계약 내용의 일부 또는 전부를 합법적인 이유(legal excuse) 없이 불이행하는 것을 말함. 구체적으로는 계약 목적으로 하는 어떤 행위를 불이행, 방해나 저지 또는 이행을 거절함. 손해배상청구의 대상이 된다.
- **case law:** 판례법. 법원의 판례를 법원으로 한 법률로서 입법부에 의한 제정법이 아니라 법원의 판결례에 따라 형성된 영미법의 기본원칙을 말함. 선례구속의 원칙(stare decisis)을 따르고 있음. 판례법은 법전이나 성문법 또는 제정법처럼 문자로 쓰인 법이 아니므로 unwritten law(불문법)이라고도 함
- **tort law:** 불법행위법
- **monetary damages:** 금전적 손해배상
- **lawsuit:** 소송 (특히 민사소송을 일컬음)

미국법과 법률영화 (3)

- **Corporate Law:** 'The Partner'
- **Employment Law:** 'On the Waterfront' 'Philadelphia'
- **Community Property:** 'Kramer v. Kramer' 'Inherit the Wind' 'The War of the Roses'
- **International Law:** 'Thirteen Days' 'The Trial of Adolf Eichmann' 'In the Name of Father' 'Music Box' 'D-13' 'Red Corner' 'Nuremberg' 'Interpreter' '동경심판'
- **Trial Seminar:** 'To Kill a Mockingbird' 'Anatomy of a Murder' '12 Angry Men' 'Boston Legal Series'
- **Public Interest:** 'The Street Lawyer'
- **Wills and Trusts:** 'The Testament' 'The Summons'
- **Admiralty:** 'A Few Good Men' 'Rules of Engagement' 'The Caine Mutiny'

12. 형사법과 민사법

형사법과 민사법의 차이

이 장은 형사법과 민사법은 각각 어떤 내용의 사건을 다루는가가 주제이다. 형사법에서 다뤄지는 행위는 연방 및 주의 제정법(statute)상, 벌금(fine) 혹은 구금형(imprisonment)의 처벌대상이 되는 행위이다. 다음은 사건의 내용이다.

> 해리 호러블은 톰슨 부인을 등 뒤에서 덮쳐 핸드백을 탈취하여 도주하였다. 경찰이 그를 체포하였고, 그는 협박, 폭행, 절도 혐의로 기소되어 유죄를 확정 받고 구금형이 선고되었다.

톰슨 부인은 지갑과 현금을 잃었을 뿐만 아니라, 호러블에게 입은 상처 치료를 위해 직장을 못 나간 데서 오는 비용, 병원에 지불한 치료비 등의 손실을 입었다. 형사법은 치료비나 새 핸드백 구입비, 상처에 따른 고통에 대한 보상을 제공해 주지 못한다. 그러나 사회에 대한 본보기로 위법행위를 한 범죄자(wrongdoer)에 대한 형의 부과와 이의 집행이 이루어질 뿐이다.

그런데 민사법에서는 개인적 권리의 침해, 재산 손실, 계약위반에 의한 손해 등에 대해 배상을 하도록 하고 있다. 따라서 이 사건에서 주 당국이 호러블을 형법에 따라 수감하는 것은 가능하나, 톰슨 부인이 입은 손실을 배상해 줄 수는 없다. 톰슨 부인이 불법행위를 원인으로 한 금전적 손실에 대한 배상을 원할 경우에는 별개의 소(訴)를 제기해야 한다.

형사법

우선 형사법은 문자 그대로 범죄와 형벌에 관한 법률을 일컫는 것이다. 범죄란 사회와 공중(public)에 대한 유해한 행위로서 공중의 이익 보호를 목적으로 제정된 법률(형법)에 대한 위반을 의미한다. 미국에서는 범죄를 crime, offense 혹은 wrong 등으로 표현하며, 이는 다시 경죄(misdemeanor)와 중죄

(felony)로 구분한다. 전자는 1년 이하의 구금 또는 벌금형이 부과되지만, 후자의 경우에는 사형 혹은 1년 이상의 구금형이 내려진다. 이와 같이 형사법은 반사회적행위 혹은 범죄에 대해서 책임을 부과하며, 공공성의 측면에서 공법(public law)으로 분류된다. 형법은 연방정부 혹은 주 정부의 검찰관(prosecutor)이 범죄자를 소추함으로써 집행된다. 검찰관은 검사라고도 불리는데, U.S. Attorney(연방 검사), State Attorney(주 정부 검사), District Attorney(지방 정부 검사) 등의 명칭으로 불린다. 일반적으로 Attorney는 변호사를 지칭하는 말이지만, 검사 역시 국가나 공공단체를 변호한다는 의미로 이러한 용어가 사용되고 있다. 형사사건에서는 검사와 피고인의 변호사가 사건을 담당한다. 유죄로 확정되면 선고된 형이 집행되는데 벌금의 경우 피해자에게 환원되는 것이 아니라 국고에 환수된다.

민사법

한편 민사법의 범위 내에 있는 사건은 개인 대 개인(법인 포함), 혹은 시민 대 정부 간에 있어, 권리 혹은 의무에 관한 책임을 묻는 내용으로 형사사건 혹은 행정사건 범위 밖에 있는 사건이다. 따라서 민사법(civil law)은 사인간의 법률관계를 정하는 법률이라는 의미에서 사법(private law)의 영역에 속하는 바, 계약법(contract law)과 불법행위법(tort law) 등이 이 영역에 속한다. 계약법에 따라 계약위반의 결과로 입은 손해에 대하여 동일한 금액으로 계약위반자에게 청구하는 것이 가능하며, 불법행위법에 의해서는 본문의 톰슨 부인이 범인 호러블에게 입은 손해와 같이 불법행위로 인해 타인의 권리를 침해하거나 통상 기울어야 할 주의의무 등의 해태로 인해 손해가 발생한 경우, 손해배상책임이 발생한다. 어떤 경우에도 civil law에서는 damages라 불리는 금전적 배상의 지급이 법에 의해 의무화되어 있으며, 이에 의해 사건이 해결된다. 사인간의 사건이므로 변호사가 원고, 피고를 대리한다.

Issue 주요 쟁점	Criminal Law 형사법	Civil Law 민사법
Area of concern 관심영역	Offenses against society as a whole 공동체로서의 사회 전체에 대한 범죄	Rights and duties between individuals 개인 간의 권리와 의무
Wrongful act 위법행위	Violation of a statute that prohibits some type of activity 특정 유형의 행위를 금지하는 법규범의 위반	Harm to a person or to a person's property 사람 혹은 재산에 대한 침해
Party who brings suit 제소당사자	The State 국가	Person who suffered harm 피해자
Standard of proof 입증기준	Beyond a reasonable doubt 합리적 의심의 여지가 없는	Preponderance of the evidence 증거의 우위
Remedy 구제수단	Punishment (fine and/or imprisonment) 형벌(벌금 혹은 구금)	Damages to compensate for the harm or an equitable remedy 피해에 대한 손해배상

(*West's Business Law*, 8th Edition, p. 139)

Public Law	Private Law
Administrative law	Agency
Civil, criminal, and appellate procedure	Commercial paper
Constitutional law	Contracts
Criminal law	Corporation law
Evidence	Partnerships
Taxation	Personal property
	Real property
	Sales
	Torts
	Trusts and wills

Criminal Law	Civil Law
Administrative law	Agency
Antitrust law	Bailments
Constitutional law	Bankruptcy
Criminal law	Business organizations
Environmental law	Commercial paper
Labor law	Contracts
Securities law	Insurance
	Property
	Sales
	Secured transactions
	Torts
	Trusts and wills

(*West's Business Law*, 6th Edition, p. 10, 11)

13. Trial by Jury (1) — In Criminal Cases

The Sixth Amendment to the Constitution says that in all criminal prosecutions the accused shall enjoy the right to a speedy and public trial, by an impartial jury of the state and district in which the crime was committed. These provisions have been held by the Supreme Court to apply to the states through the Due Process of Law clause of the 14th Amendment.

> When a black man named Patton was charged and convicted of murdering a white man, he was sentenced to die in the electric chair. Both the grand jury that indicted Patton and the petit jury that convicted him were all white. Patton moved to quash his indictment because the lists from which the grand and petit jurors were selected did not contain the name of a single black person, although there were many blacks qualified to serve.
>
> He alleged that the practice of not selecting blacks as jurors was deliberate and had continued for many years. Patton contended that this practice resulted in denying him Equal Protection of the Laws under the 14th Amendment. Evidence showed that in the county where Patton was convicted not a single black person had served on a jury in more than 30 years; yet census figures showed that blacks made up more than one-third of the county's adult population. The Supreme Court agreed with Patton and reversed his conviction.

An impartial jury must be selected in a way that does not discriminate against any group because of race, color, creed or sex. This principle has been restated by the Supreme Court decisions many times.

- **criminal case:** 형사사건
- **Amendment:** 수정, 개정. 제정된 법률을 변경하는 것. 원래 본질은 변경하지 않은 취지로 행한다. 미국 헌법에서는 개정 시 원래 조문을 변경하지 않고 수정조항을 추가하는 형태로 하고 있다.
- **criminal prosecution:** 형사소추
- **the accused:** 피고인, 형사 고발된 자, 범죄를 범하였다고 제소된 자
- **enjoy:** 향유하다.
- **impartial:** 공평한
- **provision:** 규정
- **Supreme Court:** 미 연방대법원. S.C.라고 약칭. 연방제도에서 최상위의 상급법원으로서 최종심법원이다. 연방대법원은 대통령이 지명하여 상원이 동의하는 1명의 대법원장과 8명의 대법원판사로 구성된다. 심리에 필요한 판사의 정족수(quorum)는 6명이다. 일본 최고재판소 판사의 정년은 70세이지만, 미 연방대법원 판사는 정년이 없어(lifetime appointments), 본인이 희망하는 한 직무를 계속 수행할 수 있다. 헌법 규정에 따라 연방대법원은 외교사절에 관한 사건과 한 주가 일방당사자인 사건에 대해서 제1심관할권을 갖고, 연방항소법원 판결이나 주 법원 판결에 대해 상고심으로 기능한다. 또한 Supreme Court는 주 대법원의 의미도 갖는다. 그러나 몇몇 주에서는 대법원에 대해 다른 명칭을 사용한다. 예를 들어, 뉴욕 주에서 Supreme Court는 제1심법원, 대법원은 Court of Appeal이고, 매사추세츠 주에서는 주 대법원을 Supreme Judicial Court라고 칭한다.
- **Due Process of Law:** 적법절차
- **clause:** 조항
- **charge:** 고발하다. 형사적 의미로 쓰인다.
- **convict:** 유죄를 선고하다.
- **(be) sentenced to die:** 사형판결을 받다.
- **electric chair:** 전기의자
- **grand jury:** 대배심원(후의 petit jury는 소배심원(=petty jury)). 대배심은 범죄의 기소 여부를 결정하며, 소배심이 기소된 자의 유·무죄 여부를 판단한다. 우리가 흔히 말하는 배심원은 소배심원을 의미한다.
- **indict:** 제소하다. [indáit] c는 발음하지 않는다. indictment는 명사로 제소의 의미. 범죄를 고발하기 위해 대배심원의 결정 또는 판단을 근거로 검찰관이

형사피고인을 정식으로 소추, 또는 제소절차를 밟는 것. 제소장이 정식으로 제출된 후, 사건은 법원에 계류되어 법관이 양형을 결정하게 된다.

- **move:** 신청하다.
- **quash:** 무효로 하다. = cancel
- **juror:** 배심원
- **allege:** 주장하다. (contend와 동일)
- **practice:** 관습
- **deliberate:** 고의의
- **Equal Protection of the Laws:** 법률의 평등한 보호. 미 수정헌법 제14조 1항에 규정되어 있음. 미 수정헌법 제14조 1항은 다음과 같다. "합중국에서 출생하고 또는 귀화하고 합중국의 지배권에 복종하는 모든 사람은 합중국 및 거주하는 주의 시민이다. 어떠한 주도 합중국 시민의 특권과 면책권을 박탈하는 법률을 제정하거나 강행할 수 없다. 어떠한 주도 적법절차에 의하지 아니하고는 어떠한 사람으로부터도 생명, 자유 또는 재산을 박탈할 수 없으며, 그 지배권 내에 있는 어떠한 사람에 대하여도 법률에 의한 평등한 보호를 거부하지 못한다."
- **evidence:** 증거
- **census figure:** 통계상의 숫자
- **reverse:** 뒤집다.
- **race:** 인종
- **creed:** 신교
- **restate:** 재차 언급하다.

13. 배심재판 (1) — 형사사건

헌법상의 권리

이 장은 형사사건에서의 배심제도가 주제이다. 미국 수정헌법 제 6 조는 모든 형사상의 소추에 있어서, 피고인은 범죄가 발생한 주 혹은 카운티의 공평한 배심에 의해 이루어지는 신속한 공개재판을 받을 권리가 있음을 규정하고 있다. 이 규정은 연방대법원 판례에 의해 수정헌법 제14조의 '적법절차(due process)' 조항의 내용으로 확립되어 각 주에서도 적용되고 있다. 다음은 본문에 소개된 사건의 내용이다.

패튼이라는 이름의 흑인이 백인을 살해한 혐의로 기소되어 전기 의자에 의한 사형이 언도되었다. 그러나 패튼에 대한 기소를 인정한 대배심과 유죄를 결정한 소배심 모두 백인으로 구성된 것이 문제가 되었다. 패튼은 배심 자격이 있는 많은 흑인이 거주하고 있었음에도 불구하고, 단 한 명도 배심원으로 채택되지 않았음을 이유로 기소의 무효를 신청하였다. 그는 흑인을 배심원으로 선택하지 않는 관습은 고의이고, 오랜 기간 동안 지속되어 왔다고 주장하였다. 따라서 패튼은 이 관습에 따라 수정헌법 제14조에 규정된 "법률상 평등한 보호"를 받을 권리가 부인된 결과가 초래되었다고 주장하였다. 패튼은 또한 유죄가 인정된 카운티의 성인 흑인의 구성비가 3분의 1에 달함에도 불구하고, 지난 30년 동안 단 한 명의 흑인도 배심원으로 선발되지 않은 사실을 증명하였다. 연방대법원은 패튼의 신청을 받아들여 유죄 판결을 뒤집고 사건을 파기하였다.

공평한 배심은 인종·종교·피부색깔·성별의 기준에 따르는 어떠한 구분에 의해서도 차별적인 방법으로 선택되어서는 안 된다. 이러한 원칙은 연방대법원의 판결에 의해 반복적으로 선언되어 왔다.

대배심과 소배심의 역할

미국의 사법제도는 배심제도를 빼 놓고는 이야기 할 수 없을 정도로 배심의 역할은 중요한 의미를 지니는 것이다. 수정헌법 제6조에서 형사사건의 피고인은 배심재판을 받을 권리가 있다고 규정하여 배심제도는 헌법상의 권리로서 확립되어 있다. 배심원의 구성에 있어서도 인종 등의 면에서 편향이 있어서는 안 된다. 배심원은 법정에서 질문이나 발언을 할 수 없으며, 얼굴에 감정을 드러내어서도 안 되며, 고개를 끄덕이거나 머리를 가로 저어서도 안 된다. 미국 법정에서는 변호사의 능력은 배심원에게 얼마나 잘 어필하는가에 달려 있다고 할 수 있다.

본문에서 대배심·소배심의 두 종류 배심이 소개되어 있는데, 전자는 기소배심이라고 불리며, 보통 12명에서 23명 사이로 구성되어 검사가 제출하는 증거와 증인의 증언을 기초로 피의자에 대한 기소(indictment) 여부를 결정한다.

후자는 기소가 성립되어 재판이 진행될 경우 구성되며, 통상 12명 혹은 그 이하로 이루어져 피고와 검찰 측의 주장을 청취한 후 유무죄를 판단하고, 평결(verdict)하는 역할을 한다. 통상 전원일치가 요구되어, 1명이라도 반대하는 경우 새로운 배심원이 선발되어 다시 재판을 진행하게 된다. 미국에서는 시민대표인 배심의 평결이 절대적인 것으로 받아들여져, 소배심이 내린 무죄평결은 최종판결이 되어 피고인은 법정에서 바로 자유의 몸이 된다.[8]

무죄평결과 이중위험금지

1993년 5월 服部君 사건의 피고와 1995년 10월 O. J. 심슨 사건[9]의 피고 두 명이 얻은 무죄평결은 충격적인 사건으로, 이 두 사건은 배심재판 사례 가운데서도 매우 유명한 사건이다. 형사배심재판에서는 무죄평결을 받으면 제도상 검찰 측의 항소가 인정되지 않는다. 또한 헌법이 보장하는 이중위험금지(double jeopardy) ─ 동일한 범죄에 대해 재차 쟁송하는 것을 금지하는 규정 ─에 따라 무죄가 확정되게 된다. 즉, 여기서 재판 자체가 종료되는 것이다. 역으로 유죄평결이 내려지게 되면 3심제에 입각하여 피고에게 항소권이 주어지며, 사형판결의 경우에는 본문의 사건과 같이 연방대법원에까지 항소할 수 있는 권리가 인정된다. 이와 같이 형사상 피고인의 인권은 매우 두텁게 보호된다. 이러한 배심재판제도의 원리를 이해하는 것은 미국 법제도를 이해하는 데 있어 매우 중요한 사항의 하나라 할 수 있다.[10]

---

8) 법률영화 12인의 성난 사람들(12 Angry Men)과 런어웨이(Runaway Jury)의 마지막 장면을 참조.

9) 이 사건의 상세한 내용은 1995년 10월 15일 방영한 KBS 시사프로그램, "KBS 일요스페셜: 세계가 주목한 O. J. 심슨재판" 참조.

10) 오늘날 세계 각국이 배심제도를 시행하고 있으나, 그 태양은 나라마다 다르다고 할 수 있다. 배심제도의 역사와 다양한 형태의 배심제도에 대해서는 닐드마르 엮음, 김상준 등 번역, 「세계의 배심제도」(도서출판 나남, 2007) 참조. 그 밖에 배심제도에 관한 일반적인 소개는 박홍규, 「시민이 재판을」(서울: 사람생각, 2000), 김상준, 「미국배심재판 제도의 연구」(서울: 이화여대 출판부, 2003), 안경환·한인섭, 「배심제와 시민의 사법참여」(서울: 집문당, 2005) 등을 참조.

일본의 배심제도

그런데 대중에게 잘 알려져 있지 않을 뿐, 역사적인 측면에서 살펴보면 일본도 항상 재판을 판사에게만 의존해 온 것은 아니다. 메이지 시대(明治時代) 전후에 '참좌제(參座制)'라고 하여 일반 공무원이 배심원의 역할을 하는 유사한 제도가 존재하였으며, 태평양전쟁 이전 형사사건에 있어서 배심제가 15년간 운용된 적이 있었으나, 쇼와 18년에 중단되었다.

전전(戰前)의 배심재판제도는 12명의 배심원이 전원일치에 의한 평결을 내리는 것이 아니라 다수결에 의한 것이었으며, 법관의 판단이 배심원의 판단에 맞지 않을 경우에는 법관이 배심원의 교체나 평결을 수정할 권한을 갖는 등, 미국의 배심제와는 상당히 거리가 있는 것이었다. 이후 배심제 부활의 목소리가 높아진 적이 있었지만 실현되지는 못하였다. 일본에서는 같은 시민으로부터 심리·판결을 받는 배심제에 괴리감이 존재하는 것도 사실이다.

일본에서는 최근 사법개혁의 일환으로서 형이 무거운 중대범죄에 대해서는 선발된 일반시민이 제1심에서 법관과 더불어 사실판단과 양형과정에 참여하는 일본의 독자적 재판원 제도가 2009년 5월부터 도입되었다(재판원법 부칙 제1조). 이와 함께 영·미식의 배심제와 독·불식의 참심제를 포함하여 여러 제도에 관한 고찰이 이루어지고 있다.[11]

---

11) 우리나라의 경우 국민의 형사재판 참여에 관한 법률이 통과됨으로써 2008. 1. 1.부터 배심원제도가 시행되었다. 국민 중에서 선정된 배심원이 형사재판에 참여하여 사실인정과 양형에 관한 의견을 제시하게 함으로써 사법의 민주적 정당성과 이에 대한 국민의 신뢰를 높이기 위하여 도입된 것이다(동법 제1조). 국민이 형사재판에 참여하는 제도에는 배심제도와 참심제도가 있다. 우리의 제도는 배심제도와 유사한 형태의 것인 반면, 일본의 재판원제도는 일반 국민이 판사와 합의체를 구성하게 되므로 참심제도와 유사하다고 하겠다.

14. Trial by Jury (2) — In Civil Cases

The Seventh Amendment to the U.S. Constitution guarantees the right to a jury trial in federal civil cases in federal courts when the amount in controversy exceeds 20 dollars. Most states have similar guarantees in their own constitutions, although many states put a higher minimum-dollar-amount restriction on the guarantee. For example, Iowa requires the dollar amount of damages to be at least 1,000 dollars before there is a right to a jury trial in civil cases. In the following case, the right to civil trial by jury — even when no funds exist to pay jurors — is affirmed.

> On June 16, 1986, the director of the administrative office of the U.S. District Court for the Central District of California suspended all civil jury trials for a period of three and a half months for budgetary reasons due to lack of funds with which to pay the jurors. The court stated that the suspension was found to be a violation of the Seventh Amendment because it denied an individual the ability to have a jury trial for an extended period of time and put a "price tag" on constitutional rights which cannot be affected by budget shortages.

A civil trial can be held with or without a jury. If there is no jury, the judge determines the truth of the facts alleged in the case.

The right to a trial by jury does not have to be exercised, and many cases are tried without a jury. In most states and in federal courts, one of the parties must request a jury or the right is presumed to be waived.

- **the Seventh Amendment ⋯ Constitution:**   미 수정헌법 제 7 조. "보통법상의 소송에 있어, 계쟁사건의 소송가액이 20달러를 넘을 경우, 배심에 의해 심리 받을 권리를 인정하여야 한다. 배심에 의해 심리된 사실은 보통법의 규칙에 의하여야 하고, 미국의 모든 법원에서 재심되지 않는다."
- **guarantee:**   보장하다.
- **jury trial:**   배심재판
- **federal civil case:**   연방민사사건
- **federal court:**   연방법원. 주 법원에 대비되는 것으로 연방 수준의 법원을 가리킴. Federal District Court(연방지방법원), Federal Court of Appeal(연방항소법원), Supreme Court of the United States(연방대법원) 등의 예를 들 수 있음
- **amount in controversy:**   소액
- **minimum-dollar-amount:**   최저금액
- **restriction:**   제한
- **require:**   필요로 하다.
- **damages:**   손해배상금, 손해배상액. ① 타인에 의한 불법행위나 계약의 불이행에 의해 신체, 재산, 권리 등 침해나 손해를 입은 자에 대하여 법적인 구제로서 지불되는 보상금 또는 배상금. 이에 비해 ② damage는 손해, 손상, 타인의 과실, 불법행위, 계약위반을 원인으로 신체에 입은 손상이나 재산상 손해, 손실, 피해. 명예훼손에 의한 손해 포함
- **civil case:**   민사사건
- **funds (pl.):**   재원
- **juror:**   배심원
- **affirm:**   확인하다. 승인하다.
- **U.S. District Court:**   미 연방지방법원. 일반적으로 미 연방지법이라고 불리며, 연방 수준에서 일반적 관할권을 가지는 제 1 심법원. 민사 및 형사사건을 다룬다. 형사사건에서는 피고인이 연방법을 위반하여 소추되는 사건을 다룬다. 민사사건에서는 ① 일방당사자가 연방 내에 있는 소송, ② 다른 주의 주민 간 소송으로 소액이 이자와 소송비용을 제외하고 75,000달러를 넘는 것, ③ 연방헌법, 연방법 또는 조약과 관련된 소송을 다룸. 현재 전 미국에 94개의 지구가 설정되어, 지구마다 설치되어 있다. 이 지구 수는 인구 비례에 따라 설정되었으므로 변할 수 있다.
- **suspend:**   정지하다. (suspension은 정지)
- **budgetary:**   예산상의 (budget shortage는 예산부족)

- **violation:** 위반. 특히 법률 위반에 대해 사용되는 용어
- **price tag:** 가격표
- **affect:** 영향을 미치다.
- **determine:** 결정하다.
- **fact:** 사실
- **exercise:** 행사하다.
- **try:** 심리하다.
- **party:** 당사자, 사건의 당사자. 계약관계에 있는 자를 의미하기도 함
- **request:** 청구하다.
- **presume:** 추정하다. 명사는 presumption 추정. 다른 사실이나 일련의 사실, 또는 상황을 추정하여 결과를 결론짓는 것. presumption의 용법으로서 presumption of death (사망 추정), presumption of fact (사실 추정), presumption of law (법률상 추정) 등이 있음
- **waive:** 권리, 이익을 임의적으로 포기하다. 또한 불법행위에 의해 발생한 손해에 대해 법적으로 인정된 구제를 포기하는 것. 계약상 권리를 스스로 행사하지 않는 것

14. 배심재판 (2) — 민사사건

헌법상의 권리로서의 배심재판

이 장에서는 민사사건에서의 배심재판제도를 설명하려고 한다. 수정헌법 제 7 조는 소송가액이 20달러 이상의 연방 민사사건에서는 소송당사자가 배심 재판을 받을 권리가 있음을 보장하고 있으며, 대부분의 주 헌법 역시 같은 권 리를 보장하고 있다. 많은 주 헌법은 배심재판에 대한 권리 기준을 수정헌법 의 20달러 보다 높은 수준의 하한선을 설정하고 있다. 예를 들어 아이오와 주 는 손해배상 청구액이 1,000달러 미만인 민사사건에 대해서는 배심에 의해 재 판받을 권리를 인정하지 않고 있다. 이하의 내용은 민사사건에 있어서 배심재 판을 받을 권리는 배심원에게 지불할 일당에 편성할 예산이 없는 경우에도 거부되어서는 안 됨을 확인하고 있는 사건이다.

> 캘리포니아 중부지구 미국 연방지방법원은 1986년 6월 16일 배심 원에게 지불되는 일당지급을 위한 예산부족을 이유로 모든 민사사건에 있어 배심재판을 3개월 간 중지하였다. 법원은 이러한 정지는 배심재 판을 받을 권리를 부당하게 저해할 뿐만 아니라 헌법상의 권리에 가격 표를 붙이는 부당한 결정이며, 배심재판에 대한 권리는 예산 상황에 따라 좌우될 수 없는 헌법상의 권리이므로 수정헌법 제 7 조 위반이라 고 판결하였다.

민사사건의 재판에서 사건의 당사자는 배심에 의한 재판 혹은 배심에 의 하지 않은 재판을 선택할 수 있는 권리가 주어지는 것이다. 배심원이 없는 재 판의 경우에는 법관이 사실에 대해서도 판단·결정한다. 이와 같이 당사자가 배심에 의한 재판 받을 권리는 행사하지 않아도 되며, 실제 많은 재판은 배심 원 없이 진행된다. 대부분의 주 법원과 연방법원에서는 소송당사자 일방이 배 심재판을 청구할 경우 배심재판이 이루어지며, 청구가 없을 경우 이러한 권리 는 포기된 것으로 추정된다.

민사배심재판

민사사건에 있어 배심재판은 연방 및 주 수준에서 모두 보장되어 있다. 6명에서 12명으로 구성되는 소배심(petit jury)에 의해 심리가 이루어지며, 평결(verdict)이 내려진다. 몇 개의 주에서는 전원일치가 아닌 경우에도 평결이 내려지며, 이에 필요한 배심원 수는 주 헌법 혹은 제정법에 의해 규정된다. 연방 수준의 민사배심재판에서는 평결에 필요한 배심원수를 양 당사자 간의 합의에 의해 정할 수도 있으며, 이러한 합의가 없을 경우에는 전원일치를 필요로 한다. 민사사건에서는 원고·피고 중 일방이 희망할 경우 배심재판을 받을 수 있기 때문에, 배심재판의 성립 여부는 당사자의 선택에 달린 것이라 할 수 있다. 평결에서 원고승소 혹은 피고승소가 결정되며, 원고승소의 경우에는 손해배상액수도 배심원의 평결에 의해 결정되므로 그 역할이 매우 크다고 할 수 있다. 이 사건과 같이 배심원에 지급되는 일당(주에 따라 10~50달러), 여비, 교통비 등은 연방과 주를 포함하여 수억 달러가 소요되므로 거액의 예산을 필요로 한다.

형사와 민사의 상이한 결과

O. J. 심슨 사건(1995년), 服部君 사건(1993년)은 모두 형사배심재판으로 피고 측에 무죄판결이 내려졌다. 이는 형사재판에서는 피고 측의 유죄에 대하여 '합리적 의심(reasonable doubt)'의 여지없이, 즉 거의 100% 피고인이 범죄를 저질렀음을 검찰 측이 증명하지 못하는 이상, 무죄가 추정되기 때문이다. 이에 반하여 민사재판에서는 원고 측이 피고 측보다 유리한 증거, 즉 5할 이상 우세한 정도로 입증하면 승소할 수 있다. 이를 증거의 우위(preponderance of evidence)라고 한다. O. J. 심슨 사건의 경우 살해된 전(前) 부인인 니콜의 유족이 소송을 제기하여 배심재판이 이루어졌다. 적어도 5할 이상은 본인이 저질렀다는 것이 인정되어 민사적 책임이 입증되었다. 한편, 服部君의 유족은 외국인이어서 배심재판이 불리하다고 보아 작전상 재판을 선택하여 승소하였다. 민사배심재판에서는 1997년 당시 피고인 심슨에게 막대한 액수의 손해배상금 지불을 명령하였다. 미국 특유의 법제도상 형사상 유죄 여부 판단과 민사상 손해배상의 판결은 명백히 다른 결말로 나타난 것이다.12)

배심제도의 역할

미국에서도 배심제도에 대한 찬반양론이 존재한지만, 배심제도는 사회적으로 큰 영향력을 갖는 사법제도의 주요 축을 담당하고 있다고 할 수 있다. 보통법은 이른바 '법관법(裁判官法, judge made law)'이라고 불리는 데서 알 수 있듯이, 법관이 내린 판결의 축적에 의해 이루어지는 법률이므로 법관의 권한이 절대적임을 알 수 있다. 또한 견제와 균형(checks and balances) 원칙에 입각하여, 사법·입법·행정의 삼권이 상호 견제를 통한 균형을 추구하며, 이러한 원칙 속에서 사법부(법원)의 심사권은 큰 역할을 담당하고 있는바, 특히 입법부에 의해 제정된 법률을 심사하고, 헌법에 위반되면 무효로 하는 위헌입법심사권이 유명하다. 이상 두 가지의 이유로 미국에서는 국민에 대해 직접 책임을 지지 아니하는 사법부의 거대화에 대한 우려의 목소리가 높았던 역사를

12) 우리나라에는 민사사건에서는 배심제가 시행되고 있지 않다. 그러나 장기적으로는 손해배상사건 등에서 민사배심을 도입하자는 의견도 있다.

가지고 있다. 이러한 사법권이 폭주할 가능성을 억제한다는 면에서 중요한 역할을 담당하는 것이 바로 배심제도이다. 즉, 사법과 국민 간의 괴리를 배심제도가 좁혀준다고 할 수 있다.

배심제도의 장점과 단점

배심제도의 장점으로는 ① 교육효과에 따른 시민의 법의식을 고양한다는 것이다. 그러나 배심원 경험의 실질적인 교육효과는 가늠하기 어렵다. ② 시민의 재판 참여를 통한 사법의 민주화를 들 수 있다. 시민의 의견이 직접 반영되어 시민의 권리와 민주주의를 수호하게 된다. 단점으로는 ① 고도의 기술이 쟁점이 된 사건에 대해서 일반시민인 배심원은 전문적 지식에 대한 이해도가 부족하다. ② 배심재판에 의한 경우 재판의 참된 정의를 실현할 수 있을지 의문이 든다. 그러한 배경에는 미국에서 법적 논쟁을 한 경우에, 어느 쪽이 정당한지 아니면 진실인지보다는 어느 쪽의 의견이 더 설득력이 있는지에 대해 역점을 두는 경우가 생긴다는 것이다. ③ 일본과 관련하여 경제마찰이 심한 상황에서 배심재판은 일본 기업에 대해 시민들의 감정이 나쁠 경우에 불리하게 된다. 이는 일본 기업들이 큰 관심을 갖는 문제이다.

마지막으로, 미국에서는 계쟁 사건에 대해 철저한 법률적 분석을 통해 확실한 승소가 예상되는 상황에 있다 하더라도 배심재판이 이루어질 경우 그 향방을 예측하기 쉽지 않다는 것을 강조해 두고 싶다. 이는 최종적인 사실 판단은 일반시민인 배심원의 판단에 의해 이루어지기 때문이다.

15. Criminal Law (1) — Introduction

Criminal law has to do with crimes. Crimes are offenses against society as a whole and thus are prosecuted by a public prosecutor, not by victims. The wrongdoer who committed crimes are punished under criminal law. A crime can thus be defined as a wrong against society proclaimed in a statute and, if intentionally committed, punished by society.

Depending on the degree of seriousness, crimes are classified as misdemeanors, petty offenses, or felonies. Misdemeanors are crimes punishable by a fine or by confinement for up to a year. Petty offenses are violations of the law for which the maximum penalty is a fine or short-term imprisonment, or both; not classified as crimes in some states. Felonies are serious crimes punishable by death or by imprisonment in a federal or state penitentiary for more than a year.

Two elements must exist simultaneously for a person to be convicted of a crime: (1) the performance of a prohibited act, and (2) a specified state of mind or intent on the part of the accused. Even if both elements exist, there are defenses that the law deems sufficient to excuse such actions.

Otto hired Watts to kill Allor, a police captain. Otto paid 250 dollars to Watts and agreed to pay an additional 750 dollars after Allor was killed. Unbeknownst to Otto, Watts was an undercover police officer. Watts did nothing to carry out the crime but instead arrested Otto. The court held that criminal intent alone cannot be the basis for a conviction. Some actual step toward the commission of the intended crime must be taken before an "attempt" exists. Although Otto had paid Watts 250 dollars, this action was solely a preparatory procedure, not an actual step toward the commission of the crime.

Thinking about killing someone or stealing a car may be wrong, but the thoughts do not harm until they are translated into action. Of course, a person can be punished for attempting murder or robbery, but only if substantial steps toward the criminal objective were taken. The issue of whether a "substantial step" was taken toward the commission of a crime arises in the above case.

- **criminal law:** 형법
- **have to do with~:** ~와 관계있는
- **crime:** 범죄. 형벌이 정해져 있는 형법에 대한 위반. 사회나 공중(public) 일반에 대한 책임 있는 행위의 총칭. 보통법상 범죄는 ① 반역죄, ② 중죄, ③ 경죄의 3가지로 분류된다. 반역죄(treason)는 연방에 대한 충성(allegiance) 의무 위반으로 연방헌법이 규정하는 유일한 범죄이다. 범죄에 대한 형벌로서 ① 사형, ② 금고형, ③ 벌금, ④ 공직으로부터의 해임, ⑤ 공적 자격 박탈이 부과된다.
- **offense:** 위반, 법률위반 (후의 violation과 같은 의미)
- **prosecute:** 소추하다. (public prosecutor는 검찰관, 검사)
- **victim:** 피해자
- **wrongdoer:** 위법행위자, 범죄자
- **punish:** 벌하다. (punishable은 벌할 만한)
- **proclaim:** 공포하다.
- **statute:** 제정법
- **intentionally:** 의도적으로, 고의로 (intended는 고의의)
- **seriousness:** 중대함
- **misdemeanor:** 경죄. 중죄(felony)보다 가벼운 범죄로 벌금(fine) 또는 주나 연방 교도소 이외의 구금시설에 1년 이하의 구금이 과해짐. 타인의 재산권에 대한 침해 일반이나 저가치의 재산물 절도 등을 들 수 있다.
- **petty offense:** 경범죄. 경죄 가운데 6개월이 넘지 않는 구금 또는 500달러 이하의 벌금 또는 쌍방이 병과 되는 범죄. 건축기준법 위반이나 음주 운전에 의한 위반 등을 들 수 있다.
- **felony:** 중죄. 사형 또는 주나 연방교도소에서 1년 이상의 구금형이 부과

되는 범죄. 살인, 강도, 방화, 강간, 심야절도, 절도, 상해 및 이들의 경합죄를 들 수 있다. 또한 모범형법전(1962년 완성)은 중죄를 이하의 4가지로 분류하고 있다. ① 극형이 부과되는 범죄: 사형이 적용, ② 제1급 중죄: 종신형, ③ 제2급 중죄: 10년 이하의 금고형, ④ 제3급 중죄: 5년 이하의 금고형

- **fine:** 벌금
- **confinement:** 구류
- **imprisonment:** 구금
- **penitentiary:** 교도소
- **convict:** 유죄가 되다.
- **performance:** 실행
- **state of mind:** 정신상태
- **the accused:** 피고인
- **defense:** 항변, 답변. 원고의 주장에 대하여 피고 측이 그 논거를 부정하는 것. 피고가 갖는 권리로서, 답변 내용이 진실이라면 원고의 신청으로 무효화가 가능하다. 원고 측의 주장에 대하여 단순히 부정하는 경우와 피고가 새로운 사실을 주장하는 경우가 있다. 영국에서는 defence라고도 함
- **deem:** 간주하다.
- **excuse:** 면책하다.
- **unbeknownst to ~ :** ~에게 알려지지 않은
- **undercover police officer:** 잠복근무중의 경찰관. 위장 경찰관
- **hold that ~ :** ~의 판결을 내리다.
- **attempt (n.):** 미수죄. 범죄를 의도하고 실행에 착수하였지만, 최종적으로는 목적을 달성하는 기수에 이르지 못한 경우를 말함. 단순히 준비 이상의 행위가 있어서 범죄를 실제로 범하는 방향으로 행동하는 것으로 그 자체에 대하여 범죄로서 형사책임을 물을 수 있다.
- **actual step:** 실제적 수단 (substantial step과 동의어)
- **(be) translated into action:** 실행에 옮기다.

15. 형법 (1) — 개설

범죄와 불법행위

형법은 어떤 행위가 범죄가 되는지와 각각의 범죄에 따른 형벌을 규정하는 제정법으로서의 법전이다. 범죄는 형법에 반하는 것으로 사회 혹은 공중(公衆, public)에 대한 유해한 행위를 일컫는다. '범죄'와 '불법행위(tort)'는 유사한 것처럼 보이나 사실은 상이한 것이다. 범죄를 저지른 자에 대해서는 범죄의 종류와 형태에 따라 연방 혹은 주의 검사가 소추하며, 유죄 확정판결이 내려지면 형벌(sentence)이 집행된다. 이러한 형벌은 죄의 경중에 따라, 벌금부터 징역형, 사형에 이르기까지 다양하다. 이에 반해, 타인의 권리를 침해한 경우 발생하는 '불법행위(tort)'는 민법(civil law) 분야로, 형벌 대신 발생한 손해에 대한 배상책임이 불법행위를 저지른 자에게 부과된다. 범죄행위는 국가와 사회의 규범에 중차대한 위협을 가하는 행위이므로 공적인 처벌이 내려지는 것이다.

경죄, 경범죄, 중죄

형법은 범죄에 관한 법이다. 범죄는 사회 전체에 대한 위반이므로 범죄자는 피해자가 아닌 검사에 의해 소추되며, 범죄자에게는 형법에 의해 형벌이 부과된다. 범죄는 사회에 대한 위법행위라고 제정법이 정의하고 있으며, 의도적으로 저질러진 경우에 사회의 이름으로 처벌된다. 범죄는 그 경중의 등급에 따라, 경죄, 경범죄, 중죄로 분류된다. 경죄(輕罪)는 벌금 혹은 1년까지의 구금형이 부과되는 범죄이다. 경범죄는 최고형이 벌금형 혹은 단기간 구금형인 가벼운 위반을 의미하며, 주(州)에 따라서는 범죄의 범주에 들어가지 않는 경우도 있다. 중죄는 사형 혹은 연방 및 주 교도소에 1년 이상 구금형이 내려지는 중대한 범죄를 일컫는다.

유죄판결의 조건

범죄를 범하여 유죄가 되기 위해서는 다음의 2가지 요소가 동시에 존재해야 한다. ① 형법이 금지하고 있는 행위의 실행(actus reus), ② 어떤 정신상태 또는 의도(mens rea)가 있어야 한다. 설령, 이 두 요소가 충족된다 하여도 법률이 그러한 행위를 형사책임으로부터 면책한다는 항변이 가능하다. 다음은 본문의 사례를 살펴보도록 한다.

오토는 앨러 경관을 살해하기 위하여 왓츠를 고용하였다. 오토는 왓츠에게 착수금으로 250달러를 지불하고, 앨러 경관 살해가 성공할 경우에는 750달러를 추가로 지불할 것을 약속하였다. 그러나 왓츠는 비밀경찰이었고 오토는 이 사실을 모르고 있었다. 왓츠는 범행을 수행하지 않고 오토를 체포하였다. 법원은 범죄의사만으로는 유죄판결의 조건을 충족하지 못한다고 판결하였다. 살인미수가 성립되기 위해서는 의도된 범죄의 수행을 위한 행동이 실제 취해져야 하지만, 본 사건에서 오토가 250달러를 지불한 행위는 예비적 수단에 불과하여 범죄수행을 위한 실행의 착수가 있었다고 볼 수는 없기 때문이었다.

범의(犯意)의 존재

누군가를 살해하는 것이나 자동차를 훔치는 것을 생각하는 것은 물론 나쁜 것이지만, 생각 자체는 이를 실행에 옮기기 전까지 유해한 것이라고 볼 수 없다. 물론, 살인 혹은 절도 미수 혐의로 처벌되는 경우도 있으나, 이 경우 역시 범죄의 목적 달성을 위한 실행의 착수가 행하여진 경우에 한하는 것이다. 상기 사건 역시 오토가 범죄수행을 위한 실행의 착수가 있었는가 그렇지 않은가가 쟁점이라 할 수 있다.

이 사건에서 오토의 행위는 실행의 착수가 이루어지기 이전에 해당하므로, 유죄 요건을 성립하는 것으로 보기 어렵다. 살인 청부업자를 고용하는 것 자체가 우리 사회에서는 일반적으로 생각하기 힘든 사건이다. 그리고 어떤 행위에 형법상의 책임이 부과되기 위해서는 범의의 존재가 필요하다. 예를 들어, 살인의 경우 행위는 인간의 생명을 빼앗는 것이고, 범의는 인간의 생명을 빼앗을 것을 의도하는 것이며, 유죄가 되는지 아닌지는 이러한 범의의 존재가 좌우한다.

미국은 높은 범죄율로 고민하는 국가이며, 형법에 규정되어 있는 등 범죄의 수가 그 등급 분류를 포함할 경우 수백 가지가 넘는 것으로 알려지고 있다. 형법의 관점에서 미국을 살펴보는 것도 미국사회를 이해하는 유효한 접근방법이라 할 수 있다.[13]

---

13) 우리나라에서도 범죄는 객관적 구성요건과 주관적 구성요건으로 구성되며, 위법성과 책임이 인정되어야 처벌받게 된다. 범죄와 형벌에 대한 기본법은 "형법"이나, 그 이외에도 많은 특별법과 행정법규에 범죄와 처벌이 규정되어 있다. 경범죄처벌법은 가벼운 범죄행위를 규정하고 처벌한다.

16. Criminal Law (2) — Bribery

The crime of bribery is the voluntary offering or giving of anything of value in order to influence the actions of any person who holds a position in the discharge of a legal or public duty.

> Jones, treasurer of the school district, accepts 2,500 dollars and a free trip to Las Vegas from Anderson, whose vending machine company has been awarded the contract to supply vending machines to the schools, even though his bid was not the lowest submitted. Jones, as a treasurer, had sole power to award the contract. The cash and trip proffered by Anderson before the bidding deadline were the only reasons he got the contract. This is simple bribery. Jones acted corruptly when he was bound by law to award the contract to the lowest bidder.

The following three types of bribery are considered to be crimes.
① Bribery of Public Officials: The attempt to influence a public official to act in a way that serves a private interest is a crime.
② Bribery of Foreign Officials: Bribing foreign officials in order to obtain business contracts is a crime.
③ Commercial Bribery: In some states, so-called kickbacks and payoffs from a person working for one company to an individual or individuals employed by another firm are crimes. No public officials need be involved. Typically, people make commercial bribes to obtain business information. Industrial espionage sometimes involves commercial bribes. For example, a person in one firm may offer an employee in a competing firm some type of payoff in exchange for trade secrets and pricing schedules.

The act of tendering the bribe itself is a crime and it does not have to be accepted.

- **bribery:** 수뢰죄(賄賂罪), 뇌물죄. 공무원, 공무를 담당하는 자 또는 법적 책임을 갖는 입장에 있는 자의 직무수행에 영향을 미치고자 금품을 주고받거나, 또는 이를 요구하는 것. 기본적으로 공무원은 뇌물을 수취함에 따라 직무에 사심을 가지게 되므로 주는 측도, 받는 측도 뇌물죄에 해당한다. 목적을 달성하였는지 여부 또는 영향을 미쳤는지 여부는 문제되지 않는다.
- **discharge:** (직무의) 수행
- **duty:** 의무
- **treasurer:** 회계원, 출납계원
- **vending machine:** 자동판매기
- **award:** 수여하다.
- **supply:** 제공하다.
- **bid:** 입찰. 경매에서 가격을 붙이는 것. 즉, 구입을 위해 특정 가격을 제안하는 것. 경매는 복수의 계약 희망자가 경쟁하여 가장 좋은 가격이나 조건을 제시하는 자와 계약하는 것으로 그 성립을 낙찰이라고 한다.
- **sole:** 독점적인
- **proffer:** 제공하다.
- **corruptly:** 뇌물에 의해
- **(be) bound to ~:** ~할 의무가 있는
- **lowest bidder:** 최저액을 제시한 입찰자
- **public official:** 공무원 (foreign official은 외국 공무원)
- **attempt:** 시도
- **serve a private interest:** 사익을 위해 유용하다.
- **commercial bribery:** 상업상의 뇌물죄
- **kickback:** 리베이트
- **payoff:** 보수, 뇌물
- **espionage:** 스파이행위
- **competing firm:** 경쟁회사, 기업
- **trade secret:** 영업비밀, 기업비밀. 미국의 불법행위법 Restatement 제757조에서 "어떠한 방식, 고안 또는 정보의 조합으로 구성되어 비즈니스에 사용되고, 그것을 알지 못하거나 사용하지 않는 경쟁자에 대해 우위성을 얻을 기회를 주는 것"으로 정의되어 있다.
- **pricing schedule:** 가격일람표
- **tender:** 입찰

16. 형법 (2) — 뇌물수수죄

뇌물(袖の下)[14]

뇌물이란 상대의 직무에 대해 부정한 의도로 증여하는 이익을 일컫는다. '이익'에 포함되는 개념은 금품만이 아니라, 필요 혹은 수요를 충족시키는 유형·무형의 이익을 포괄하는 개념이다. 일본에서는 직무와 관련하여 뇌물을 수수하거나 요구하는 죄와 공여하는 죄를 나누고, 공무원에 대해서는 형법상 뇌물죄, 배임죄가 성립한다. 공무원 이외의 자가 범한 뇌물죄나 배임죄도 상법(제493조·제494조)이 그 처벌 규정을 두고 있으나, 매우 한정적 효력을 갖는 조항이다. 다음은 미국의 뇌물죄 규정에 대해 살펴보도록 한다.

뇌물죄

뇌물죄는 법적 혹은 공적 의무로서 직무를 수행하는 자에게 직무의 결과에 영향을 끼칠 목적으로, 가치 있는 물품을 자발적으로 제공 또는 공여하는 행위를 일컫는다.

> 지역 학교구의 회계담당인 존스는 자동판매기 업자인 앤더슨으로부터 2,500달러의 현금과 라스베가스 여행권을 받고, 최저의 입찰액을 제시하지 않았음에도 불구하고 앤더슨과 자동판매기 공급계약을 체결하였다. 존스는 회계담당으로서 입찰과 관련한 전권을 가지고 있었고, 현금과 여행권이 입찰결과 발표일 전날에 전해진 점이 앤더슨이 계약에 성공한 유일한 이유였으므로 명백히 뇌물죄에 해당한다. 최저액을 제시한 입찰자와 계약할 의무가 법적으로 부과된 상황에서 존스가 뇌물로 인해 부정한 행위를 하였기 때문이다.

---

14) 袖の下는 뇌물을 의미하는 일본의 속어. 소매 밑에 숨겼다가 몰래 건넨다는 일본의 관행에서 이러한 용어가 유래하였다.

범죄를 구성하는 행위

다음 세 종류의 뇌물 수수·공여 행위는 범죄의 성립요건을 충족한다. ① 공무원에 대한 뇌물 공여: 사적 이익 추구에 영향을 미칠 목적으로 공무원에게 뇌물을 공여하는 행위, ② 외국공무원에 대한 뇌물 공여: 사업상 거래에 있어 계약 성사 등을 목적으로 외국 공무원을 매수하는 행위, ③ 사업상의 목적을 위한 뇌물 공여: 몇몇 주에서는 특정 회사에 고용된 자가 다른 회사에 고용되어 있는 자에게 소위 리베이트나 보수를 지급하는 경우 범죄가 된다. 공무원의 관련 여부와는 관계가 없으며, 사람들은 업무상 정보를 얻기 위해 뇌물을 주고받는다. 산업스파이 행위는 때로 상업상 배임이 된다. 예를 들어 어떤 회사의 사원이 경쟁회사의 사원에게 영업비밀이나 가격일람표를 제공하는 경우를 들 수 있다. 뇌물을 요청하는 행위는 그 자체가 범죄이므로 뇌물의 수취 여부는 성립요건이 아니다.

상업상의 뇌물죄

뇌물죄는 법적 혹은 공적인 행동에 대한 의무를 지는 자에 대해 그가 어떤 행위를 이행하도록 하거나 그에게 부정한 행동을 하도록 하기 위한 목적으로 제공하는 물품(gift) 혹은 특혜(advantage)를 주고받거나 요구하는 범죄행위이다. 즉, 공무를 담당하는 지위를 가진 자에게 공무에 영향을 미치기 위한 의도로 제공된 경우 성립한다. 이 사건에서 존스는 자신의 직무로서 공정한 입찰을 집행할 의무를 지고 있었으나, 현금과 여행권 등의 뇌물을 받고 앤더슨에게 이권을 제공하였다. 미국에서 뇌물죄는 공무원을 대상으로 할 것을 원칙으로 하고 있으나, 몇몇 주는 민간회사 등 공무원이 아닌 자에 의한 뇌물 공여·수뢰 행위도 상업상 뇌물죄로 엄격하게 처벌대상으로 규정하고 있다. 뇌물 행위가 입증될 경우, 공무나 직무에 대한 영향 여부는 문제되지 않는다.[15]

---

15) 우리 형법은 제129조 이하에서 수뢰죄와 증뢰죄 등 다양한 뇌물죄의 구성요건을 규정하고 있다. '특정범죄가중처벌 등에 관한 법률' 제2조는 형법의 수뢰죄, 제3자뇌물공여죄 그리고 알선수뢰죄의의 경우 수뢰액이 5천만원 이상인 때에는 가중처벌하는 규정을 두고 있다.

17. Criminal Law (3) — Computer Crime

Computer crime is any illegal action that is directed against a computer. Currently, the laws are inadequate to deal with the various types of computer crimes that are committed.

   Larceny statutes were originally passed to prohibit the taking and carrying away of property belonging to another. Computer crimes, however, particularly those involving the theft of computer data or services, frequently do not require a physical "taking and carrying away" of other's property. While some states have expanded their definition of property to allow computer crimes to fall within their larceny statutes, in other states prosecutors have to rely on other criminal statutes. Computer crimes often result in lenient punishments, which has led lawmakers to various proposals to deal with this new type of crime. The law involving computer crime is still in its formative stages.

> McGraw was a computer operator for the Indianapolis Department of Planning and Zoning. The computer system had been leased by the city and employees were not authorized to use the computer for private matters. McGraw, however, used the computer for his own private business. Upon discovering this, the city charged McGraw with theft. The court stated that computer time is 'services' for which money is paid. Such services may be regarded as valuable assets to the beneficiary. Thus, computer services are property within the meaning of the definition of property subject to theft.

Most people would agree that when an individual uses another's computer or computer information system without authorization, the individual is stealing. In the above case, an employee who uses a computer system or data stored in a computer system for private gain and without the employer's authorization is considered to be a thief.

- **illegal action:** 위법행위
- **inadequate:** 불충분한
- **deal with ~ :** ~에 대처하다. ~를 다루다.
- **larceny:** 절도. 타인의 재산인 동산을 횡령하거나 그 재산권을 빼앗을 의도를 갖고 다른 장소로 이동시키는 것. 이동이 성립요건이 된다.
- **statute:** 제정법
- **pass:** 가결하다.
- **taking and carrying away:** 절취행위
- **property:** 재산
- **physical:** 물리적인
- **expand one's definition:** 정의를 넓히다.
- **fall within ~ :** ~의 범주에 들어가다.
- **prosecutor:** 검사. 범죄를 수사하거나 정부의 이름으로 용의자를 소추하는 공무원. 일반적으로 attorney라는 용어를 사용하여 그 직위를 나타낸다. U.S. attorney(연방 검찰관), state attorney(주 검찰관), district attorney(지역 검찰관)
- **lenient:** (형량이) 가벼운
- **punishment:** 형벌. 연방이나 주가 법률로서 범죄자에게 과하는 공적인 제재. 벌금, 금고형, 사형 등
- **lawmaker:** 입법자, 의원
- **formative stage:** 형성의 단계
- **lease:** 임대하다.
- **authorize:** 허가하다. (authorization은 허가)
- **charge ~ with … :** ~를 범죄로 고발하다.
- **regard ~ as … :** ~를 ~로 생각하다.
- **assets:** 자산
- **beneficiary:** 수익자 (외적인 원인이나 설정에 따라 이익이나 편익을 얻는 자)
- **subject to ~ :** ~의 대상이 되는

17. 형법 (3) — 사이버범죄[16]

화이트칼라의 범죄

사이버범죄는 폭력을 동반하지 않고, 타인 혹은 다른 기업의 이익을 가로채는 '화이트칼라 범죄'의 대표적 형태라고 할 수 있다.

21세기는 컴퓨터의 세기라고 불리어진다. 사업상 거래에 있어서도 인터넷을 통한 거래의 비율이 점차 늘어나고 있는 추세이다. 특히, 은행이나 대기업의 금융거래는 모두 컴퓨터에 의해 이루어지고 있다. 컴퓨터에 의한 거래는 실제 현금이 순환하는 방식이 아니라, 디지털 데이터의 등록의 형태로 이루어지기 때문에 이의 조작(manipulation)에 의한 범죄가 빈번히 발생하고 있으나, 탐지·발견이 힘들다는 난점이 있다.

사이버범죄에 대처하기 위한 법률

사이버범죄는 컴퓨터에 의한 여러 위법행위를 말하는데, 그 단속을 위한 법률의 수는 범행이 행해진 많은 종류의 사이버범죄에 대처하는 데 불충분한 상황이다. 절도죄는 본래 타인의 재산에 대한 절취를 막기 위해 제정된 것이나, 사이버범죄는 컴퓨터 데이터 혹은 서비스를 가로채는 행위로서 많은 경우 물리적으로 타인의 재산을 절취하는 행위는 일어나지 않는다. 어떤 주에서는 재산의 정의를 확대하여 사이버범죄를 절도죄의 범주 안에 포섭하려는 방식으로 대처하고 있고, 또 몇몇 주는 검찰관이 사이버범죄에 대하여 형법의 다른 규정을 적용하여 대처하는 방식을 취하고 있다. 사이버범죄는 가벼운 형벌로 종결시켜 버리는 경우가 종종 발생한다. 사이버범죄에 관한 새로운 제정법을 마련하려는 움직임이 입법부를 통해 활발히 전개되어 다수의 법안이 제출되었으며, 사이버범죄에 관한 법률은 아직은 형성기에 있다 할 수 있다.[17]

---

16) 원문에는 '컴퓨터범죄'라고 명명되어 있으나, 국내 입법상 친숙한 용어인 '사이버범죄'로 번역하였다.

17) 우리의 경우 1995년 부분 개정된 형법전에 따라 컴퓨터범죄에 대한 규정이 도입되었다.

절도죄

맥그루는 인디애나 폴리스시의 도시계획·구획국의 컴퓨터 담당자이다. 컴퓨터 시스템을 시 당국에서 리스하여 사용하고 있었는데, 직원이 컴퓨터를 사적인 용도로 사용하는 것은 금지되어 있었다. 그런데 맥그로는 컴퓨터를 자신의 사적인 용도를 위해 사용하였고, 이를 발견한 시 당국은 그를 절도죄로 고발하였다. 법원은 리스는 컴퓨터 사용시간에 따라 요금이 지불되는 '서비스'에 해당하며, 그러한 서비스 제공은 수익자로서는 가치 있는 자산으로 여겨진다. 따라서 컴퓨터 서비스는 절도죄에서 절도의 대상이 되는 재산의 정의에 해당한다고 판단하였다.

많은 사람들은 개인이 타인의 컴퓨터나 컴퓨터 정보시스템을 허가 없이 사용하는 것은 절도에 해당한다고 인정하고 있다. 앞의 사건에서 직원이 컴퓨터 시스템이나 컴퓨터 시스템 내의 데이터를 허가 없이 사적인 이익을 얻기 위하여 사용한 것은 절도죄에 해당하는 것이다.

사이버범죄와 대처방법

이상의 내용을 정리해보면 시 당국이 컴퓨터 회사에게 임대료를 지불하고 빌린 시간은 금전적 가치를 가지는 역무(service) 제공의 시간이 되므로, 법원은 이를 허락 없이 사적인 용도로 사용한 맥그로에게 절도죄를 선고하였다. 사이버범죄는 크게 나누어 다음의 5가지로 분류해 볼 수 있다. ① 저작권이

우선, 자료의 부정조작과 관련하여 공·사전자기록위작·변작죄 및 동 행사죄(제227조의2, 제228조, 제229조, 제232조의2, 제234조)와 컴퓨터등사용사기죄(제347조의2) 등의 규정을 두었다. 그리고 컴퓨터파괴와 관련하여 컴퓨터손괴등에의한업무방해죄(제314조 제 2 항)와 전자기록손괴죄(제141조, 제366조) 등이 규정되었으며, 컴퓨터스파이와 관련하여서는 기술적 수단에 의한 비밀침해죄(제140조 제 3 항, 제316조 제 2 항) 등이 도입되었다. 인터넷 사용의 보편화와 더불어 사이버범죄가 심각한 사회문제가 되었고 그 결과 많은 특별법이 제정되었다. 현재에는 '정보통신망이용촉진 및 정보보호 등에 관한 법률'이 컴퓨터 및 인터넷범죄를 규율하는 가장 중요한 특별법이라고 할 수 있다.

있는 프로그램을 무단으로 복제하는 것, ② 금융거래 관련 범죄, ③ 기기 등 하드웨어의 절도, ④ 소프트·하드웨어 파괴 및 손괴행위, ⑤ 데이터나 정보의 절도이다.

　　기술발전이 가속화될수록 이러한 사이버범죄 역시 유감스럽게도 증가하는 경향이 있다. 법률이 이에 대해 어떻게 대처하는가가 해결의 열쇠 중 하나라고 할 수 있다. 원칙적으로 성문법인 대륙법 국가에서는 새로운 문제에 대처하는 법률의 제정에 상당한 시간이 소요되지만, 판례법인 영미법 국가에서는 제소에 의해 법원의 판단이 내려지고 이것이 법을 형성하기 때문에[18] 시간적으로 적절하고 기능적인 대처가 가능하다는 장점을 지닌다고 할 수 있다.

---

18) 영미법상 판결의 이러한 성격을 반영하여 판결을 judge made law라고도 표현하고 있다.

18. Criminal Law (4) — Regulation of a Gun

The right to bear arms is safeguarded under the Second Amendment of the U.S. Constitution, which states: *"A well regulated Militia, being necessary to the security of a free State, the right of the people to keep and bear Arms, shall not be infringed."*

The right of citizens to bear arms was not an unlimited right recognized by Common Law. When the Constitution was adopted, this right was guaranteed so that the people could maintain a militia as a protection against violence.

In New Jersey, a group of sportsmen sued to have a state gun-control law declared unconstitutional. The statute required that all persons who wanted to buy firearms in New Jersey present a firearms-purchase permit. To obtain the permit, the person had to be investigated and fingerprinted. Permits would not be issued to habitual drunkards, narcotic addicts, or the mentally ill. The sportsmen claimed the law violated their absolute right under the Second Amendment to bear arms. The court decided, however, that gun-control laws are a proper and reasonable exercise of a state's police power as long as the maintenance of a state militia is not impaired, and the state has a right to protect its citizens from the dangers of illegal firearms.

There is great controversy about gun-control laws. The issue is whether a citizen has an absolute right as an individual to keep and bear arms or whether this right must be reasonably related to the preservation of public peace. Many states have determined that gun-control laws that do not impair the maintenance of a state militia, or national guard, are valid, and they do not violate the Second Amendment.

- **bear:** 휴대하다. 소지하다. = carry
- **arms:** 무기, 총. 피스톨 등 화기
- **safeguard:** 보호하다. = protect
- **Second Amendment of the U.S. Constitution:** 미 수정헌법 제 2 조. 미국의 총기규제 반대파가 총기소지는 헌법상의 권리라는 논거로 사용하는 조항
- **Militia:** 민병. 미국 독립전쟁 당시 정규군이 아닌 민간병사
- **infringe:** 침해하다. = violate
- **unlimited:** 제한 없는
- **Common Law:** 보통법
- **guarantee:** 보증하다.
- **maintain:** 유지하다. (maintenance는 명사)
- **sue:** 제소하다.
- **state gun-control law:** 주의 총기규제법
- **unconstitutional:** 위헌의
- **statute:** 제정법
- **firearms:** 소화기. 라이플이나 피스톨 등 총기류의 총칭
- **permit:** 허가증
- **habitual drunkard:** 상습적 음주자
- **narcotic addict:** 마약 상용자
- **the mentally ill:** 정신병 환자
- **absolute right:** 절대적 권리
- **reasonable:** 합리적인 (reasonably는 합리적으로)
- **exercise of ~ :** ~의 행사
- **police power:** 경찰권, 치안권. 사회에서의 위생, 안전, 도덕, 복지 등 공공질서를 유지하기 위해 부여된 권한 등
- **impair:** 위해를 가하다.
- **controversy:** 논쟁
- **public peace:** 공공의 평화
- **national guard:** 주병(州兵). 주의 예비군
- **valid:** 유효한

18. 형법 (4) — 총기규제

2억 6천만 정 이상의 총기

본 장의 주제는 범죄발생과 가장 밀접한 관련이 있는 '총기'의 규제에 관한 문제이다. 총기규제(gun-control) 문제는 총기 사용으로 인한 범죄와 폭력에 고민하는 미국에 있어 다양한 세력, 이해충돌, 의견대립이 존재하는 가운데 인종, 민족, 문화 등에 따라 차이가 있는 심각한 문제로서, 법제화를 통해 간단히 총기류 사용을 금지할 수 없는 복잡한 사정이 얽혀있는 사안이다. 연방정부의 통계에 따르면 미국시민이 소유하고 있는 총기 수는 2억 6천만 정 이상으로, 이 중 라이플이 7,300만 정, 피스톨이 6,600만 정, 엽총이 6,200만 정과 기타 종류가 차지하고 있다. 미국 인구가 약 3억 명인 것을 감안하면, 아이에서 노인에 이르기까지 거의 전 인구가 총 한 정씩을 보유하고 있다는 결과에 이른다.

청소년에 의한 총기범죄

최근 학교를 무대로 한 총기난사 사건이 빈번히 발행하여 큰 사회문제가 되고 있다. 1999년 4월 20일 콜로라도 주의 콜럼바인 고교에서 2명의 학생이 총을 난사하여 교원 1명과 학생 14명(범인 2명 포함)이 사망하고 23명이 중·경상을 입는 최악의 총기난사 사건이 발생하였다. 2000년에 4건, 2001년에는 6건의 소년·소녀에 의한 유사사건이 발생하였으며, 이 중에는 6세의 소년이 권총으로 동급생을 살해하는 끔직한 사건도 포함되어 있다. 이와 같이 총기관련 사건이 저(低)연령층에 의해 자행되는 경향이 뚜렷한데, 대다수의 주에서 라이플 혹은 수렵용 총을 부모로부터 양도받을 경우에는 그 소지와 사용을 인정하고, 아이들의 총기소지를 금지하는 법이 없다는 배경이 있다. 약 15개 주에서는 부모 혹은 보호자가 자녀의 총기사용을 허용하지 못하게 하는 '아동 총기사용금지법'이 제정되었으나, 처벌규정이 없어 실효성이 없다. 이와 같이 미국은 아이들도 간단하게 총기를 손에 넣을 수 있는 나라라고 할 수 있다.

헌법상의 권리

무기휴대의 권리는 미 수정헌법 제2조의 "조직화된 민병대는 국가의 안전을 위해 필요한 무기소지의 권리를 침해받지 아니한다"는 조항에 의해 보호를 받는다. 시민의 무기휴대 권리는 보통법에 의해 보장된 어떠한 제한도 없는 권리라고 할 수 있으며, 헌법 제정 시, 시민이 폭력으로부터 자신을 보호하기 위하여 민병대를 유지할 수 있는 권한이 보장된 것에서 유래한다.

뉴저지 주에 거주하는 스포츠 선수들은 주의 총기규제법에 대한 위헌소송을 제기하였다. 이 제정법은 주 내에서 총기를 구입하고자 하는 자는 총기구입 시에 허가증의 제출을 요건으로 하였다. 허가증을 얻기 위해서는 신원조사 및 지문채취가 수반되었다. 허가증은 상습적인 음주자, 마약복용자, 정신질환자에게는 발행되지 않았다. 스포츠 선수들은 본 법이 수정헌법 제2조의 「무기를 휴대할 절대적인 권리」에 위반된다고 주장하였다. 법원은 총기규제법이 민병대 유지에 손상을 가하지 않는 이상, 주의 경찰권의 합리적 행사 범위 내에 있으며, 주는 위법한 총기에 의한 위험으로부터 시민을 보호할 권리가 있다고 판단하였다.

총기규제에 관하여

총기규제법과 관련한 주요 논점은 시민이 사적으로 무기소유 및 휴대에 있어 절대적인 권리를 가지는가, 아니면 이러한 권리행사는 공공의 평화유지를 위한 합리적 관련성을 가질 것이 요구 되는가의 여부이다. 많은 주에서 주의 민병이나 주병 유지에 손상을 가하지 않는 이상 총기규제법은 유효하며, 수정헌법 제2조 위반이 아니라고 판단하고 있다.

총기규제에 대한 반대파는 총기소지가 1791년 제정된 수정헌법 제2조에 의해 보호받는 헌법상의 권리임을 주장하였다. 그러나 '민병대(millitia)'의 무장권리는 연방군이 취약했던 250년 전의 안보상황에서 자위를 위한 수단의 확

보라는 점에서 중요성을 가진 것이었으므로 오늘날에도 이를 그대로 적용하는 것은 무리가 따른다고 할 수 있다.

전미라이플협회

총기규제에 대한 최대 반대파인 전미라이플협회(N.R.A.)는 총기산업 관련 기업이 중심이 되어 1871년에 창립되었다. 이후 풍부한 자금력을 바탕으로 활발한 로비활동을 벌여 총기규제입법에 반대운동을 전개하고, 미국 정치과정에서 막강한 영향력을 행사하는 대표적 이익단체로 성장해 왔다. 이러한 총기규제 반대파들이 주창하는 "권리는 스스로 지킨다"라는 사고방식은 "자신의 권리는 국가가 지켜준다"는 사고에 젖은 동양인으로서는 이해하기 힘든 것이다. 그러나 총기관련 범죄의 증가로 총기규제의 필요성에 대한 인식이 점차 확산되어 가고 있는 추세다. 1993년에는 레이건 대통령 암살미수사건 현장에서 총탄을 머리에 맞은 제임스 블레디 전 대변인이 제창하여 권총의 구입을 규제하는 '블레디 권총범죄방지법'이 성립되고, 그가 추진하는 권총등록제운동 등 법적규제가 강화되는 움직임이 나타나고 있다. 하지만 미국에서 2억 6천만 정이상 존재하는 총기를 법의 강화에 따라 완전 폐지하려고 하는 것은 비현실적인 접근이라 할 수 있다. 찬성·반대파 간 균형을 고려하면서 안전한 사회 실현을 위하여 일련의 개혁작업을 면밀히 진행해 나가야 할 것이다.19)

---

19) 우리나라에서는 총기사용이 미국의 경우처럼 큰 사회적 문제인 것은 아니다. 그렇지만 실정법상으로 총포·도검·화약류등단속법이 존재하여 총기 사용을 규제하고 있다. 이 법은 총포·도검·화약류·분사기·전자충격기·석궁의 제조·거래·소지·사용 그 밖의 취급에 관한 사항을 규제하여 이로 인한 위험과 재해를 미리 방지함으로써 공공의 안전을 유지하고 있다.

19. Criminal Law (5) — Sting Operation

In a typical entrapment case, an undercover agent suggests that a crime be committed and somehow pressures or induces an individual to commit it. The agent then arrests the individual for the crime. The crucial issue is whether a person who committed the crime was predisposed to commit the crime or did so because the agent induced it. This is often a question of fact, as illustrated by the following case:

> This case involves a cocaine transaction that resulted in the defendant's conviction for selling the narcotic to a government Drug Enforcement Administration(DEA) agent, Sylvestri. An informer, Clegg, initiated a relationship with the defendant, Bower. The informer encouraged the defendant to supply a quantity of cocaine to an out-of-town buyer. The defendant agreed to meet the buyer and make the exchange. After the defendant delivered the cocaine to the agent, who was disguised as a buyer, the agent arrested him. The court found that the inducement of federal agents did not cause Bower to do something he would not have done otherwise. Therefore, there was sufficient evidence to find that Bower was predisposed to commit the crime and was not accordingly entrapped to do so.

Entrapment is a delicate issue, particularly in cases involving undercover police work. An undercover agent's role in a crime can be great or small.

In a drug case, courts will let an agent discover who is actually willing to sell illegal drugs, but they do not want agents looking for ways to arrest people who were not willing to commit the crime.

- **entrapment:** 함정수사. 수사관이 범인체포를 위해 범행을 유인하고 죄를 범한 시점에 신체를 구속하는 것. 유인이 존재하지 않았다면 해당 범행을 저지르지 않았거나, 유인 전에는 범행의 의도나 계획이 없었다는 것이 증명되면 해당 범죄의 소추에 대한 유효한 항변이 된다. (entrap은 함정에 빠뜨리다.)
- **undercover agent:** 비밀 수사관. 수사관이 자기 자신의 신분을 밝히지 않고, 범죄용의자나 범행집단으로부터 직접 범죄행위에 관한 정보를 얻거나 나중에 공판에서 사용하기 위해 증거를 수집하는 경찰관. 통상 마약사건에 자주 등장한다. (federal agent, undercover police도 이와 같은 의미)
- **suggest:** 유발하다. 권하다.
- **commit:** (죄를) 범하다.
- **pressure:** 압력을 행사하다.
- **induce:** 유인하다. 권유하다. 설득하다. (inducement는 유인)
- **crucial:** 매우 중요한
- **predispose:** ~하게끔 하다.
- **cocaine transaction:** 코카인 거래
- **defendant:** 피고
- **conviction:** 유죄판결. 형사재판의 결과, 소추된 자가 고발됨에 따라 죄가 인정된 유죄의 판결
- **narcotic:** 마약. 중독성 있는 약물의 총칭
- **Drug Enforcement Administration:** 사법부의 마약 거래국, 약칭은 DEA
- **informer:** 정보제공자
- **initiate:** 개시하다.
- **encourage:** 권하다.
- **a quantity of ~ :** ~정도의 양
- **out-of-town:** 다른 마을
- **exchange:** 거래
- **(be) disguised as ~ :** ~을 변장하여
- **evidence:** 증거
- **delicate:** 미묘한
- **drug case:** 마약사건
- **(be) willing to ~ :** 스스로 ~하려는
- **illegal:** 위법한

19. 형법 (5) — 함정수사

함정수사(sting operation)

함정수사란 수사관이 범죄자로 하여금 범죄를 저지르도록 유발한 후 현장에서 범인을 체포하는 수사기법을 일컫는다. 미국 수사당국은 일찍이 금주법위반, 마약거래위반, 매춘, 뇌물수뢰 등 외부에 흔적을 남기지 않으면서 상습적으로 이루어지는 범죄에 대해 이러한 기법을 사용해 왔다. 이는 증거수집이 힘든 범죄의 특성에 기인한 것이었다. 일본에는 마약거래와 관련하여 'controlled delivery'라고 불리는 수사방법이 있는데, 이는 마약을 압수하지 않고 배달시켜 최종적으로 수령하는 시점에 체포하는 수사기법을 말한다. 함정수사 자체는 일본에서도 마약거래법과 관련하여 공인된 수사기법이며, 최근 빈번히 발생하는 마약거래 사건과 일본인이 연루된 미국 산업스파이 사건에 이 기법이 이용되어 일반적으로 알려지게 되었다.

미국에서 유인수사는 'undercover operation' 또는 'sting operation'이라고 불리는데, 'sting'이라는 단어는 '쏘다'라는 의미이지만 속어로 '속이다'라는 의미로도 사용되는바, 범죄자를 속이는 것이 수사방법의 핵심이므로 이렇게 명명되었다. 함정수사 기법은 1908년 FBI(미 연방수사국)의 발족 당시부터 채택되어 오늘날에 이르기까지 오랜 전통을 가지고 있다. 매년 FBI가 행한 함정수사 집행건수가 공개되고 있는데 여기에 전미 각지 경찰의 유인수사 건수를 합하면 경찰의 주요한 수사기법이라 해도 좋을 정도로 빈번히 행해지고 있음을 알 수 있다.[20]

---

20) 함정수사는 국가가 사술에 의하여 국민을 함정에 빠뜨리는 것으로서 수사의 신의칙과 관련하여 문제가 된다. 함정수사의 허용범위와 관련하여 우리나라에서도 함정수사는 기회제공형과 범의유발형으로 나누어, 전자는 적법한 수사기법임에 반하여 후자는 위법하다고 보는 것이 일반적이다. 대법원도 기회제공형 함정수사는 함정수사라고 말할 수 없다거나, 적어도 위법하지는 않다는 입장이다(2007.5.31. 2007도1903 판결). 그리고 함정수사의 효과와 관련하여서는 함정수사에 의한 공소는 적정절차에 위배되는 수사에 의한 공소이므로 공소제기 절차가 법률에 규정에 위배하여 무효인 때에 해당하여 공소기각의 판결을 선고하여야 한다고 하였다(2008.10.28, 2005도1247 판결).

악의의 유발

전형적 함정수사는 비밀경찰관이 범죄인으로 하여금 특정 범죄를 범하도록 유발하거나 일정한 압력을 가하거나 유인하여 범죄를 실행시키는 수사기법을 일컫는다. 수사관은 범죄현장에서 바로 범죄자를 체포한다. 중요한 논점은 범죄자가 본래 범의가 있었는가, 그렇지 않으면 수사관의 유도에 의해 범행을 저지르게 되었는가의 여부라 할 수 있다.

본 사건은 정부의 DEA(마약관리국) 수사관 실베스트리에게 마약을 판매한 피고인에 대해 유죄판결이 내려진 코카인 매매사건이다. 크레그라는 정보제공자는 피고인 바우어와 접촉하여, 피고인으로 하여금 다른 도시의 바이어에게 상당량의 코카인을 인도하도록 유도하였고, 피고는 바이어와 만나 거래하는 것에 동의하였다. 바이어로 가장한 수사관에게 피고가 코카인을 양도한 후, 그 수사관은 피고를 체포하였다. 법원은 연방수사관의 유인은 바우어가 의도하지 않은 행위를 유도한 것이 아니라고 판단하였다. 이 사건에서 바우어는 유인에 의하여 죄를 범하게 되었지만, 수사관에 의한 유인이 원인이 되어 죄를 범하였다고는 할 수 없는 충분한 근거가 확보되었다.

함정수사는 특히 비밀경찰관이 관련된 경우 매우 다루기 힘든 문제가 된다. 범죄실행에 있어 비밀경찰의 역할은 작지도 크지도 않다. 마약사건에서 법원은 수사관에게 실제 위법한 마약을 소지하고 판매할 의도가 있는 이가 실제 그러한 행동을 하도록 유인하는 경우는 있지만, 범의가 없는 이의 체포를 획책하는 것은 허용되지 않는다.

유인의 항변

함정수사의 쟁점은 수사관이 체포하려는 범죄인의 범행을 조장한 점이며, 이러한 유인이 없었더라면 범행을 저지르지 않았다는 입증은 유효한 항변이 된다. 이를 「유인의 항변＝무죄」라고 한다. 범죄와 무관한 사람의 범의를 유발하는 경우를 '범의유발형'이라고 하며, 이 경우 당국이 무고한 사람에게 범의를 유발시킨 경우로 위법수사에 해당하여 피고는 무죄가 된다. 범행의 기회를 제공하는 데 그치는 '기회제공형' 수사의 경우는 적법수사에 해당하여, 범인의 유죄가 인정되는 것이 미국에서의 함정수사의 기본이다. 하지만 두 유형의 구별 판단은 현실에서는 매우 어렵다는 것이 사실이며, 높은 범죄율로 고민하는 미국 수사당국이 함정수사기법을 남용하여 수사가 범인 만들기가 되어버렸다는 사회적 비판을 받고 있는 현실이다. 우리나라에서도 아직 함정수사기법의 채택 건수가 많지는 않지만, 마약관련 범죄가 급증하고 있는 현실을 감안할 때, 향후 함정수사기법 역시 보다 빈번히 채택될 것으로 보인다.

20. Criminal Law (6) — Homicide

Homicide is frequently defined as the killing of a human being by another. Homicide may be unlawful or lawful(felonious or non-felonious), intentional or unintentional. Nonfelonious homicide is killing a human being with legal justification.

> Arlene and John Cleary and their two children were sound asleep when John was awakened by footsteps on the first floor of their house.
>
> After awakening his wife and telling her to call the police, John took his hunting rifle out of the closet, loaded it, and silently crept down the stairs. Upon finding the burglar, John turned on the light, told him to drop everything and that the police would be there in a few minutes. The gun-wielding burglar shot the lights out and also shot John in the shoulder. John fired the rifle and hit the burglar between the eyes, killing him. This would be considered justifiable homicide because John acted in self-defense in returning the burglar's fire after first trying to handle the situation without the use of a deadly weapon.
>
> If John found the burglar in the dark with the intruder's back facing him and shot the burglar with his rifle without saying anything, John's act would not be viewed as justifiable homicide because he would have made no attempt to deal with the problem without using the deadly weapon. Deadly force may be used to stop a crime only when there is no reasonable alternative available.

To justify a homicide committed in self-defense, a person must have had to defend himself against death or severe bodily harm. In most cases, mere threats do not justify a slaying.

- **homicide:** 살인. 사람을 살해하는 행위 일반을 가리키고, 범죄가 아닌 살인 (non-criminal homicide)으로서 형사책임을 묻지 않는 것과 범죄 살인(criminal homicide)으로서 형사책임을 묻는 것으로 나뉜다. 전자에는 정당 살인과 이유 있는 살인이 있고, 후자에는 모살, 고살, 과실치사가 있다.
- **killing:** 살해행위
- **unlawful:** 불법의 (lawful은 합법의)
- **felonious:** 중죄의
- **nonfelonious:** 비중죄의
- **intentional:** 고의의
- **unintentional:** 고의가 아닌
- **justification:** 정당한 이유
- **justifiable homicide:** 정당한 살인. justify는 정당화하다.
- **(be) sound asleep:** 푹 잠들다.
- **creep (→ crept):** 조용히 걷다.
- **burglar:** 강도, 불법목적의 침입자, 타인의 주거에 불법의 절도를 목적으로 침입하는 자. 이전에는 야간에 범행하는 것으로 한정하였지만, 현재는 주간의 범행도 포함. 또한 주거뿐만 아니라 건물 일반으로 범위가 확대되었다.
- **gun-wielding:** 총을 휘두르는
- **fire:** 발사하다. 발포하다.
- **self-defense:** 정당방위. 타인이 먼저 공격을 해 와서 상황이 급박하고, 합리적으로 판단할 때 생명·신체에 위험이 급박한 경우에 어쩔 수 없이 자기 방위수단을 취하는 것. 정당방위가 성립되면 자기의 방위행위에 의해 가해자를 살해, 상해를 입히는 등 범죄를 구성하는 요건이 발생하여도 죄를 문책하지 않게 된다. 합리적인 판단은 같은 상황 하에 놓여졌다면 대부분의 사람이 그와 같이 판단하였을 것이라는 판단을 의미한다.
- **handle:** 대처하다. 처리하다. (deal with)
- **deadly weapon:** 흉기. 라이플, 자동 소총 등 모든 총기·화기, 수류탄 또는 사상을 위한 무기, 장치, 화학물질 등을 포함
- **intruder:** 침입자
- **bodily harm:** 신체적 위해
- **threat:** 위협(威迫). 현재 또는 장래에 사람의 생명, 신체, 자유, 재산에 대해 위법한 행위로 위해를 가하겠다는 것을 고지하는 것
- **slaying:** 살해

20. 형법 (6) ― 살인

범죄가 아닌 살인

이번 장의 주제는 살인(homicide)이다. 살인은 범죄가 아닌 살인(non-criminal homicide)과 범죄 살인(criminal homicide)의 두 종류로 크게 나뉜다. 전자는 범죄로서 성립되지 않고 형법상의 처벌을 받지 않으나, 후자는 범죄를 구성하며 형법상의 처벌을 받는다. 범죄가 아닌 살인은 비중죄 살인(nonfelonious homicide)이라고도 불리며, 이는 다시 정당한 살인(justifiable homicide)과 이유 있는 살인(excusable homicide)의 두 가지로 나뉜다. '정당한 살인'의 전형적 예로는 경찰관이(사인을 포함하는 경우도 있다) 중범죄인의 도망 혹은 범행을 저지할 때, 혹은 폭동을 진압할 때 등의 살해를 들 수 있다.

또한 사형집행인에 의한 살인행위도 이에 해당한다. 이 경우, 직무상의 필요성이 인정되어 통상 무죄가 된다. '이유 있는 살인'이란 정당방위로서 행해지는 살인 혹은 살의가 없는 사고에서 일어난 살인을 일컫는다. 사정에 따라서는 그 책임이 추급되는 경우도 있지만, 원칙적으로 무죄가 되는 유효한 항변이다. 현재 이 두 종류의 범죄가 아닌 살인은 법적으로 동의어로 취급되지만, 소추에 대한 강한 항변사유가 되기도 한다. 범죄 살인은 중죄 살인(felonious homicide)이라고도 불리며, 모살(謀殺, murder)과 고살(故殺, manslaughter), 과실치사(negligent homicide) 등으로 구분되며, 모두 범죄로 성립된다. 모살과 고살은 이후의 장에서 설명하므로 우선 과실치사죄에 대해 설명하겠다. 과실치사죄란 자동차운전 중 중대한 과실에 의해 타인을 죽게 만든 경우 등 살인죄의 책임이 추궁되는 범죄이다. 즉, homocide는 살인의 총칭이며, 이러한 개념의 테두리 내에서 murder 혹은 manslaughter가 존재한다. 따라서 homocide는 '모두 범죄'라는 등식이 성립하지는 않음을 기억해 두어야 한다.[21]

---

21) 살인죄를 입법하는 방식에는 영미의 경우처럼 모살과 고살을 구별하는 방식과 우리의 경우처럼 단일의 구성요건으로 하는 방식이 있다. 모살과 고살을 구별하는 가장 큰 이유는 살인죄에 대하여 극형의 적용범위를 제한하자는 데에 있다. 우리 형법은 살인죄를 구별하지 않는 것을 원칙으로 하고 있다. 이러한 입법 방식에 대하여 살인의 다양한 동기를 무시하고 법관에게 지나친 양형상의 재량을 부여한 것이라는 비판이 있다. 반면 모살과 고살을 구별

미국이 범죄가 많은 국가라는 것은 총기규제편에서 설명한 바와 같다. 2000년의 FBI 범죄보고서(2000 FBI Uniform Crime Reports)에 의하면, 연간 전 살인건수 12,943건 중 총기에 의한 것이 8,493건으로 3분의 2에 가까운 65.6%를 차지한다.

정당한 살인

살인은 통상 인간이 타인을 살해하는 것으로 정의된다. 살인은 불법적 혹은 합법적인 것과 의도적 혹은 비의도적인 것으로 나눌 수 있다. 정당한 살인은 법적으로 정당한 이유에 의하여 타인을 살해하는 경우를 말한다.

아이린 클리어리와 존 클리어리, 그리고 두 명의 아이들은 집의 1층에서 들리는 발소리에 잠에서 깨었다. 존은 부인 아이린을 깨워 경찰을 부르도록 하고, 수렵용 총에 총알을 장전하여 조용히 계단을 내려갔다. 강도를 발견한 존은 전등을 비춰 그가 가진 모든 물건을 내려놓을 것을 명하고, 경찰이 2~3분 내에 도착할 것임을 알렸다. 그러자 강도는 총을 발사, 존이 들고 있던 전등과 존의 어깨를 명중시켰고, 존 역시 총을 발사하여 강도의 미간을 맞춰 강도를 살해하고 말았다. 이 사건은 정당한 살인에 해당한다. 그런데 만일 존이 상대를 어둠 속에서 발견하고 침입자의 뒤에서 아무런 경고도 없이 총을 발사하였다면, 존의 행위는 무기를 사용하지 않고 문제를 처리하려는 시도가 최초에 없었으므로 인해 정당한 살인으로 인정되지 않았을 것이다. 무기사용은 다른 합리적 선택의 여지가 없는 경우에만 범죄의 억지를 위해 가능하다.

하지 않는 것이 오히려 법관의 판단에 따라 구체적 타당성을 보장할 수 있다는 입장도 있다. 우리의 형법체계상 살인죄를 살펴보면, 보통살인죄(제250조 제1항)를 기본적 구성요건으로 하여 가중적 구성요건으로 존속살해죄(동조 제2항), 감경적 구성요건으로 영아살해죄(제251조), 촉탁·승낙에 의한 살인죄(제252조 제1항)가 규정되어 있다. 그 밖에 살인죄의 구성요건 체계에는 포함되지 않지만, 내란목적살인죄(제81조), 강간살인죄(제301조의2), 강도살인죄(제338조) 등이 결합범으로서 가중적 살인죄라고 할 수 있다. 또한 '특정범가중처벌등에관한법률' 제5조의9에서는 보복살인죄를 가중처벌하고 있다.

정당방위가 성립되는 경우는 특정인이 중대한 신체상 상해를 입을 위기에 처하여, 오로지 자신을 방어하기 위한 수단을 사용한 경우이다. 대부분의 경우 단순한 위협만으로는 살해가 정당화되지 않는다.

정당방위를 행사하는 측의 의무

이 사건에서 존은 우선 전등을 켜고 침입자에게 곧 경찰이 도착하니 무기를 버리고 명령에 따를 것을 경고하였다. 그 직후, 침입자가 총격을 가하여 존은 상대를 사망에 이르게 하였다. 특히 주거의 경우 어떤 자가 강도와 같이 중죄를 범할 의사를 지니고 침입한 경우, 무력을 사용하여 압력을 가한 상황에서 그 침입자에 대한 살해는 정당방위가 되어 범죄로 성립되지 않는다. 하지만 이런 경우에도 침입행위에 대하여 먼저 경고를 하거나 침입자에게 부상을 입히지 않는 등 평화적으로 침입을 저지하는 것이 정당방위의 선행요건이다. '중죄를 범할 목적으로'라는 조건이 있으므로 단순히 정원에 허락 없이 들어오는 등의 경죄에 해당하는 주거침입은 이에 미치지 않아, 이런 경우는 침입자를 살해할 권리가 없다. 이러한 점을 고려하면 루이지애나 주에서 일본인 유학생 하토리 군이 사살된 사건은 법리적으로 판단할 때, 정당방위에 의한 살해요건을 갖추었다고 보기 힘들다. 단지 배심원의 판단에 의해 결과적으로 피고인에 대한 무죄평결이 내려진 매우 유감스러운 사건이라고 평가할 수 있다.

미국에서 살인 발생건수를 평균하면 하루 36건이라고 하는 놀라운 수치가 나온다. 최근에는 일본에서도 권총에 의한 범죄가 발생하여 살인이 간단하게 행하여지는 큰 사회문제가 되고 있다.

21. Criminal Law (7) — Murder

Murder is an unlawful killing of a human being by another with malice aforethought. Also murder is a form of homicide and a felony.

In order to commit murder, a killer must act with malice. The use of a deadly weapon may establish malice. Malice may be either express or implied. *Express malice* is an actual intent to kill someone. Whether the intention was to kill the person or someone else is immaterial. Consequently, if Sam shoots at Maurice to kill him, but misses Maurice and accidentally kills Adam instead, Sam is guilty of murder because he killed with malice aforethought even though he hit the wrong victim. *Implied malice* exists when there is no actual intent to kill, but death is caused by an act that shows in the person who committed it with an immoral or irresponsible state of mind that is equivalent to an actual intent to kill. In other words, any wantonly irresponsible and dangerous action establishes implied malice. There is no difference in legal effect between express and implied malice. The result of either can be murder.

> Yvonne, who was drunk, fell asleep. Dave covered her with straw and threw hot cinders on the straw. It ignited, and Yvonne was burned to death. Dave was charged with murder. The court found that even though Dave did not intend to kill Yvonne, but did intend to cause her serious injury, the offense was nevertheless murder.

If a person's conduct creates such a high degree of risk that death will result, it may be presumed that the person acted with malice even though he had no specific intent to kill.

- **unlawful:** 불법의
- **with malice aforethought:** 살의를 가지고 (malice는 범의)
- **homicide:** 살인
- **felony:** 중죄
- **commit:** 죄·과실 등을 범하다.
- **deadly weapon:** 흉기
- **establish:** 입증하다.
- **express:** 명시의
- **implied:** 묵시의
- **intent:** 의도 (intention도 동의)
- **immaterial:** 중요하지 않은
- **consequently:** ~의 결과로서
- **miss:** 놓치다.
- **cause:** 유발하다.
- **immoral:** 부도덕한. 사회의 규범에 반하다. 도덕에 반하거나 공서양속에 반하는 상태. 예를 들면, immoral contract는 부도덕 계약으로 무효가 된다.
- **irresponsible:** 무책임한
- **state of mind:** 심리적 상태
- **(be) equivalent to ~ :** ~에 상당하는
- **wantonly:** 무모하게, 악의를 갖고. 정의나 타인의 안전, 사건의 결과 등에 무관심하여 의미 없이 규율을 이탈하고, 외부로부터 저지받지 않는다는 의미의 부사
- **legal effect:** 법적 효력
- **fall asleep:** 잠들다.
- **cinder:** 재, 숯
- **ignite:** 불을 붙이다.
- **(be) burned to death:** 불에 타 죽다.
- **charge with ~ :** 고발하다.
- **offense:** 범죄
- **nevertheless:** 그럼에도 불구하고
- **conduct:** 행위
- **presume:** 추정하다.

21. 형법 (7) ─ 모살

모살의 4가지 유형

모살(謀殺, murder)은 악의를 가지고 범행을 사전에 계획하여 타인을 살해함에 따라 성립하는 범죄이다. 살인 중 범죄 살인(criminal homicide)의 분류에 들어가며, 고살(故殺, manslaughter)에 대비되는 개념이다. 고살은 살의(malice aforethought)가 없는 불법 살인이지만, 모살의 경우에는 살의의 존재를 그 성립요건으로 한다. 살의란 피살된 자에 대해 갖는 살해의 의사를 가리킨다.

모살은 다음의 네 가지 유형으로 분류된다. ① 살해 의도를 가지고 범행을 저지르는 경우, ② 중대한 신체 상해를 입히는 과정에서 살해에 이른 경우, ③ 중대하고 명백한 과실에 의한 살해, ④ 중죄를 범하는 과정에서 살해에 이른 경우이다. ①은 가장 기본적이고 전형적인 경우이며, ②는 예를 들어 팔에 총격을 가하려 하였는데, 총탄이 빗나가 심장을 맞혀 사망에 이르게 한 경우이다. ③은 뉴욕 5번가를 시속 120마일로 달리다가 의도적인 것은 아니나 통행인 7명을 치여 숨지게 한 경우이고, ④는 강도가 들어와 끈으로 집주인을 포박하여 질식사하게 된 경우를 들 수 있다.

명시적 범의

모살은 살의를 가지고 한 인간을 불법적으로 살해하는 행위이다. 이는 살인의 한 형식이며 중죄에 해당한다. 모살을 행함에 있어 살해자 측이 가지는 범의(犯意)는 그 성립요건에 해당하는데, 예를 들어 흉기를 사용하면 범의가 성립된다. 범의는 명시적 혹은 묵시적으로 존재하는바, 명시적 범의는 타인을 살해하는 실제적 의도를 일컫는다. 이러한 의도는 살해당한 사람에 대한 것인지 아니면 타인에 대한 것인지가 범죄성립 여부의 판단에 있어 중요한 영향을 미치지 아니한다. 예를 들어, 샘이 모리스를 살해할 의도로 총격을 가하였으나, 총알이 빗나가 아담이 총격을 맞고 숨진 경우에도 모살죄에 해당하여 유죄가 인정된다.

묵시적 범의

묵시적 범의는 실제 살해의 의도가 없음에도 불구하고, 부도덕 혹은 무책임한 심리상태에 기인한 행위에 의해 살해가 일어난 경우에 범죄자의 심리상태를 기술하는 용어이다. 이는 실제로 살해의 의도가 존재하는 것과 동등하게 취급된다. 다시 말하면, 무모하고 무책임하며, 위험성을 수반하는 행위는 묵시적 범의를 형성하게 된다. 명시적 범의와 묵시적 범의 사이에 법적 효과의 차이는 없으며, 양자 모두 결과적으로 모살로 취급된다.

이본느는 술에 취하여 잠이 들고 말았다. 데이브는 장난으로 이본느의 머리 위에 밀짚을 씌운 후 불을 붙였고, 이본느는 화상으로 숨지고 말았다. 데이브는 모살 혐의로 고발되었다. 이 경우, 데이브가 이본느를 살해할 의도가 없었다고 하더라도 중대한 상해를 입히려는 의도가 있었다고 한다면 결국 모살죄가 성립한다.

만일 어떤 이의 행동이 이처럼 고도의 위험성을 내포하는 것이고, 그 결과로 타인을 사망에 이르게 할 수 있는 것이라면, 이는 살해라는 명백한 의도를 가지고 있지 않았다고 하더라도 범의를 가지고 행동하였다고 추정된다. 모살의 기본적 양태는 살의를 가지고 의도적으로 상대를 살해하는 것이다. 하지만, 형법은 계획성 혹은 의도가 없는 경우에도 중죄를 범한 경우나 단순히 상대에게 중죄를 입히려는 행위에 의해 발생한 살해에 관해서는 모살죄의 범주에 포함시키고 있다.

모살죄는 제1급, 제2급의 두 가지로 나뉜다. 제1급은 사전에 범행을 계획하여, 고의로 타인을 살해하는 행위로 강도·폭행·유괴·방화 등의 중죄가 해당한다. 제2급은 살의(殺意)를 가지고 범행을 자행하였지만, 사전계획과 같은 범행에 대한 모의 및 계획은 동반하지 않는 범행이 해당된다. 즉, 제1급의 죄 이외의 모든 경우가 제2급의 죄에 해당하며, 제1급의 죄보다는 가벼운 형이 부과된다. 모살에 부과되는 형은 통상적으로 장기 구금형이나, 극도의 흉악범죄의 경우 주에 따라 사형에 처해지는 경우도 있다. 현재 전미(全美) 50개 주 중에서 사형이 집행되는 주는 약 38개 주이며, 나머지 12개 주와 워싱턴 D.C.에서는 종신형을 최고형으로 하고 있다.22)

---

22) *Time Almanac* 2003, p. 363.

22. Criminal Law (8) — Manslaughter

Manslaughter is an unlawful killing of a person by another without malice, premeditation or deliberation. It has two classes: voluntary and involuntary. Voluntary manslaughter is intentional; involuntary manslaughter is not.

Voluntary manslaughter is intentionally killing someone in the heat of passion following adequate provocation. The provocation and passion, both essential, must occur at the same time. If the killing is done after the time it would take an ordinary man to cool down, the crime is murder. In general, words or gestures alone are not sufficient provocation to reduce a murder to manslaughter.

There are two types of involuntary manslaughter: ① unlawful act manslaughter; and ② criminal negligence manslaughter. The first occurs when death is caused by one who commits or attempts to commit an unlawful act, usually a misdemeanor, and the second occurs when death results from a high degree of negligence or recklessness.

A man driving an automobile saw a school bus discharging passengers about 400 yards ahead. The driver knew that the state law required him to stop, but he was in a hurry, so he slowed his automobile to 10 miles an hour and began to pass the bus. A child darted out from behind the bus was struck by the automobile, fractured his skull and died two days later. The driver was charged with involuntary manslaughter. He was performing the lawful act of driving his automobile. But since he failed to stop for the school bus, he was driving in an unlawful manner.

Manslaughter is not a lesser degree of murder but a separate crime entirely. Both voluntary and involuntary manslaughter are felonies punishable by prison terms.

- **manslaughter:** 고살. 범의나 계획, 숙고 없이 불법적으로 행한 살인. 고의에 의한 고살(voluntary manslaughter)과 고의에 의하지 않은 고살(involuntary manslaughter)의 두 종류가 있는데, 전자는 돌발적인 싸움이나 격정에 휩싸여 살해하는 것이고, 후자는 중죄에 미치지 않는 정도의 불법행위 수행중 또는 상당한 주의나 신중함을 결여한 불법행위에 의해 살해하는 것으로, 타인의 생명을 불법으로 빼앗는 살인행위 중에서 모살(murder)과는 확연히 구별된다.
- **unlawful:** 불법의, 비합법적인, 적법하지 않은
- **malice:** 악의, 범의. 법적으로 정당한 이유 없이 불법적 행동을 고의로 저지름에 따라 타인에게 상해를 입히길 바라거나 의도하는 것. malice aforethought는 살의로서 모살이 성립하기 위한 기본요건이다.
- **premeditation:** (살인을 위한) 준비. 죄를 범할 때, 예를 들어 살인을 실행하는 때에 미리 범행을 계획하거나 결정하는 것. 준비부터 실행까지 시간적인 길이는 합리적인 기간으로 특별히 법으로 정하지 않는다.
- **deliberation:** 숙려, 고안
- **involuntary:** 비자발적으로
- **intentionally:** 의도적으로
- **heat of passion:** 격노한 상태
- **adequate provocation:** 충분한 도발
- **cool down:** 분을 가라앉히다.
- **criminal negligence:** 형사과실. 과실 중에서 형사상 범죄행위로서 처벌받는 과실. 신중한, 사리분별 있는 통상의 사람이라면 그러한 상황에서 반드시 가졌을 것이라고 생각되는 주의를 태만히 하여 고살로서 타인을 살해한 경우의 과실을 일컬음
- **misdemeanor:** 경죄
- **recklessness:** 부주의. 과실책임의 판정을 받을 때 문제가 되는 용어
- **discharge passenger:** 승객을 내리게 하다.
- **require ~ to … :** ~에게 ~할 것을 명하다.
- **dart out:** 황급히 가다.
- **fracture:** 골절
- **(be) charged with ~ :** ~에 고발당하다.
- **felony:** 중죄
- **(be) punishable by prison term:** 징역형에 처하다.

22. 형법 (8) — 고살

계획성과 살의의 부존재

고살(manslaughter)은 사전에 살의 혹은 적의 없이 행해지는 불법살인을 일컫는다. 불법살인이므로 모살(謀殺, murder)과 함께 범죄 살인(criminal homicide)의 분류에 들어간다. 그러나 고살은 계획성이나 살의의 존재 없이 살해하는 행위이므로, 살의를 가지고 계획 하에 타인을 살해하는 모살과는 구별된다.

미국 법원은 고살을 '고의에 의한 고살(voluntary manslaughter)'과 '고의에 의하지 않은 고살(involuntary manslaughter)'로 나누는데, 전자는 살해당한 피해자가 도발하여 피고인(가해자)이 흥분하여 범행을 저지른 경우를 말한다. 예를 들어, 싸움 중 살해한 경우 혹은 피해자가 가해자의 면전에서 가해자의 부인이나, 자녀, 양친, 형제 등을 폭행하거나 상해를 입게 한 것을 이유로 격노하여 살해한 경우가 이에 해당한다. 이러한 도발은 합리적 자제심을 잃게 할 정도의 것이어야 한다.

후자는 경죄에 상당하는 위법행위를 행한 결과, 타인을 죽음에 이르게 한 '위법행위 고살'과 적법행위를 행한 와중에 명백한 과실을 일으킨 결과, 타인을 살해한 경우의 '형사과실 고살'의 두 가지 유형이 있으며, 본문에서는 '형사과실 고살'의 사례가 소개되어 있다.

형사과실 고살

고살은 범의·예비모의·숙려 없이 행해지는 불법살인을 말하며, 고의에 의한 것과 의도적이지 않은 것으로 나뉜다. 고의에 의한 고살은 충분한 도발에 의해 유발된 격노의 상태에서 의도적으로 타인을 살해하는 행위를 일컫는다. 도발과 격노 쌍방의 존재가 기본이며, 양자가 동시에 존재해야 한다. 통상 사람이 냉정하게 될 때까지 시간이 경과한 후에 행해지는 살인의 경우는 모살로 인정된다. 일반적으로 언어나 제스처만으로는 모살을 고살로 경감시키는 충분한 도발로 인정되지 않는다.

고의에 의하지 않은 고살에는 두 가지 유형이 있다. 위법행위 고살과 형사과실 고살이 그것이다. 전자는 어떤 이가 통상 경죄에 해당하는 위법행위를 행함을 원인으로 죽음에 이르게 되는 경우에 발생하며, 후자는 매우 현저한 정도의 과실 혹은 부주의의 결과로 죽음에 이르게 된 경우에 발생한다.

> 어떤 남자가 자동차를 운전하던 중, 약 400야드 앞의 스쿨버스의 아이들이 내리는 것을 보았다. 이 운전수는 주법(州法)에 의해, 정지해야 한다는 것을 알면서도 시속 10마일로 감속만 하고 천천히 버스 옆을 통과하려 하였다. 그 때, 한 아이가 버스 뒤에서 달려들어 차와 충돌하였고, 아이가 두개골 골절을 입고 이틀 후 사망하였다. 운전수는 고의에 의하지 않은 고살혐의로 고발되었다. 자동차 운전 자체는 합법적 행위지만, 스쿨버스를 보고도 정지를 태만히 한 것은 불법한 방법의 운전에 해당하기 때문이었다.

고살은 가벼운 등급의 모살이 아니라, 완전히 별개의 범죄에 해당한다. 고의에 의한 고살과 고의에 의하지 않은 고살 모두 중죄에 해당하여, 징역형이 내려지는 경우가 대부분이다. 고살은 살인을 정당화하는 사유에는 해당하지 않지만, 내용적으로 죄가 경감되는 상황에서 행해진 살인을 일컫는다. 돌발적으로 상대를 죽인다든지 경죄(輕罪)를 범하는 와중에 우연히 사람을 죽이게 되는 경우가 이에 해당한다. 중죄를 범하는 와중에 일어난 살인의 경우에는 살의(殺意)가 인정되어 모살에 해당한다. 이외에도 자동차 운전 중 과실에 의해 살해에 이르게 된 경우도 여기에 해당한다. 어떤 경우라도 고의나 살해계획이 없었기 때문에 모살 이외의 살인은 고살에 해당한다. 형벌은 모살보다는 가벼운 형이 내려지는 경우가 대부분이다.

고살과 모살의 차이를 나타내는 단적인 예를 들면, 상대의 모독에 의하여 흥분한 상태에서 상대를 살해한 경우에는 고살, 격노가 가라앉아 냉정을 찾은 후에 살해한 경우에는 계획성 혹은 범의의 존재가 인정되어 모살이 된다.

23. Tort (1) — Intentional Tort

Tort signifies a civil (as opposed to criminal) wrong, other than a breach of contract, done to another person. An injured person may sue anyone who commits a tort against him and collect damages — money to help compensate him for the wrong. The person who is injured and sues for damages as a result of the wrongful conduct is the *plaintiff* in the lawsuit. The person who has acted wrongfully and becomes liable to the plaintiff is the *tortfeasor, or defendant.*

Any deliberate invasion of or interference with the property rights, personal rights, or personal liberties of another that causes injuries without just cause or excuse is an intentional tort.

John had a fight with his neighbor Dan. While he was still angry, John sprayed white paint all over Dan's black automobile. John was responsible for an intentional tort because he purposely invaded Dan's property rights. Dan could sue John for his action and would probably be awarded money damages that would cover the cost of having his car repainted.

As the name suggests, an element common to all intentional torts is the defendant's intent. He must have meant to commit the tort. Intent is usually defined as the desire to cause certain immediate consequences.

- **tort:**   불법행위(wrongful conduct와 동의어). 민법상의 권리침해. 계약상 합의에 대한 위반이 아닌 법률상 부과된 의무에 대한 위반이지만, 형법상의 범죄와는 구별됨. 구체적으로 타인의 신체, 생명, 재산, 명예 등에 대하여 고의 또는 과실에 의해 손해를 가한 경우에 해당하는 권리침해 또는 불법행위를 일컬음. 불법행위는 ① 타인의 법적 권리에 대한 직접적 침해, ② 공적 의무 위반에 따라 개인에게 입히는 손해, ③ 사적 의무 위반에 따라 개인에게 입히는 손해 등 크게 3가지로 구별된다. 가해자는 배상책임을 지게 된다. 형용사는 tortious
- **civil wrong:**   민법상의 불법행위
- **breach of contract:**   계약불이행, 계약위반. 당사자 간에 체결된 계약내용의 일부 또는 전부를 합법적인 이유 없이 불이행하는 것을 일컬음. 구체적으로는 계약상 목적행위의 불이행 및 방해나 중지 또는 이행의 거절을 말함
- **sue:**   제소하다.
- **damages:**   손해배상금, 손해배상액. 타인에 의한 불법행위나 계약의 불이행에 따라 신체, 재산, 권리 등에 대한 침해나 손해를 입은 자에 대해 법이 구제로서 제공하는 보상금 또는 배상금. 단수형은 손해를 의미함
- **compensate:**   보상하다.
- **plaintiff:**   원고, 민사소송에서 소송을 제기하고 권리침해에 대한 구제를 구하는 당사자. 민사에 관하여 사용되는 용어로 형사소송의 경우에는 소추하는 측의 검찰관(prosecutor)이 이에 해당한다. 피고는 defendant
- **lawsuit:**   소송, 민사소송
- **liable:**   책임 있는
- **tortfeasor:**   불법행위자, 불법행위(tort)를 범한 자. wrongdoer라고도 함
- **defendant:**   피고. 민사·형사소송에 있어 제소당한 자. 원고의 소제기에 대해 항변하는 측의 자. 형사소송에서는 피고인으로 표현하며, accused라고 함
- **deliberate:**   고의의 (intentional과 동의. purposely는 고의의)
- **invasion:**   침해 (invade는 침해하다)
- **interference with ~ of another:**   타인에 대한 불법방해
- **injury:**   침해, 권리침해, 손해. 타인의 신체에 대한 상해 외에 권리, 재산, 명예에 대한 침해를 가리키고, 그에 따라 발생한 손해 또는 피해를 의미함
- **element common to ~:**   ~에 공통된 요소
- **intent:**   의도. 어떤 결과가 발생하도록 계획하는 것. 동사는 intend
- **cause immediate consequences:**   직접적인 결과를 발생시키다.

23. 불법행위 (1) ─ 고의에 의한 불법행위

불법행위란 무엇인가

불법행위는 고의에 의한 불법행위(intentional tort), 과실에 의한 불법행위(negligence), 엄격책임(strict liability)[23] 법리에 의한 것의 세 유형으로 나뉜다.[24]

[23) 무과실책임과 같은 의미로 사용되는 것이 보통이나, 실제로는 완전히 동일하지는 않다. 엄격책임에 과실책임의 요소가 전혀 없다고는 할 수 없기 때문이다.

24) 우리 민법에서는 고의가 있는 경우뿐만 아니라 과실이 있는 경우에도 책임을 지고 또 책임의 범위에서 원칙적으로 큰 차이가 없기 때문에, 고의가 있는지 과실이 있는지의 구별은 크게 중요하지 않다. 고의에 의한 불법행위와 과실에 의한 불법행위의 구별실익을 굳이 언급하자면 다음과 같다.

첫째, 민법 제765조에 의한 배상액 경감은 불법행위가 고의나 중과실에 의하지 않은 경우에만 허용된다.

둘째, 고의에 의한 불법행위에 한하여 배상채권을 수동채권으로 한 상계를 금지하고 있다. 민법 제496조. 다만 중과실에 의한 불법행위인 경우 상계가 가능하다는 것이 판례의 태도이다(대판 1994.8.12, 93다52808).

셋째, 판례에 따르면 고의의 불법행위자의 과실상계 적용을 제한한다(대판 2000.1.21, 99다50538 등 다수).]

이번 장에서는 고의에 의한 불법행위(intentional tort)에 대해 알아보기로 한다. 우선 본문의 tort란 형사상 위법행위와 계약위반에 의해 발생하는 문제 이외에 민사상 타인에 대한 불법행위·권리침해를 의미한다. 피해를 입은 자는 불법행위를 행한 자에 대하여 그 행위에 대한 보상으로써 금전, 즉 손해배상금의 청구를 할 수 있다는 것이 불법행위이론의 기본이다. 불법행위의 결과로 피해를 입은 자로서 손해배상금을 청구하는 자가 소송에 있어 원고(plaintiff)가 된다. 불법행위를 행한 자로서, 원고에 대해 책임을 지는 자가 불법행위자(tortfeasor), 즉 피고(defendant)가 된다.

타인의 재산상의 권리·개인적 권리·개인적 자유에 관한 권리 등에 대하여 의도적인(deliberate) 침해, 불법방해(interference)로서 정당한 이유 없이 손해·피해의 원인이 되는 것을 '고의에 의한 불법행위'라고 한다.

존은 이웃에 거주하는 던과 싸움이 붙었고, 화가 가라앉지 않아 흰색 페인트를 던의 검은색 승용차에 뿌렸다. 존은 의도적으로 던의 재산상의 권리를 침해하였기 때문에, '고의에 의한 불법행위'의 책임을 지게 된다. 던은 존을 제소할 수 있고, 자동차의 도장(塗裝)에 드는 비용을 손해배상금으로 받을 수 있다.

'고의에 의한 불법행위'의 성립요건은 그 명칭이 나타내는 바와 같이, '피고의 고의의 존재'이다. 즉, 불법행위를 행하겠다는 심리상태의 존재를 의미한다. 의도는 통상적으로 어떤 결과를 즉시 발생시키는 원인된 행위를 인지, 계획하는 것을 말한다.

권리침해에 관하여

불법행위는 민사상 사인 간의 위법적 권리침해를 의미한다. 타인의 권리 혹은 이익을 불법적으로 침해하였을 경우, 그 결과로서 발생하는 손해에 대하여 법원이 손해배상금의 지급을 명하게 된다. 불법행위는 사회에서 인간 개개인이 가지는 의무, 즉 타인의 권리를 침해해서는 안 된다는 의무의 위반이므로 법적 성질상, '사적'인 영역에 위치한다. 따라서 본문에서 설명한 바와 같이 형사상 위법행위와 같은 사회전반에 대한 '공적'인 영역과는 구분된다. 또한 당사자 간 계약관계의 존재는 불법행위 판단에 있어 문제되지 않으므로 민사상 계약위반이 발생하는 문제와도 구별된다.

미국은 횡적(橫的) 사회이므로 자신이 갖는 권리는 자신이 지켜야 한다는 사고방식으로 국민의 권리의식이 현저히 높은 국가이다. 따라서 불법행위에 관한 소송이 특히 많으며, 이에 관한 판례가 수천만 건 이상 쌓여있는 것이 현실이다. 불법행위법은 제정법이 아닌 판례법·관습법에 의해 규율받는다. 본문에서 존은 화를 이기지 못해 던의 자동차에 페인트를 칠하여 손상을 가한바, 이에 대한 책임이 있으며 손해배상은 타인에 대한 의무위반의 결과로서 당연히 지게 되는 것이다. 존은 자신의 행동에 따라 어떠한 결과가 발생할 것인가를 알고 있으면서 의도적으로 페인트를 자동차에 칠한 것이므로 본 사건은 '고의에 의한 불법행위'의 전형적인 사례라고 할 수 있다.

본문에서 '원고', '피고'라는 말이 나오는데, '원고(plaintiff)'는 제소하여 사안에 대해 문제를 제기하는 측을, '피고(defendant)'는 이를 방어하는 측으로 기억해두면 좋을 것이다.

24. Tort (2) — Defamation

Defamation is an untrue communication about a person that injures his good name or reputation so that he is subjected to hatred, abuse, contempt, or ridicule of others. It may take the form of either slander or libel.

Slander is an oral defamation that is spoken and heard. For example, the owner of the store next to yours tells his customers that you are a crook, or someone makes an untrue statement to a third party that you embezzled from your employer.

Libel is an untrue defamatory statement in a physical form, such as in a letter, newspaper, cartoon, or film. If a newspaper unjustly accused you of offering bribes to a local politician, you could sue the newspaper for libel.

Defamatory statements must be made to or within the hearing of persons other than the defamed party.

> Plaintiff Carol Burnett, the famous comedienne, believed that she was libeled and sued the defendant, *The National Enquirer*, after it published a story that the celebrity had been intoxicated and involved in a "row" with Henry Kissinger in a Washington, D.C. restaurant. The court held in favor of Burnett stating that she proved malice and the magazine was not protected by privilege. The court did rule, however, that the trial award of 1.6 million dollars was excessive and thus reduced the award to 800,000 dollars. It was later reduced to 200,000 dollars.

Truth is normally an absolute defense against a defamation charge. In order to prove malice, a plaintiff must show that the defendant acted with either knowledge of falsity or a reckless disregard of the truth. The balance between free speech and the torts of slander and libel is delicate.

The above case illustrates a libel case involving a public figure and the extent of liability that exists when malice is proved.

- **tort:** 불법행위
- **defamation:** 명예훼손, 명예훼손에는 문서에 의한 명예훼손을 일컫는 libel 과 구두에 의한 명예훼손을 일컫는 slander가 있다. 타인의 명예, 신용 또는 평판을 의도적으로 훼손하였으므로 일반적으로 불법행위상 손해배상청구의 대상이 된다. 후의 defamatory는 '명예훼손의', defamed는 '명예훼손된'이라 는 의미이다.
- **untrue communication:** 거짓정보
- **injure:** 손상을 입히다.
- **(be) subject to ~ :** ~를 입다. ~에 달려 있다.
- **abuse:** ① 남용, 오용. 적법하지 않은 권한의 행사, 관습상 확립된 질서에 상반하는 행위, 제조물책임(product liability)에서는 제품의 사용방법 중 합리적인 사용에서 이탈한 사용법, 본래 사용목적 이외로 사용하는 것 또는 부적당한 사용법을 말함. misuse와 동의. ② (육체적, 정신적인) 학대
- **contempt:** 모독
- **ridicule:** 조롱하다.
- **slander:** 구두에 의한 명예훼손. 구두에 의해 타인의 인격, 평판, 봉사, 재산 등 소유권, 생활수단 등을 훼손하는 것. 불법행위로서 명예훼손이 된다.
- **libel:** 문서에 의한 명예훼손. 출판물, 문서, 사진 등에 의한 명예훼손. 중상 모략으로 타인의 명예를 훼손하기 위한 목적으로 허위의 악의를 담은 내용을 공표하거나 의도적으로 개인을 세간으로부터 경멸, 조소거리가 되도록 하는 것. 불법행위로서 손해배상청구의 대상이 된다. 미국에서는 실제로 악의가 증명되지 않는 한 수정헌법 제 1 조에 따라 명예훼손소송으로부터 보호를 받는다. 형용사는 libelous
- **crook:** 도둑
- **third party:** 제 3 자
- **embezzle:** 횡령하다. embezzlement 횡령. 타인의 재산을 빼앗을 의사를 가

지고 불법으로 취득하는 것. 사원이 회사재산을 부정으로 얻거나 점유하는 것

- **in a physical form:** 물리적인
- **offer bribes:** 뇌물을 공여하다.
- **sue:** 제소하다. 민사소송에서 상대를 제소하는 경우에 사용함
- **plaintiff:** 원고. 민사소송에서 소송을 제기하여 권리침해에 대해 구제를 구하는 측의 당사자
- **comedienne:** 희극 여배우
- **celebrity:** 연예인
- **intoxicated:** 술에 취한. intoxication 명정(酩酊). 알코올이나 마약의 사용에 의해 정상적인 육체적·정신적 기능을 발휘할 수 없는 상태. 만취는 개인의 정상적인 판단이 불가능하게 되어 형법상 과실 책임이 경감 또는 면책된다. 마찬가지로 계약내용을 판단할 수 없는 정도의 음주로 인한 명정상태에서의 계약체결은 취소까지 가능한 경우도 있다. 동사는 intoxicate
- **hold in favor of ~:** ~에게 유리한 판결을 내리다.
- **prove malice:** 악의를 증명하다.
- **privilege:** 특권, 특별한 권리, 면책 혹은 면제권. 통상 타인에게는 허가되지 않는 것을 향수(享受)하게 하거나, 타인에게는 부담하는 것을 면제받는 것
- **rule:** 판결을 내리다.
- **trial award:** 손해배상액
- **defense:** 항변, 답변. 원고의 주장에 대해 피고 측이 행하는 반박. 피고가 갖는 권리로 답변 내용이 진실이라면 원고 주장의 무효화가 가능하다. 원고 측의 주장에 대하여 단순히 부정하는 경우와 피고 측이 새로운 사실을 주장하는 경우가 있다. 영국에서는 defence라고 표기
- **falsity:** 사실에 반하는 것
- **reckless disregard of ~:** 의도적이지 않게 무시하다.
- **free speech:** 언론의 자유
- **liability:** 의무, 책무, 책임. 광의로는 법률상 따르지 않으면 안 될 의무를 가리킨다. 작위 또는 부작위의 의무, 이행의무 등 또는 지불의무, 부채 등을 의미함. 그 밖의 행위에 대한 책임, 예를 들어 계약상 책임, 불법행위 책임, 범죄 책임 등을 가리킴

24. 불법행위 (2) — 명예훼손

명예훼손에 관하여

불법행위는 고의에 의한 타인의 권리침해로, 실질적인 유형의 침해부터 무형의 인격적 권리침해에 이르기까지 폭넓게 포함되어 있으며, 손해·피해의 발생을 그 성립요건으로 한다. 본 장에서는 무형의 권리침해인 명예훼손에 대해 알아보고자 한다.[25]

명예훼손(defamation)이란 타인의 명성이나 평판에 위해를 가하는 사실이 아닌 정보를 유포하여 이로 인해 본인이 제3자로부터 증오, 학대, 모독, 멸시 등을 받는 경우를 말한다. 명예훼손은 구두에 의한 훼손(slander)과 문서에 의한 훼손(libel)의 두 유형으로 나뉜다.

Slander는 구두에 의한 명예훼손으로 그 예를 들자면, 이웃가게의 주인이 가게에 오는 손님에게 "사실, 아무개는 도둑이다"라고 이야기한다든지 제3자에게 "아무개가 회사의 돈을 횡령했다"라는 사실이 아닌 이야기를 유포하는 것이다. Libel은 타인의 명예를 훼손하는 진실이 아닌 이야기를 편지·신문·만화·영화 등 구체적 형태를 가진 전파수단에 의해 유포하는 경우에 해당한다. 만일 신문에서 A가 정치가에게 뇌물을 주었다는 부당한 기사를 게재하였다면 A는 신문사를 문서에 의한 명예훼손 혐의로 제소할 수 있다. 명예훼손죄는

---

25) 명예훼손에 관한 다른 특별법을 별론으로 하고, 우리 민법은 제764조에서 명예훼손의 경우의 특칙을 규정하고 있다. 조문의 내용은 다음과 같다.

제764조 (명예훼손의 경우의 특칙)
타인의 명예를 훼손한 자에 대하여는 법원은 피해자의 청구에 의하여 손해배상에 가름하거나 손해배상과 함께 명예회복에 적당한 처분을 명할 수 있다.

여기서 명예회복에 적당한 처분과 관련하여 종래 신문지상에 사죄광고를 게재하는 방법을 취하였었다. 그러나 헌재결 1991.4.1, 89헌마160 사안에서 헌법재판소가 명예회복에 적당한 처분에 사죄광고를 포함시키는 것은 헌법상의 양심의 자유에 반한다는 이유로 위헌결정을 하였으므로, 이제는 가해자가 동의하지 않는 한 사죄광고를 명할 수 없게 되었다. 이에 따라 최근에는 사죄광고 대신 판결문 내용의 요지를 신문에 게재하는 방법이 많이 이용된다. 또한 판례는 대판 1996.4.12, 93다40614 사안에서 "인격권은 그 성질상 일단 침해된 후의 구제수단(금전배상이나 명예회복 처분 등)만으로는 그 피해의 완전한 회복이 어렵고 손해전보의 실효성을 기대하기 어려우므로, 인격권 침해에 대하여는 사전(예방적) 구제수단으로 침해행위 정지·방지 등의 금지청구권도 인정된다"라고 하여 광고중지 청구를 인정한 바도 있다.

명예를 훼손하는 말이나 글이 명예훼손을 당하는 당사자 이외의 제 3 자에게
전달되는 것을 그 성립요건으로 한다.

문서에 의한 명예훼손

피고 '내셔널 인콰이어리(주간 잡지)'지는 저명한 코미디언인 캐롤
버네트가 워싱턴 D.C.의 레스토랑에서 술에 취하여 헨리 키신저와 말
다툼을 벌였다는 소문을 기사화하였다. 이에 원고 버네트는 명예를
실추시켰다는 이유로 내셔널 인콰이어리를 제소하였다. 법원은 원고
가 피고 측의 악의를 증명하였음을 인정하여 잡지사의 특권이 적용되
지 않는다고 보고, 원고승소 판결을 내렸다. 법원은 예심법원이 내린
160만 달러의 손해배상액이 지나치다고 보고, 80만 달러로 감액하였
는데, 후에 더 감액하여 최종적으로 20만 달러로 결정되었다.

통상적으로 진실이 명예훼손에서 가장 강력한 방어기제로 작용한다. 상대측의 악의(malice)를 입증하기 위해서는 피고가 사실에 반한다는 인식을 하면서 명예훼손행위를 범하였거나, 이의 사실 여부를 무시하여 행동하였을 것을 요하며, 이의 입증책임은 원고 측이 진다. 언론의 자유와 구두 및 문서에 의한 명예훼손의 경계선은 매우 모호한 것이다. 위 사건은 유명인이 연루된 문서에 의한 명예훼손사건으로 원고 측이 성공적으로 피고 측의 악의를 입증하여, 문서에 의한 명예훼손의 책임을 묻게 된 경우에 해당한다.

진실 여부에 관하여

명예훼손은 문자 그대로 명예에 손상을 가하는 행위로서, 진실이 아닌 내용을 악의에 의해 공표하여 특정인의 평판을 의도적으로 저하시켜 세간의 경멸·조소·증오 등을 받게 만드는 행위를 말한다. 행위의 결과로 피해자의 명성·인격·평판·상거래·능력·재산상의 소유권·사회적 지위·생활수단 등에 손해를 입히므로 불법행위에 해당하여 손해배상청구의 대상이 된다. 그 양태는 구두에 의한 것과 문서에 의한 것이 있으며, 두 가지 경우 모두 명예훼손 행위의 '진실인지 여부'가 중요 포인트이다. 미국에서는 수정헌법 제1조에 따라 언론·출판의 자유가 보장되므로, 언론사 측의 실제적 악의(malice)가 증명되지 않는 한, 보도의 자유는 명예훼손소송으로부터 보호된다. 본 사건에서 원고는 피고 측의 악의를 증명하였고, 게다가 피고 측이 잡지사이므로 신문이나 라디오 등이 갖는 특권을 누릴 수 없다고 판단하였다.

다이애나 황태자비의 불의의 사고사는 알 권리와 개인의 프라이버시 보호 간의 균형 유지가 얼마나 어려운 것인가를 말해주는 최근의 사건이다. 명예훼손, 프라이버시 침해 등 불법행위가 증가하고 있는 오늘날, 명예훼손죄에 관한 사항은 사회생활을 하는 데 있어 스스로를 지키기 위해 필요한 상식의 하나라고 할 수 있다.

25. Tort (3) — Infringement of a Trademark Right

A trademark is a name, mark, sign, symbol, or device that is attached to goods offered for sale to distinguish them from similar goods. It signifies that the goods are made, imported, selected, certified, or sold by a particular manufacturer, or seller.

In common law, the person who uses a symbol or mark to identify a business or product is protected in the use of that trademark. If A used the trademark of B, it would lead consumers to believe that A's goods were made by B. The law seeks to avoid this kind of confusion.

> The plaintiff Coca-Cola Company sought to enjoin the defendant Koke company of America to use the name Koke and Dope. The defendant contended that since Coca-Cola contained no cocaine, the trademark was a fraudulent representation and thus was not entitled to trademark protection. The court disagreed and upheld the prohibition against the defendant's use of the name Koke, but did allow the defendant to continue to use the name Dope.

Trademarks are not the same as trade names. The term trade name is used to indicate a business' name and a trade name is directly related to a business and its goodwill.

Courts do not give entirely clear guidelines as to when the name of a corporation can be regarded as a trade name. A particularly thorny problem arises when a trade name acquires generic use. For example, Scotch Tape, Xerox, and Kleenex were originally used only as trade names but today are used generically. Even so, the courts will not allow another firm to use those names in such a way as to deceive a potential consumer.

The famous Coca-Cola case above is a good example of trademark infringement decided by the Supreme Court in 1920.

- **trademark:**　상표, T.M.이라는 약어로 표시. 제조업자나 판매업자가 자신의 상품이라는 것을 나타내기 위한 마크로 그 상품의 동일성을 확인하고, 타인이 제조 또는 판매하는 상품으로부터 구별하기 위하여 문자, 도형, 기호를 등록하고 그 상품에 첨부하여 표시하는 것. 상표권은 지정상품에 대해 등록자가 독점적으로 사용하는 권리로서 부정경쟁방지의 법리에 의해 보호를 받는다.
- **sign:**　기호
- **symbol:**　표상, 심벌
- **device:**　표식
- **(be) attached to ~ :**　~에 붙은
- **goods:**　물품, 동산, 부동산, 채권, 투자증권 이외 여타의 유형재산으로 매매계약의 목적물로서 특정된 시점에서 동산인 모든 물건을 의미함. 상품, 원재료, 완성품 등 각종 종류의 유형물을 총칭. 출산하지 않은 동물의 새끼나 재배 중인 작물도 포함한다.
- **signify:**　나타내다.
- **certified:**　인증된
- **common law:**　관습법, 보통법
- **consumer:**　소비자
- **confusion:**　혼란
- **plaintiff:**　원고 (defendant는 피고)
- **enjoin:**　금하다.
- **dope:**　마약
- **contend:**　주장하다.
- **fraudulent:**　허위의. fraud 사기. 타인을 속일 의도로 고의로 사실의 은닉 혹은 허위의 진술 혹은 표시를 하여, 속은 이가 손해를 입을 것을 성립요건으로 함. 통상 타인에게 금전적 손실을 발생하게 하고 자기에게 불법적인 금전적 이익을 얻을 목적을 가진다. 속은 자는 허위의 진술이나 표시, 또는 은닉을 입증하고 손해를 증명할 수 있다면 민사상 손해배상청구 소송을 제기할 수 있다. 또한 사기는 형사소추의 대상도 된다.
- **representation:**　표시
- **(be) entitled to ~ :**　~를 받을 권리가 있는. entitle 권리를 부여함. 권리나 법적 권한을 부여하는 것. 자격을 부여하거나 권리의 청구나 주장의 적절한 근거를 부여하는 것

- **protection:** 보호
- **disagreed:** 동의하지 않다. 인정하지 않다. 본문의 court disagreed는 자주 쓰이는 용법으로 refused to agree의 의미
- **upheld:** 지지하다는 의미인 uphold의 과거형. 재판에 있어 원고·피고 중 일방의 주장을 인정하여 판결을 확정함. 인용하다. reverse는 파기하다.
- **prohibition:** 금지
- **allow:** 허가하다.
- **trade name:** 상호, 회사의 정식명칭. 상표와 달리 문자에 의해 표시할 수 있는 것이어야 하고, 신호나 도형은 상호가 될 수 없다. 상호는 부정경쟁업 금지의 법리에 따라 법적 보호를 받을 수 있다.
- **goodwill:** 신용. 사업에 대해 계속적 고객이 가지는 호의적인 인식. 무형의 자산으로서 신용의 의미를 갖는다. 사업 지역에서의 지위, 명성, 기술 등에 기반하여 형성되는 무형재산의 일종
- **thorny:** 곤란한
- **arise:** 발생하다.
- **generic use:** 일반적 사용 (generically는 일반적으로)
- **firm:** 회사, 기업
- **deceive:** 속이다.
- **potential:** 잠재적인
- **infringement:** 침해. 주로 산업재산권이나 저작권을 침해하는 것. 지적재산권 관련 법규위반. 일반적으로는 타인의 권리를 침해하는 것. 동사는 infringe. 침해자는 infringer. 상표권 침해에 대한 민사적 구제는 다음과 같다. ① 향후 상표 사용을 금지하기 위한 금지명령, ② 손해배상금으로서 실제 피해를 입은 손해액과 침해자가 수령한 이익액을 더한 금액의 청구권을 부여하며, Lanham Act에서는 실제 손해액의 3배까지 증액 가능, ③ 침해하고 있는 해당 상품의 압수나 파괴, ④ 상기 항목에 법정 비용과 변호사 비용이 가산됨
- **Supreme Court:** 연방대법원

25. 불법행위 (3) — 상표권침해

상표권

불법행위는 타인의 권리침해 일반을 말하지만, 이 장에서는 특히 타인의 무형재산(intangible property) 침해에 대해 다루고자 한다. 특허나 상표 등 산업재산권(industrial property)이나 저작권(copyright)은 유형의 물체로 존재하는 것이 아니고, 눈에 보이지 않는 무형의 재산권이다. 재산권이므로 그 소유권자가 존재하며, 이에 따라 독점적인 법적 보호를 받게 된다. 무형의 재산권을 사용하려고 할 때는 소유권자의 허가를 얻어 대가(요금)를 지불한 후 사용할 수 있으며, 소유권자의 허락 없이 무단으로 사용할 수 없다. 미국, 일본 모두 서비스·마크를 포함한 상표에 대하여, 등록일로부터 10년 간 독점적 사용권을 부여한다. 단, 10년마다 존속기간을 갱신할 수 있으므로 반(半) 영구적 권리라고 할 수 있다. 또한 등록 후 3년간 사용치 않는 경우에는 취소사유에 해당한다.

상표는 유사상품과 식별하여 판매하기 위하여 상품에 붙은 명칭, 마크, 기호, 심벌 등의 표식(標式)을 말하며, 이는 판매되는 상품이 특정의 제조자·판매자에 의해 제조·수입·선택·보증 혹은 판매됨을 나타낸다. 보통법(common law)에서는 스스로의 비즈니스 혹은 제품의 확인을 위해 심벌(인장) 혹은 마크를 사용하는 자는 상표에 의해 보호됨을 원칙으로 하고 있다. 예를 들어 A가 B의 상표를 사용한 경우, A의 상품은 B에 의해 제조된 것으로 소비자가 믿게 되는바, 법은 이러한 혼란을 막을 것을 의무화하고 있다.

원고 Coca-Cola Company는 피고 Koke Company of America의 Koke and Dope라는 명칭에 대한 사용금지 처분의 소를 제기하였다. 피고는 Coca-Cola는 코카인을 포함하고 있지 않아 허위표시에 해당하므로, 상표법에 의한 보호를 받을 수 없음을 주장하였다. 법원은 이러한 주장을 받아들이지 않고, Koke에 대해서는 사용금지 처분을 내렸고, Dope라는 명칭은 계속 사용하도록 인정하였다.

상호와 간판

상표와 상호의 구별을 명확히 하고자 한다. 상호는 사업명칭 즉 회사명을 말하지만, 상표는 특정 회사의 사업과 '간판'에 직접적 관련성을 지니는 것이다. 일반적으로 법원은 기업명이 상호로 간주되는가에 대한 명확한 지침을 가지고 있지 않아, 상호가 광범위하고 일반적으로 사용되는 경우에는 곤란한 문제가 발생하게 된다. 예를 들어, 스카치테이프, 제록스, 크리넥스 등은 본래 상호로 사용되었으나, 현재는 일반적 용어로 사용되고 있다. 그럼에도 불구하고 법원은 다른 회사가 잠재적 소비자를 혼동시킬 우려가 있다고 보고, 이러한 용어의 사용을 허락하지 않고 있다. 본 장에서 다룬 코카콜라 사건은 1920년 연방대법원의 판결로서 상표권 침해에 관한 사건 가운데서도 특히 유명한 판례이다.

브랜드

상표는 제조업자나 판매업자가 자기 상품의 독자성을 나타내기 위하여 품질의 동일성을 보증하는 기능을 한다. 우리가 일상생활에 흔히 쓰이는 브랜드의 동의어라 할 수 있다. 상표의 법적보호의 목적은 상표권 소유자의 보호와 타인을 속일 목적으로 제3자의 상표를 무단 사용하는 제조자로부터의 일반소비자 보호 두 가지라 할 수 있다. 즉, 상표는 고객과 제조업자의 신뢰관계를 나타내는 표장이라고도 할 수 있다. 상표의 분간이 힘들거나 다른 회사의 조악한 상품에 사용될 경우, 신뢰관계가 완전히 무너진다고 할 수 있다. 이 사건의 Coke와 Koke는 철자도 닮아있고, 발음도 같아 혼동의 우려가 있는 전형적 예라 할 수 있다.

미국의 제도

미국 최초의 상표법은 1870년에 제정된 오랜 역사와 전통을 가지고 있는 법이다. 눈에 보이지 않는 재산권에 대한 준수 여부는 그 국가의 문화수준을 나타낸다고 해도 과언이 아니다.

미국의 상표제도는 서비스마크와 트레이드 드레스를 포함한다. 서비스마크란 거래의 대상이 되는 서비스에 사용되는 인장, 즉 '서비스상표'를 말한다. 트레이드 드레스는 상품의 전체적 이미지를 만들기 위해 사용되는 상품의 모양과 형태 등 시각디자인적 요소의 조합을 의미한다. 상품의 기능과 직접적 관계없는 2차적 의미를 가지는 것으로 상품라벨, 패키지, 용기의 형체 혹은 서비스를 제공하는 점포나 건물의 개관, 내장 등의 레이아웃 등이 있다. 점포에 관해서는 프랜차이즈 사업이 그 대표라고 할 수 있으며, 맥도널드 점포 등이 그 예이다. 또한 인터넷상의 홈페이지 디자인이나 레이아웃도 이에 포함된다. 상품이나 서비스의 전체 이미지를 만들기 위한 포장(dress up)이라는 의미로서 미국에서는 이미 확립된 개념이다.

미국에는 상표사용에 의한 보통법상의 상표권이 존재하며, 등록에 관해서는 주 상표등록제도와 연방 상표등록제도의 두 가지가 존재하는데, 미국에 상표등록을 하려면 원칙적으로 연방 상표등록제도에 출원해야 한다. 미국에서는 식별력을 가지는 상표개념이 확산되고 있는바, 전술한 패스트푸드 또는 패밀리 레스토랑의 형태, 할리 데이비슨 오토바이 엔진의 소리 등 '소리', '색', '향기'까지도 상표등록이 가능한 대상으로 보고 있다.

위조브랜드 상품과 관세정률법

한국이나 일본에서 상표법과 관련하여 자주 거론되는 친숙한 문제로 위조상품의 부정수입을 들 수 있다. 위조상품이란 위조브랜드 상품을 말하며 타인의 상표·브랜드·디자인·마크·캐릭터 등을 도용, 진품과 매우 흡사하게 제조된 것이다. 위조상품은 마약이나 권총과 같이 관세정률법 제21조에 의하여 국내반입이 금지되어 있다. 동 조에는 수입금지품목이 규정되어 있는데, 그 제1항 5호에는 특허권, 실용신안권, 의장권, 상표권, 저작권, 저작인접권 혹은 회로배치이용권을 침해하는 상품에 관한 규정이 있어 위조상품은 이러한 지적재산권 침해물품으로 간주되어 모두 수입이 금지된다.

또한 관세법 제109조에는 관세정률법 제21조에 수입금지품목으로 열거된 물품을 수입한 자는 5년 이하의 징역 혹은 500만 엔 이하의 벌금에 처하도록 규정하고 있어, 위조상품인 것을 알면서 국내에 수입할 경우 처벌하거나 압수당하게 된다. 세관에서는 위조상품과 관련하여 매우 엄격한 단속을 벌이고 있는바, 위조상품이라는 사실을 모르고 자신이 쓰거나 가족에게 선물할 용도로 구매한 경우라도 국내 반입이 금지됨은 물론, 처벌되기도 하므로 각별한 주의를 요한다. 위조브랜드가 횡행하는 것은 그 국가의 문화 수준을 표상하는 것이므로 위법행위로서 엄격히 규제할 필요가 있다.[26)]

---

26) 우리나라는 관세법 제235조에서 이와 같은 위조상품의 부정수입을 규제하고 있다. 동조 제5항 제1호에서 '위조 또는 유사한 상표를 부착한 물품'에 대하여, 제2호에서 '저작권 등을 침해하는 불법복제된 물품'에 대하여 통관을 금지하고 있다. 관세법 제235조의 내용은 다음과 같다.

제235조 (지식재산권 보호)

① 「상표법」에 따라 등록된 상표권(이하 "상표권"이라 한다)을 침해하거나 「저작권법」에 따른 저작권과 저작인접권 또는 「컴퓨터프로그램 보호법」에 따른 프로그램저작권(이하 이 조에서 "저작권등"이라 한다)을 침해하는 물품은 수출 또는 수입할 수 없다.

② 관세청장은 상표권 또는 저작권 등을 침해하는 물품의 효율적인 단속을 위하여 필요한 때에는 상표권을 등록한 자 또는 「저작권법」 및 「컴퓨터프로그램 보호법」에 따라 저작권 등을 등록한 자로 하여금 상표권 또는 저작권 등에 관한 사항을 신고하게 할 수 있다.

③ 세관장은 수출입신고된 물품이 제2항의 규정에 의하여 신고된 상표권 및 저작권 등을 침해하였다고 인정되는 때에는 그 상표권 및 저작권등을 신고한 자에게 수출입신고사실을 통보하여야 한다. 이 경우 통보를 받은 상표권신고자 및 저작권등신고자는 세관장에게 담보를 제공하고 수출입신고된 물품의 통관보류를 요청할 수 있다.

④ 상표권 및 저작권등을 보호받고자 하는 자는 세관장에게 담보를 제공하고 당해 물품의 통관의 보류를 요청할 수 있다.

⑤ 제3항 및 제4항의 규정에 의한 요청을 받은 세관장은 특별한 사유가 없는 한 당해 물품의 통관을 보류하여야 한다. 다만, 수출입신고를 한 자가 담보를 제공하고 통관을 요청하는 때에는 다음 각 호의 물품을 제외하고는 해당 물품의 통관을 허용할 수 있다.
   1. 위조 또는 유사한 상표를 부착한 물품
   2. 저작권 등을 침해하는 불법복제된 물품

⑥ 제2항 내지 제5항의 규정에 의한 상표권 및 저작권 등에 관한 신고, 담보제공, 통관의 보류 및 허용 등에 관하여 필요한 사항은 대통령령으로 정한다.

⑦ 세관장은 수출입물품이 상표권 및 저작권 등을 침해하였음이 명백한 경우에는 대통령령이 정하는 바에 따라 직권으로 해당 물품의 통관을 보류할 수 있다. 이 경우 세관장은 해당 물품의 신고인에게 그 사실을 즉시 통보하여야 한다.

26. Tort (4) — Infringement of Copyright

A copyright is an intangible right granted by federal statute to the author or originator of certain literary or artistic productions. Works created after January 1, 1978, are automatically given statutory copyright protection for the life of the author plus 70 years. Copyrights owned by publishing houses expire 95 years from the date of publication or 120 years from the date of creation, whichever is first. For works by one or more authors, the copyright expires 70 years after the death of the last surviving author.

To obtain protection under the Copyright Act, a work must be original and fall into one of the following categories; ① literary works; ② musical works; ③ dramatic works; ④ pantomimes and choreographic works; ⑤ pictorial, graphic, and sculptural works; ⑥ films and other audiovisual works; and ⑦ sound recordings. In recent years, the Copyright Act has been amended to include protection for computer software and architectural plans. The following case discusses whether recording television broadcasts on home videotape recorders constitutes a copyright infringement.

Universal City Studios, Inc. sought to prevent Sony from manufacturing and selling its Betamax VCR's, claiming that such actions violated Universal's rights under the copyright laws. The United States Supreme Court held that home videotaping of copyrighted programs broadcast on television was a permissible "fair use," and found no infringements on the part of Sony.

An exception to liability for copyright infringement is made under the "fair use" doctrine. In certain circumstances, a person or organization can reproduce copyrighted material without paying royalties. Because the guidelines are very broad, the courts determine whether a particular use is fair on a case-by-case basis. Thus, anyone reproducing copyrighted material may still be subject to a violation.

- **copyright:** 저작권. 지적재산권의 하나로 문학적 또는 예술적 저작물에 대해 부여되는 배타적 권리. ① 문학저작물, ② 음악저작물 및 음악출판물, ③ 드라마 등 연극저작물, ④ 무용, ⑤ 사진저작물, ⑥ 영화·비디오저작물 등이 해당된다. 특허나 상표 등 산업재산권에 저작권을 포함하여 지적재산권이라고 칭함. Copyright Act는 저작권법
- **intangible right:** 무형재산권. Intangibles는 무형재산. 유형의 물체로서 존재하는 재산상 권리가 아니라, 무형의 재산상 권리를 가리킴. 특허 등 산업재산권, 저작권이나 사업상 상호 등
- **grant:** 양도하다.
- **statute:** 제정법 (statutory는 제정법의)
- **author:** 저작자, 작가
- **originator:** 창작자
- **literary:** 문자 그대로의
- **artistic:** 예술적인
- **production:** 저작물
- **work:** 저작물, 작품
- **publishing house:** 출판사
- **expire:** 소멸하다 = die
- **obtain:** 얻다. 획득하다.
- **choreographic work:** 안무 작품
- **pictorial work:** 회화
- **sculptural work:** 조각 작품
- **audiovisual:** 시청각의
- **amend:** 수정하다. 개정하다. 법률의 수정은 기존에 성립된 법률을 부분적 또는 전면적으로 개정함에 따라 이루어지고, 그 법률은 형태가 변한 그 자체로 존속한다.
- **constitute:** 구성하다.

- **infringement:**   침해. 미국에서의 저작권 침해에 대한 손해배상액은 실제로 입은 손해액에 침해자가 얻은 이익을 더한 것. 또는 500달러 이상 2만 달러 이하의 제정법상 손해배상금액으로 만약 침해가 의도적이라면 10만 달러의 손해배상 부과도 가능하다.
- **seek (→ sought) to ~ :**   ~하려고 하다.
- **claim ~ :**   (권리를) 주장하다. 청구하다. 소송을 제기하거나 재산, 사물의 권리나 소유를 주장하는 것. 채무이행 등 청구, 특히 금전의 지불청구, 보험, 배상 등의 지불을 요구하는 것
- **violate:**   위반하다. 침해하다. 법률을 위반하거나, 계약이나 약속을 파기하거나, 의무에 위반하거나, 타인의 권리를 침해하는 등의 의미. 명사는 violation
- **hold:**   판결을 내리다.
- **permissible:**   허용될 수 있는
- **fair use:**   공정이용. 연방저작권법에 따라 원칙적으로 저작물이 연구, 교육, 평론, 보도 등의 목적으로 사용된 경우 공정이용에 해당하여 저작권 침해가 되지 않는다.
- **exception:**   예외
- **liability:**   의무, 책임, 책무. 광의로는 법률상 따르지 않으면 안 되는 의무를 가리킴. 작위 또는 부작위의 의무, 이행의무 등. 또한 지불의무, 부채 등도 의미함. 기타 행위에 대한 책임, 예를 들어 계약상 책임, 불법행위 책임, 범죄 책임 등을 가리킴
- **doctrine:**   이론, 원칙
- **reproduce:**   복제, 재생하다.
- **royalty:**   사용료. 산업재산권이나 저작권 등 지적재산권의 사용에 대해 그 권리 소유자에게 지불하는 대가
- **(be) subject to ~ :**   ~에 해당하다.

26. 불법행위 (4) — 저작권침해

저작권

이 장은 타인의 무형재산에 대한 침해 중에서 저작권 문제에 대해 다루고자 한다. 저작권은 문학, 학술, 예술 등의 작품을 저작한 사람이 독점적으로 갖는 배타적(exclusive) 권리를 일컫는다. 특허권·실용신안권·의장권·상표권 등 산업재산권(industrial property)이 산업발전을 지키기 위해 보호되는 권리라고 한다면, 저작권은 특히 문화의 발전을 보호하기 위해 존재하는 권리라고 할 수 있다. 양 권리의 절차상 차이는 산업재산권은 등록을 함에 따라 권리가 발생하지만, 저작권은 저작물의 창작 시점으로부터 권리가 발생하여 등록을 필요로 하지 않는다는 점이다. 최근 지적재산권(intellectual property)이라는 용어가 주목을 받고 있는데, 이는 산업재산권에 저작권을 더한 개념으로 지적 창조활동에 의해 생성되는 무형의 재산권을 총칭하는 개념이다.

보호대상

저작권은 문학 혹은 예술적 저작물의 저자 혹은 창작자에게 주어지는 제정법상의 무형적 재산권을 의미한다. 현행 법률상 1978년 1월 1일 이후 창작된 저작물은 자동적으로 연방제정법에 의해 저작자의 생존기간과 사망 후 70년 동안 저작권법에 의해 보호받는다. 출판사가 저작권을 소유하고 있는 경우에는 출판일로부터 95년 혹은 창작된 날로부터 120년 중, 앞서는 날에 그 권리가 소멸한다. 2명 이상의 저자에 의한 공동저작물의 경우에는 최후 생존자의 사망 후 70년 뒤에 그 권리가 소멸한다. 저작권법의 보호대상이 되기 위해서는 창작성 요건을 충족시켜야 하며, 다음의 경우 중 하나에 해당하여야 한다. ① 문학저작물, ② 음악저작물, ③ 연극저작물, ④ 무언극(판토마임) 및 무용저작물, ⑤ 회화·사진·도안·그래프·조각저작물, ⑥ 영화 및 그 이외의 시청각저작물, ⑦ 음반 등이다. 최근 저작권법은 컴퓨터 소프트웨어나 건축설계도면도 보호의 대상으로 포함하도록 개정되었다. 다음은 가정에서 비디오로

TV방송을 녹화하는 행위가 저작권침해를 구성하는지가 논란이 되었던 사건이다.

유니버셜사는 소니사의 베타맥스 비디오레코더(VCR)의 제조 및 판매의 중지를 청구하고, 유니버셜사의 저작권법상의 권리를 침해하였다고 제소하였다. 미 연방대법원은 저작권에 의해 보호받는 TV 방송을 가정에서 비디오로 녹화하는 것은 허용되는 '공정이용'에 해당하므로 소니 측의 권리침해는 없다고 판시하였다.

공정이용

저작권침해의 예외는 '공정이용' 이론에 입각해 사용되는 경우이다. 특정 상황 하에서 개인 혹은 단체가 저작권에 의해 보호되는 창작물을 사용료의 지불 없이 복제·재생할 수 있으나 그 지침의 범위가 상당히 넓으므로, 법원은 공정이용에 관해 각각의 사안에 따라 판단하고 있다. 따라서 누구라도 저작권에 의해 보호받는 창작물을 복제·재생할 경우, 저작권 위반의 가능성이 발생한다고 볼 수 있다.

저작권은 공정이용의 경우 이외에는 저작자에게 사용료를 지불한 경우에만 그 이용이 가능한 권리이다. 타인의 저작물을 허락 없이 사용하거나 복제하는 경우에는 손해배상청구의 대상이 된다. 저작권은 창작한 시점부터 발생하므로 지금은 국제적으로도 저작물에 ©, R 등의 기호를 붙일 필요가 없어졌다.

보호기간의 비교

한국과 일본에서 저작권의 유효기간은 저작자의 생존 기간과 사후 50년간이다.[27] 미국에서는 연방헌법 제1조 제8절 8항이 저작권과 특허권의 보호기간에 관해 '일정한 기간'으로 제한하고 있는 것이 원칙이다. 이는 시대에 따른 합리적 범위의 기간을 의미한다.

최근 디즈니 등 국제적으로 유명한 저작물의 유효기한이 잇따라 소멸하는 상황에 이르자 미국은 1998년 Sonny Bono Copyrights Term Extension Act를 제정하여, 권리보호기간을 연장하였다. 종전의 보호기간에 모두 20년이 가산되어 개인의 경우 사후 70년 간, 출판사 혹은 기업의 경우에는 출판일로부터 95년간 혹은 창작일로부터 120년 간 중 앞서는 시점을 그 기준으로 정하고 있다.

저작권 분야도 기술발전에 의해 새로운 장치, 기구, 기계 등이 개발되어 새로운 권리가 발생하는 등, 다방면에서 저작권의 보호가 요구될 것이 예상되므로 저작권의 범주는 계속 확대될 것으로 보인다. 향후에도 귀추가 주목되는 분야라고 생각한다.

---

27) 우리 저작권법 제39조 제1항은 "저작재산권은 이 관에 특별한 규정이 있는 경우를 제외하고는 저작자의 생존하는 동안과 사망 후 50년간 존속한다. 다만, 저작자가 사망 후 40년이 경과하고 50년이 되기 전에 공표된 저작물의 저작재산권은 공표된 때부터 10년간 존속한다"고 규정하고 있다. 2007년 6월 30일 서명한 한미 FTA 협정문에 따라 우리나라는 저작권 보호기간을 저작자의 생존기간과 사후 70년간으로 연장하기로 합의하였다. 이 규정은 한미 FTA 협정 발효일로부터 2년 후에 효력을 발생한다.

27. Tort (5) — Infringement of Patent Right

A patent is an exclusive right granted by the federal government to an inventor to make, use, and sell his invention for a definite period of time. The U.S. Constitution gave Congress the exclusive power to deal with all matters relating to the issuance of patents.

The inventor must obtain a patent from the U.S. Patent and Trademark Office in Washington, D.C.. Federal law gives an inventor who holds a patent(the patentee) the right to sue for money damages to anyone who has made use of his patent without his permission and without compensating him.

An inventor may freely transfer and assign his property rights in an invention. He may also grant a license to use the invention in exchange for payment called a royalty.

> Owens Products invents and patents a simple computerized sprinkler system that turns on and off according to the moisture level of the soil. Although Phil has been independently working on the same invention, he failed to beat Owens to the Patent and Trademark Office. However, figuring that Owens will probably never find out, Phil licenses Garden Corporation to construct and market his invention in exchange for royalties. Garden distributes the system to a chain of retail garden-supply stores, which then sell the sprinklers to consumers, who use them in their gardens.

In this situation, Phil, Garden Corporation, the retail stores, and the consumers are all guilty of patent infringement. This is true even if none of them knew about Owens' patent except Phil. Every patent infringer can be ordered by a court to stop all infringing activity. Some of the infringers may also be found liable to Owens for money damages.

- **patent:** 특허. 신규성, 진보성과 산업상 이용가능성 있는 발명·발견에 대하여 일정기간 독점적인 권리를 부여하는 것. 일본은 선출원주의이고, 미국은 선발명주의 입장을 취하고 있었으나, 2013년 3월부터 선출원주의로 변경하였다. 또한 특허권의 보호기간은 일본, 미국 모두 출원일로부터 20년이다.
- **exclusive:** 독점적인, 배타적인. 법률상 독점적, 전속적인 존재를 나타내는 단어로 배타적으로 권한을 갖는 상태를 가리킨다. 용법으로서, exclusive agency(총대리점), exclusive jurisdiction(전속 관할권), exclusive license(독점적 라이선스), exclusive right(독점권) 등이 있다.
- **grant:** 부여하다.
- **federal government:** 연방정부
- **inventor:** 발명자
- **invention:** 발명. 조사, 실험 등을 통해 이전에 알려져 있지 않거나 존재하지 않았던 기술·제조방법을 고안하는 것. 발명에는 특허에 의한 법적 보호로서 독점적 권리를 받는 것과 법에 의해 보호받지는 않지만 비밀유지를 원칙으로 하는 knowhow의 두 가지 종류가 있다. 특허와 knowhow의 차이는 특허는 존속기간이 명백히 있고 국제조약이 있지만, knowhow는 존속기간이 정해지지 않고 관련 조약도 없다. knowhow에서 특허로의 전환은 가능하지만, 특허에서 knowhow로의 전환은 불가능하다.
- **for a definite period of time:** 일정 기간 동안
- **U.S. Constitution:** 미국헌법
- **power:** 권한
- **issuance:** 발행, 교부
- **U.S. Patent and Trademark Office:** 미국 특허상표청. 상무성의 관할 하에 있으며, PTO라는 약칭으로 불림. 워싱턴 D.C.에 소재하고 있으며, 특허증을 발행하거나 상표등록을 취급하는 정부기관이다.
- **federal law:** 연방법
- **patentee:** 특허권자
- **sue:** 제소하다. 권리회복을 위하여 민사상 소송절차를 개시하는 것. 법정에서 원고가 권리침해, 손해 등의 보상 또는 권리회복을 위해 법적인 구제를 구하는 것. suit는 명사형
- **money damages:** 손해배상금. 미국에서의 특허권 침해에 대한 손해배상금액은 합리적인 특허권 사용료와 일실이익에 더하여 변호사비용도 포함한다.

- **compensate:** 보상하다. 손해를 회복시키는 것. 또는 그와 동등한 대가를 지불하는 것
- **transfer:** 양도, 이전
- **assign:** 양도하다, 재산권, 계약상의 권리, 라이선스 등의 권리를 타인에게 양도하는 것
- **property rights:** 재산권. 유형·무형을 묻지 않고 사람이 소유하는 모든 재산, 권리를 가리키며 구체적으로는 부동산, 동산 및 산업재산권 등 무형재산권도 포함된다.
- **license (n.):** 실시권. 특허권자, knowhow 보유자, 상표권자, 저작권자가 자신이 소유한 특허권, knowhow, 상표권, 저작권을 제3자에 대하여 범위, 제한, 기간을 정하여 대가로서 사용료(royalty)를 지불하게 하고 실시·사용하는 것을 허락하는 것. 기술도입 및 수출의 경우 특허권, knowhow가 라이선스의 주체가 되지만, 상표권, 저작권과 같이 비기술적 무체재산권도 라이선스의 대상이 된다. licensee는 라이선스의 실시권을 허가받은 자, 라이선스를 받은 자. licensor는 라이선스의 실시권을 허락하는 자, 라이선스를 주는 자
- **royalty:** 사용료, 실시료
- **sprinkler system:** 살수장치. 잔디에 물을 주는 장치
- **according to the moisture … soil:** 토양 중의 습도에 따라
- **beat:** 때리다. 보다 빠르게 성공시키다.
- **figure:** 생각하다.
- **retail store:** 소매점
- **guilty:** 불법행위 혹은 과실을 범하다.
- **infringement:** 침해
- **infringer:** 침해자
- **infringing activity:** 침해행위
- **liable:** 의무를 지다.

27. 불법행위 (5) ― 특허권침해

특허권

여기서는 불법행위의 하나인 특허권의 침해에 대해 다루기로 한다. 세계 각국이 저마다 상이한 법률과 제도를 가지고 있어, 특허권 역시 기본적으로 특정 국가의 국내에서만 유효하다는 사실을 인지할 필요가 있다.

무형재산인 특허권은 지적재산권의 대표적 유형으로 창작권이라고도 불리며 발명에 대해 독점적으로 주어지는 권리이다. 특허권은 산업상의 이용가능성을 그 성립요건으로 하며, 특허로 인정되는 발명은 고도의 전문성이 인정되어야 한다. 한국과 일본에서는 특허법이 규정하는 고도의 전문성 요건을 충족시키지 못하는 경우에는 실용신안(utility model)으로서 특허법과 별개로 실용신안법에 근거하여 보호한다.[28] 미국은 일본과 달리 실용신안법이나 의장법이 독립되어 있지 않고, 특허법의 범주에 포함되어 특허법 절차에 기초하여 출원하도록 되어있다. 또한, 미국에서는 식물(plant)에 관한 발명이나 발견에 관해서도 특허권이 인정된다.

선출원주의와 선발명주의

독점권이 주어지는 기간은 일본, 미국 모두 출원일로부터 20년간이나, 디자인특허의 경우에는 14년간이다. 출원에 관해 일본은 '선출원주의'를 채택하여 먼저 출원하는 자에게 권리를 인정하고 있고, 미국의 경우에는

---

28) 우리나라의 경우 특허권과 실용신안권에 있어서 원칙적으로 큰 차이가 없다. 출원절차 및 심사방법도 거의 같다. 약간의 차이는 다음과 같다. 첫째, 존속기간에 있어서 특허권은 20년, 실용신안권은 10년의 차이가 있다. 둘째, 실용신안의 경우 산업상 이용할 수 있는 '물품'의 형상·구조 또는 조합에 관한 고안에 관한 것으로 제한되나 특허의 경우 산업상 이용할 수 있는 발명에 해당하는 것이면 되므로 물품에 제한되지 않는다. 셋째, 특허법은 '공개된 기술로부터 용이하게 발명할 수 있는 것'일 때 특허를 줄 수 없다고 규정되어 있고, 실용신안법에서는 '공개된 기술로부터 극히 용이하게 발명할 수 있는 것'일 때 실용신안을 줄 수 없다고 규정되어 있다. 즉 특허의 경우에 있어서는 실용신안보다 더 진보된 발명이어야 한다. 그 외에 관납료, 등록료 등에 있어서 작은 차이가 있을 뿐이다.

'선발명주의'를 채택하고 있었으나, 2013년 3월부터 선출원주의로 변경하였다.29)

특허란 발명자가 자신의 발명을 일정기간 제조·사용·판매할 수 있도록 연방정부로부터 부여된 독점적 권리를 일컫는다. 발명자는 워싱턴 D.C.의 연방특허상표청으로부터 특허를 취득할 수 있다. 연방법은 특허권자에게 허락 또는 보상 없이 사용하는 자에 대한 금전적 손해배상청구권을 부여하고 있다. 발명자는 재산권인 특허권을 자유롭게 이전·양도할 수 있으며, 사용료(로열티)를 받는 대가로 발명의 실시권을 타인에게 양도할 수도 있다.

특허침해

> 오웬즈 사(社)는 토양의 습도변화에 반응하여 작동하는 컴퓨터를 사용한 살수장치를 발명하여 특허를 획득하였다. 그런데 필 사(社) 역시 같은 장치를 제작하였으나 특허 취득과정에서 오웬즈 사에 지고 말았다. 그런데 오웬즈 사가 알 수 없을 것이라 생각한 필사는 발명에 대한 제조·판매의 실시권을 사용료를 받고 가든 사(社)에 이전하였다. 가든 사는 이를 제품화하여 원예용품점에 공급하였고 소매점을 거쳐 소비자의 각 가정에 살수장치가 설치되었다.

이 사건에서 필사, 가든 사, 소매점, 소비자 모두 특허권을 침해한 것으로 간주된다. 이는 필 사 이외에는 오웬즈 사의 특허사실을 몰랐다고 해도 마찬가지이다. 특허권 침해자는 법원에 의해 모두 특허침해 행위를 중지하라는 명령을 받으며, 침해자 일부 또는 전원은 오웬즈 사에 대해 금전적 손해배상금을 지불할 의무를 지게 된다.

특허침해 사건은 들키지 않을 것이라는 안일한 인식에서 발생하는 경우가 많다. 그러나 점차 세계가 좁아짐에 따라 동종업계에서의 기술정보의 전파가 매우 빠르게 이루어짐을 유의하지 않으면 안 된다.

---

29) 우리나라는 특허법 제36조에서 '선출원주의'를 채택하고 있다.

미국인과 특허

　미국은 최근 자국기술의 우위성 확립을 위해 특허장려(pro-patent) 정책을 취하여 지적재산권 관련 법률을 강화하는 경향을 보이고 있다. 이는 정책상의 이유도 있지만 근본적으로 저작권과 특허에 관하여 연방헌법 제1조 제8절 8항에서 독점적 권리를 부여하고 있고, 특허법이 헌법제정 3년 후인 1790년에 제정되는 등, 미국은 건국 이래 무형의 재산권도 존중하는 정신문화를 가진 나라라는 점을 잊어서는 안 된다고 생각한다. 헌법에 규정되어 있다는 사실만으로도 경이롭다. 따라서 법원도 침해자에 대하여 엄하게 다스리고 처벌해 왔다. 이는 그러한 전통 가운데 길러진 미국인의 정의감과 더불어 침해자는 용서할 수 없다는 인식에 기반한 것이 아닐까 생각한다.

직무발명

특허와 관련하여 일본에서는 기업의 종업원에 의한 직무발명이 주목받고 있다. 특허법 제35조 1항은 직무발명에 대해 사용자(회사)의 직무범위에 속한 것으로 종업원의 현재 혹은 과거의 직무에 속한 발명이라고 규정하여 종업원이 직무와 관련하여 특허를 취득한 경우 사용자에게 특허를 무상으로 행사할 권한(통상실시권)을 부여하고 있다. 종업원이 이룬 발명에 대해 특허를 받은 경우, 특허권자는 종업원이 되므로 이 발명에 대해 회사가 사용할 수 없게 되면 불합리하다고 판단하였기 때문이다. 동조 3항은 종업원은 계약 혹은 근무규칙에 의해 직무발명에 대해 특허를 받을 권리나 특허권을 사용자에게 승계할 수 있고, 또한 사용자를 위해 전용실시권을 설정하는 것이 가능하도록 하고 있으며, 이 경우 상당액의 대가를 받도록 규정하고 있다. 미국에서는 일본 특허법 제35조와 같이 직무발명 혹은 발명에 대한 대가지불에 관한 법률상 규정이 전무하다. 기업에서 종업원의 발명에 대한 처리는 일반적으로 당사자간 고용계약에 의해 해결하고 있다.[30]

---

30) 우리나라도 특허법 제39조와 제40조에 직무발명과 그에 대한 보상규정이 있었으나, 2006년 3월 개정에서 특허법에서는 삭제되었고 현재는 발명진흥법 제10조 이하에서 직무발명에 대하여 규정하고 있다.

28. Tort (6) — Patent Right Infringement and Treble Damages

Patent right infringement is the unauthorized making, using, or selling for practical use or for profit of a patented invention. There can be no infringement of a patent before it is issued.

The owner of a patent has a right to bring suit for the unlawful invasion of his patent rights.

> John and Andrew Doney invented a hard-bearing device for balancing rotors.
>
> Although they registered their invention with the patent and trademark office, it was never used as an automobile wheel balancer. Some time later, Exetron Corp. knowingly produced an automobile wheel balancer that used a hard-bearing device with a support plate very similar to that of the Doneys. Although the Doneys had not used their device for automobile wheel balancing, as a result, Exetron's deliberate use of a similar hard-bearing device infringed upon the Doney's patent.

Courts often grant injunctions to protect property rights in patents. In this case, the injunction would be a court decree ordering an infringer to stop illegally making, using, or selling the patented article. If a person disobeys an injunction, he will be guilty of contempt and subject to a fine or imprisonment or both.

In a suit for infringement of a patent, compensation may be awarded. The court will award the patentee actual damages in an amount at least equal to a reasonable royalty for the use made by the infringer.

If a jury does not determine the amount of damages, the judge will. In either case, the judge may increase the damages up to three times the amount determined. These treble damages are awarded only in certain cases, such as when the person deliberately and in bad faith infringed the patent.

- **infringement:** 침해
- **infringe:** 침해하다.
- **infringer:** 침해자
- **unauthorized:** 허가 없는, 권한 없는. 권한이나 자격 또는 허가 없이 하는 행위나 행동을 나타낼 때 쓰는 형용사
- **practical use:** 실용적 사용
- **patented invention:** 특허권 있는 발명
- **patent:** 특허권
- **patentee:** 특허권자
- **issue:** 발행하다.
- **bring suit:** 제소하다.
- **unlawful:** 위법한
- **invasion:** 권리의 침해
- **hard-bearing device:** 경질 베어링 장치
- **for balancing rotors:** 안정 회전용의
- **register ~ with … :** ~에 ~을 등록하다.
- **Patent and Trademark Office:** 특허상표청
- **knowingly:** 알면서, 고의로. 계약상 허위표시의 경우 계약상대를 속일 의도를 가지고 내용에 관한 중요한 사실을 고의로 조작하거나 허위로 표시하는 경우에 사용된다. 일반적으로 고의가 되는 행위는 그러한 행위에 의해 특정 결과에 이를 것을 사실상 인식하고 있는 경우에 해당한다.
- **automobile wheel balancer:** 자동차 바퀴 안정장치
- **support plate:** 지지판
- **deliberate:** 의도적인 (후의 deliberately는 고의로)
- **injunction:** 가처분명령. 사법구제수단의 하나로서 법원이 특정행위 혹은 부작위를 명령하는 것. 통상 금지하는 내용의 명령이 많아서 이러한 명칭을 사용

- **property rights:** 재산권
- **decree:** 판결, 법원이 내리는 결정, 명령. 형평법상 판단에 따라 당사자간 권리를 결정하는 것으로 원래 형평법원에서의 판결을 가리킴. 해사법원이나 검인법원의 판결에도 이 용어가 사용된다. 보통법상 판결인 judgment에 해당하지만 현재에는 양쪽 모두 동의어로서 사용되고 있다.
- **disobey:** 따르지 않다.
- **contempt:** 법정모독
- **(be) subject to ~:** ~의 대상이 되다.
- **fine:** 벌금
- **imprisonment:** 구금형
- **compensation:** 보상
- **actual damages:** 현실적 손해배상금(액)
- **reasonable royalty:** 적정 사용료
- **jury:** 배심
- **treble damages:** 3배 배상. 법원이나 배심원이 피해를 입은 원고가 피고에 대해 실제 손해의 3배에 해당하는 배상액의 청구를 인정하는 제도. 제정법상 규정으로 징벌적 목적을 갖는다. 특허침해소송상 피고 측의 의도적 침해가 인정된다고 판정되는 경우, 법관의 재량에 따라 손해액의 3배까지 배상액이 증액된다.
- **bad faith:** 악의, 불성실. 타인을 기만하거나 속이려는 의사. 다른 뜻 없는 실수, 순수한 착오에 의해 상대를 오해하게 하는 것은 bad faith가 있다고 하지 않는다. 반대어는 good faith

28. 불법행위 (6) ─ 특허권침해와 3배배상

특허권침해

특허권의 침해에 대해 알아보는데, 특히 특허침해에 대한 배상액에 대해 한국에 없는 제도가 미국에 존재하는바, 이에 초점을 맞추어 설명하고자 한다. 침해란 특허권에 의해 보호받는 발명을 허가 없이 제조·사용·실용적 사용·이익을 위해 판매하는 행위를 일컫는다. 특허가 등록될 때까지는 이에 대한 침해는 발생하지 않으며, 특허권자는 자신이 소유한 특허권에 대한 위법한 침해행위에 대해서 제소할 수 있는 권리를 가진다.

존과 앤드류 도니는 안정회전용 경질 베어링 장치를 발명하였다. 이들은 이를 특허상표청에 등록하였지만, 이 장치가 자동차 바퀴의 안정장치용으로는 한 번도 사용된 적이 없었다. 얼마 후, 엑센트로 사는 이러한 상황을 인지하면서 도니의 발명품과 유사한 금속판을 지지하는 경질 베어링장치를 이용하여 자동차 바퀴의 안정장치를 제작하였다. 법원은 도니 형제가 자신들의 발명을 자동자 바퀴 안전장치로 사용하지 않았다고 하더라도, 이와 유사한 경질 베어링 장치를 의도적으로 사용한 엑센트로 사의 행위는 도니 형제의 특허권을 침해하는 것으로 판시하였다.

침해행위에 대한 금지명령

법원은 특허권 보호를 위해 종종 침해행위의 금지명령을 내리게 되는데, 이는 법원의 판결로 특허품의 위법한 제조·사용·판매의 정지를 침해자에게 명령하는 것을 말한다. 금지명령에 따르지 않을 경우에는 법정모독죄가 성립되어 벌금 혹은 구금형 또는 이의 병과가 내려진다. 특허권을 침해한 자는 침해자가 사용한 특허권에 대한 사용료에 상당하는 금액에 해당하는 현실적 손해배상금을 배상할 의무를 진다. 배심이 손해배상액을 결정하지 않는 경우에

는 법관이 결정하며, 악의의 침해라고 인정되는 경우에는 법관은 배심이 결정한 금액의 3배까지 배상액을 인상할 수 있다. 이 3배배상액은 의도적인 악의를 가진 특허침해의 경우에 적용된다.

3배배상액

도니 형제가 발명한 장치는 특허를 취득하였으나 자동차용으로는 사용된 적이 없었다. 특정 특허권이 완전히 다른 업종에 사용된다 하더라도 허가 없이 사용된다면 이는 당연히 특허권침해에 해당한다. 금지명령은 사법구제의 하나이자 특정 작위 혹은 부작위를 강제하는 명령을 일컫는 말로서, 통상 금지하는 내용의 명령이 많기 때문에 이러한 용어가 사용되었다. 이를 무시할 경우에는 본문 중에 설명된 바와 같이 엄한 처분을 받게 된다. 만일 일본인이 법정모독죄를 선고받을 경우에는 향후 두 번 다시 미국으로의 입국을 허가받지 못하게 될 것이다. 법적으로는 상당히 무거운 벌칙인 것이다. 다음은 특허침해에 대한 배상액 문제인데, 한국에서는 침해에 의해 실제 발생한 피해 범위 내에서 배상액이 결정되나, 미국 특허법에서는 법관이 배심 또는 법원이 결정한 배상액의 3배에 상당하는 금액을 부과할 수 있는 권한을 갖고 있다. 이는 징벌적인 의미를 가지고 있다. 3배까지이므로 2배인 경우도 있고, 1.5배인 경우도 있으나, 일정한 상황일 경우 몇 배를 적용한다는 규정은 특허법상 존재하지 않는다. 모두 판례법을 근간으로 한다. 3배까지의 증액은 오로지 법관의 판단으로써 결정된다. 판례를 살펴보면, 배상액의 인상은 침해를 알고 있으며, 의도적인 악의가 인정될 경우에 주로 적용된다.

29. Tort (7) — Product Liability (Warranties)

Product liability is the responsibility of a manufacturer or seller to pay for harm caused by a defective product. To determine the extent of this responsibility, the law sets three theories of product liability; a defendant can be held responsible because of breach of warranty, negligence, or strict liability.

A seller can create an express warranty by making representations concerning the quality, condition, description, or performance potential of the goods.

The plaintiff must prove that the product did not conform to the warranty and that the defective element was an important factor in making the purchase.

Express warranty can be disclaimed by limiting promises to those made in the written contract.

> Mrs. Roth went to Ray-Stel's Hair Stylists to have her hair bleached. The stylist used a new bleaching product manufactured by Roux Laboratories which resulted in damage to Mrs. Roth's hair. The product's label had guaranteed it would not cause damage to a user's hair. Roth sued Ray-Stel's and Roux Laboratories alleging negligence and breach of express and implied warranties.
>
> Although the jury found no liability on the part of Ray-Stel's, the trial court found liability on the part of Roux on the basis of negligence and breach of express warranty and assessed damages of 5,000 dollars.
>
> Roux appealed and the Court of Appeals affirmed, holding that when a product's label says the product will perform in a certain manner and it fails to do so, it violates an express warranty. The manufacturer is thus liable for damages caused by the unfulfilled promise.

In the above case, a warranty on the label of a hair-bleaching product was breached when a user suffered damage after using the product.

- **product liability:** 제조물 책임. 제품의 제조업자나 판매업자, 소매업자 등 판매에 관한 모든 당사자가 제품의 제조상 또는 설계상 결함 또는 적절한 사용방법을 표시하지 않음에 따라 결과적으로 소비자에게 신체적인 손해나 재산상 손해를 입힌 경우 그 책임을 소추하는 법리이다. 과실책임, 계약상 보증책임, 불법행위 상의 엄격책임의 3가지로 구성된다. 이 소송을 약칭으로 PL소송이라고 한다. 미국에서는 엄격책임의 법리가 확립되어, 결함의 존재와 실제로 피해·손해가 발생한 것이 인정되면 제조자 측의 책임이 인정된다. 또한 법원이 결함의 원인이 악질이라고 판단한 경우, 징벌적 손해배상액도 부과되므로 제조자의 입장에서는 보다 엄격한 조건이 적용된다. 일본에서도 제품의 결함이 있는 것을 증명할 수 있으면 제조자 측에게 과실이 인정되지 않아도 손해배상책임을 부과하는 내용의 제조물책임법이 1995년 7월 1일부터 시행되고 있다.[31]
- **manufacturer:** 제조업자
- **harm:** 손해, 피해
- **defective:** 결함 있는
- **extent:** 범위
- **theory:** 법리
- **defendant:** 피고
- **(be) held responsible:** 책임을 지다.
- **breach:** 위반
- **warranty:** 보증, 담보. 표시된 내용이 확실히 이행되도록 약속하는 것으로 명시적(express) 또는 묵시적(implied)으로 나뉜다. 제조물책임의 경우 제조된

---

31) 우리나라에서는 제조물에 결함이 있는 경우에 민법 제750조에 의한 일반불법행위책임으로서 피해자를 구제하는 방법도 있다. 그러나 이 경우에 입증책임을 피해자인 소비자가 져야 하는데 소비자가 제조물의 결함과 손해 사이의 인과관계를 입증한다는 것은 거의 불가능에 가깝다. 이에 따라 우리나라에서도 제조물책임법이라는 특별법을 제정하여 2002년 7월 1일부터 시행하고 있다. 제조물책임법은 제조업자의 무과실책임을 규정하고 있다(동법 제3조).

제품의 품질이 일정 기준에 도달할 것을 상대방에게 확약하는 것이다. 제품의 매매계약의 경우 보증이란 판매자가 판매하는 물품의 품질(quality), 성능(capacity), 목적에 대한 적합성(fitness), 이 3가지를 보증하여 책임을 지우는 것을 의미한다. 그 경우 보증은 계약에 명시적인 조항으로 설정된 경우와 당사자 간 합의가 없어도 묵시적으로 창설된 경우가 있다. 통일 상법전(U.C.C.)에서는 묵시적 보증으로 그 제품에 상품성을 가질 것, 그 제품이 특정 목적에 대하여 적합성을 가질 것, 이 두 가지를 규정하고 있다.

- **negligence:** 과실. 타인의 생명, 신체, 이익의 보호를 위하여 일정한 상황 하에서 법이 요구하는 합리적인 주의의무를 태만히 하는 것. 사고 분별력이 있는 자라면 가졌을 만한 주의를 태만히 하는 것. 고의가 아닌 부주의에 의한 것. 불법행위상의 손해배상책임을 진다.
- **strict liability:** 엄격책임. 어떤 자에게 과실이 없는 경우에도 손해, 장해가 발생한 경우 그 결과에 대해 불법행위법상의 책임을 부과하는 원칙. 무과실책임이라고도 한다. 이 원칙은 제조물책임 소송의 핵심으로 제품의 제조, 유통, 판매 등 모든 관계자에게 적용된다. 따라서 제품에 의한 손해, 장해가 발생한 경우 원고인 피해자는 피고인 제조사의 과실이나 고의를 입증할 것이 요구되지 않고 제품에 결함이 존재한 것과 결함을 원인으로 사고가 발생한 것을 입증하면 손해배상을 청구할 수 있게 된다.
- **express:** 명시적인. 명백하고 선언적인 말이나 글에 의해 의사가 명확히 표시되는 상태. implied에 대비되는 단어
- **representation:** 표시
- **condition:** 상태
- **description:** 설명
- **performance potential:** 성능성
- **conform to ~ :** ~에 적합한, ~조건에 모두 합치한
- **factor:** 요소
- **make a purchase:** 구입하다.
- **disclaim:** 부정하다. 거부하다. 포기하다. 책임을 인정하지 않고 거부함. 또는 권리나 재산을 포기함. 명사는 disclaimer. 계약에서 disclaimer of warranty 라고 하면 보증의 거부이지만, 양식을 두지 않거나 적절한 형식을 갖추지 않은 때에는 법률 효과 없이 묵시적 보증책임을 부담하는 경우가 많다.
- **written contract:** 서면 계약. 계약 조건 모두가 문서에 나타난 계약으로, 통상 서면에 의한 정식의 계약을 의미함

- **bleach:** 머리카락을 탈색하다.
- **result in damage to ~ :** 결과로 상해를 입히다.
- **sue:** 제소하다.
- **allege:** 주장하다. 소송상 사실을 주장하는 것. 클레임을 제기하는 경우에도 사용함
- **implied:** 묵시적인. 당사자의 의도가 명백한 언어에 표현되어 있지는 않지만, 주위의 정황, 당사자의 행위 등으로부터 그 존재를 유추할 수 있는 것을 일컬음. express의 반의어
- **jury:** 배심
- **trial court:** 예심법원. 소송사건이 최초로 계류되는 법정으로, court of first instance(제1심법원)를 가리킴. 예심법원에서는 해당 사건에 관한 사실이나 적용되는 법률이 검토되지만, 항소심에서는 예심법원에서 적용된 법률문제만 심리된다.
- **assess damages of ~ :** ~의 배상금을 책정하다.
- **appeal:** 항소하다.
- **Court of Appeals:** 항소법원
- **affirm:** 확인하다. 확약하다. 항소법원이 항소를 기각하고 하급심 판결 또는 명령의 정당성, 유효성을 확인함. 또한 이 단어는 선서 대신에 정식으로 선언하거나 확약으로써 증명할 때 사용된다.
- **hold that:** ~라는 판결을 내리다.
- **unfulfilled:** 이행되지 않는

29. 불법행위 (7) — 제조물책임 (보증책임)

제조물책임이란

제조물책임(product liability)은 불법행위법의 영역에 속하며, 통상 PL이라고 불린다. 제품의 제조업자, 판매업자, 소매업자 등 판매에 관계된 모든 당사자는 제품의 제조상 혹은 설계상의 결함 혹은 적절한 사용방법을 표시하지 않아서, 결과적으로 소비자에게 신체적 손해 혹은 재산상의 손해를 입힌 경우 그 책임을 추급 당한다는 법리이다.

보증위반

PL이란 제품결함이 원인이 되어 소비자에게 상해를 입혔을 경우 제조자 혹은 판매자가 지는 책임을 말한다. 이러한 책임의 범위를 결정함에 있어서 법은 PL에 대해 '보증위반', '과실책임', '엄격책임'의 3가지 법리를 설정하고 있다. 판매업자는 물품의 품질·상태·성능 등에 관한 표시를 함으로써 명시적 보증을 하게 된다. 원고 측은 제품이 보증의 내용과 합치하지 않았다는 사실과 결함이 발견된 부분이 구매의 중요 동기가 되었음을 입증하여야 한다. 한편, 보증의 적용범위에 대해서 제품의 설명서 안에 일정한 사용방법을 제한함에 따라서 보증의 적용을 부정할 수도 있다.

다음의 사건에서 머리 염색용 제품의 라벨에 부착된 보증은 사용자가 그 제품을 사용하여 피해를 입은 시점부터 보증위반이 발생하였다고 할 것이다.

로스 부인은 레이스틸 미용실에 머리를 염색(탈색)하기 위해 들렀다. 미용실은 룩스 사가 제조한 신제품 염색약을 사용하였는데, 염색 후 로스 부인의 머릿결이 손상되고 말았다. 제품의 라벨에는 사용자의 머릿결을 손상시키지 않는다는 보증내용이 실려 있었다. 로스 부인은 레이스틸 미용실과 룩스 사를 상대로 과실 및 명시적·묵시적 보증위반을 이유로 제소하였다. 배심원은 레이스틸 미용실에게는 책임이 없다는 평결을 내렸으나, 예심법원은 룩스 사에 대해 과실 및 명시적 보증의 위반에 따른 책임이 있다고 보고 5,000 달러의 손해배상금 지급을 명하였다. 룩스 사는 항소하였으나, 항소법원 역시 제품 라벨에 그 성능이 표시되어 있고, 제품의 실제 성질이 이와 다를 경우 명시적 보증위반에 해당한다고 하여 원심판결을 확인하였다. 이와 같이 제조업자는 이행되지 못한 약속에 의해 피해를 입은 원고에 대하여 책임을 지게 된다.

미국의 PL

미국은 PL의 선진국이라고도 불리는데, 이러한 평가는 최초 판례가 19세기까지 거슬러 올라갈 정도의 오랜 역사에서 기인하는 것이다. 원래 PL 문제는 불법행위법의 분야에 속하며, 각 주에서는 불법행위에 관한 판례법의 축적을 기준으로 PL법의 원칙이 확립되어 있으며, 전술한 보증책임·과실책임·엄격책임의 세 가지가 그 기준이 된다.

본문의 사안은 보증책임과 과실책임이 문제된 경우이지만, 미국 제조물책임법의 중심을 이루는 것은 엄격책임이라 할 수 있다. 엄격책임의 경우 피해자는 제품에 의한 손해나 상해에 있어 제조자의 고의·과실을 입증할 필요가 없으며, 제품상 결함의 존재와 이러한 결함이 사고의 원인이 되었음을 증명하면 손해배상청구가 가능하다. 이 경우 제조업자는 매우 엄격한 책임을 지는 것을 알 수 있다. 일본에서도 20년 간의 긴 논의를 거친 후, 1995년 7월 1일부터 모두 6조로 이루어진 PL법을 시행하기 시작하였는데, 이 법은 미국과 마찬가지로 엄격책임제를 취하고 있다. 일본에서는 판매업자의 경우 책임대상에서 제외되지만 미국에서는 판매업자 역시 책임의 대상이 된다.[32]

---

32) 우리 제조물책임법도 경우에 따라서 공급업자에게 책임을 묻고 있다. 동법 제3조 2항에 따르면 "제조물의 제조업자를 알 수 없는 경우 제조물을 영리목적으로 판매·대여 등의 방법에 의하여 공급한 자는 제조물의 제조업자 또는 제조물을 자신에게 공급한 자를 알거나 알 수 있었음에도 불구하고 상당한 기간 내에 그 제조업자 또는 공급한 자를 피해자 또는 그 법정대리인에게 고지하지 아니한 때에는 제1항의 규정에 의한 손해를 배상하여야 한다"고 규정되어 있다.

미국에 진출해 있거나 수출업무에 종사하는 기업들은 PL법에 따른 책임 문제에 빈번히 휘말린다. 피해자들의 집단소송(class action)의 경우 엄청난 배상 액을 물어야 할 경우가 있으므로 매우 중요한 문제라고 할 수 있다.

30. Tort (8) — Product Liability (Strict Liability)

According to the doctrine of strict liability, people are liable for the results of their acts regardless of their intentions or their exercise of reasonable care. For example, a company that uses dynamite to blast for a road is strictly liable for any damage that it causes, even if it takes reasonable and prudent precautions to prevent such damages. So, the company is liable for damages regardless of fault.

In the following case, the court sets out the reasons for applying tort law in which consumers are injured by defective products.

The plaintiff, Greenman, purchased a power tool that could be used as a saw, drill and wood lathe. His head was seriously injured when a piece of wood flew from the lathe attachment while he was using it. Both the retailer and manufacturer were sued for breach of warranties and negligence and the court held for the plaintiff. Greenman had successfully proved that the design and construction of the tools were defective, that statements in the manufacturer's brochure were untrue, and that the plaintiff's injuries were caused by their breach. The court stated that "a manufacturer is strictly liable in tort when an article he places on the market, knowing that it is to be used without inspection for defects, proved to have a defect that caused injury to a human being."

In any action against a manufacturer or seller, the plaintiff does not have to show why or in what manner the product became defective. The plaintiff does, however, have to show that at the time the injury was sustained, the condition of the product was essentially the same as it was when it left the hands of the defendant manufacturer or seller.

- **doctrine:** 법리
- **strict liability:** 엄격책임
- **(be) liable for ~:** ~에의 책임이 있는
- **regardless of ~:** ~에 관계없이
- **reasonable care:** 상당한 주의. 사고 분별력을 갖춘 사람이라면 당연히 가질 것으로 예상되는 주의. 어떤 자가 손해를 입고, 그 상대방이 상당한 주의를 기울이지 않은 경우, 불법행위상의 과실이 성립한다.
- **prudent:** 신중한. 어떤 행위나 사건에 대해 신중한 태도, 적절한 판단력. 사고 분별을 나타내는 형용사
- **precaution:** 예방책, 주의
- **fault:** 과실
- **set out:** 진술하다. = state
- **defective product:** 결함상품 (defect는 결함)
- **plaintiff:** 원고
- **defendant:** 피고
- **lathe:** 선반
- **attachment:** 부속부분
- **retailer:** 소매업자
- **sue:** 제소하다.
- **breach of warranties:** 보증위반, 담보위반. 매매계약에서 매도인이 판매하는 물품에 관하여 계약 중 명시적 또는 묵시적으로 보증한 품질, 성능, 적합성에 대한 보증위반을 의미한다. 보증조건에 반한 내용으로 품질상의 결함이 인정된 경우를 담보 위반이라고 한다.
- **negligence:** 과실
- **hold for ~:** ~의 승소판결을 내리다.
- **construction:** 구조
- **brochure:** 브로셔
- **article:** 상품
- **seller:** 판매업자
- **show ~:** ~라고 증명하다. = prove
- **in what manner:** ~의 수단으로, ~하여
- **sustain:** 입다. 손해 등을 입은 것을 의미
- **essentially:** 본질적으로

30. 불법행위 (8) — 제조물책임 (엄격책임)

엄격책임의 법리

이 장에서도 PL법의 문제에 대해 다루고자 한다. 앞에서도 조금 다룬 바 있는 불법행위법상의 엄격책임에 대해 설명하기로 한다.[33]

엄격책임의 법리 하에서 제품결함에 의한 사고가 일어난 경우, 결함제품의 제조에 있어 제조사 측에 과실이 있었음을 증명할 것이 요구되지 않으므로, 피해자는 제조사의 제조상의 과실을 입증할 필요가 없다. 제품에 결함이 있었다는 사실과 그 결함으로 인해 사고가 일어났다는 두 가지만을 입증할 경우, 제조자 측은 불법행위법상의 책임을 지게 된다.

이러한 법 원리의 사회적 배경에는 '제품을 생산하는 제조자' 대 '개별

---

33) 엄격책임은 무과실책임과 같은 의미로 사용되는 것이 보통이나, 실제로는 완전히 동일하지는 않다. 우리 제조물책임법은 제조물책임을 무과실책임으로 평가하고 있다.

소비자'의 도식이 산업과 기술의 발전에 의해 제조업자가 거대화됨에 따라 소비자가 상대적 약자의 위치에 서게 된 구조의 변화가 자리하고 있다. 이에 따라 소비자보호라는 관념이 생겨나고 제조업자나 판매업자에게 충분한 책임을 물으려는 사회적 풍조가 생성된 것이다.

　　엄격책임 법리는 제조자가 제품의 결함에 대해 합리적 주의를 기울였는지에 대해 의도하였는지 여부에 상관없이 행위의 '결과'에 대해 책임을 지는 것을 말한다. 예를 들어, 도로 건설 시 사용되는 다이너마이트를 제조하는 회사는 그 사용을 원인으로 발생하는 손해에 대해서 엄격책임을 지게 된다. 회사가 제조물의 사용에 따르는 손해를 방지하기 위해서 합리적이고 신중한 예방책을 수립하는 것은 당연한 의무라고 할 수 있다. 이에 따라 회사는 과실유무에 관계없이 책임을 지게 된다.

그린먼 사건

　　다음 사건에서 법원은 소비자가 결함 있는 제품으로 인해 상해를 입은 경우 불법행위법을 적용한 이유를 설명하고 있다.

　　원고 그린먼은 톱, 드릴 및 나무선반에 이용되는 전동공구를 구입하였다. 그린먼은 구입한 공구로 작업을 하던 중 선반의 부속부분에서 튄 나무 파편에 머리를 맞아 중상을 입었고, 이에 소매업자와 제조업자를 대상으로 보증위반과 과실책임에 따른 손해배상청구의 소를 제기하여 법원은 원고승소의 판결을 내렸다. 그린먼은 공구의 설계와 구조에 결함이 있었던 점, 제조업자의 팸플릿에 소개된 내용이 진실이 아니라는 점, 원고가 입은 상해는 피고 측의 의무위반이 원인이었던 점 등을 증명하였다. 법원은 판결에서 "제조업자가 시장에 출시한 제품이 소비자가 별도의 결함검사 없이 사용할 것임을 알고 있었고, 피해자가 그 제품으로 인하여 상해를 입었음을 증명한 경우 불법행위법상의 엄격책임을 지게 된다"라고 언급하였다.

제조업자·판매업자에 대해 제기된 소송의 경우에는 원고가 제품결함이 제조자의 과실에 의해 발생했다는 입증책임을 지지 않는다. 원고는 상해를 입은 당시의 제품이 피고인 제조업자 혹은 판매업자의 관리하에서 떠난 시점과 본질적으로 같은 상태에 있었음을 증명하기만 하면 된다.

그린먼 사건은 1962년 캘리포니아 주 대법원의 판결로서, PL관계의 엄격책임이 확립된 기념비적인 사건으로 유명하다. 이러한 의미에서 캘리포니아 주는 제조업자에게 불법행위법상의 엄격책임을 부과한 최초의 주라고 할 수 있다. 이 사건을 계기로 전미(全美) 각 주에서 불법행위법상의 엄격책임이론이 채용되게 되었다.

기본요건

마지막으로, 미국에서 엄격책임이 부과되는 6가지 기본요건을 소개하기로 한다. ① 피고가 제품을 결함상태에서 판매할 것, ② 피고가 평상시 그 제품의 판매에 종사하고 있을 것, ③ 제품이 그 결함으로 인하여 사용자·소비자에게 불합리한 위험을 안길 것, ④ 원고가 그 제품의 사용·소비에 의해 현실적으로 신체·재산상의 물리적 손해를 입었을 것, ⑤ 결함상태가 상해·손해를 일으킨 주된 원인일 것, ⑥ 제품이 판매 시와 손해발생시점에서 본질적으로 변하지 않을 것 등이다.

31. Tort (9) — Product Liability (Negligence)

Negligence is the failure to use the degree of care that a reasonable, prudent person would have used under the circumstances. If a manufacturer fails to exercise such reasonable care and an injury results, he or she may be sued for negligence.

If the defendant's negligence is so outrageous, court may award not only compensatory damages, but punitive damages as well.

Thus, a manufacturer must exercise "due care" to make a product safe. The duty of care also extends to the inspection and testing of any purchased products that are used in the final product sold by the manufacturer. The failure to exercise due care is negligence.

> MacPherson bought a Buick from a retail dealer. He was injured while driving the car when the wooden spokes on one of the wheels crumbled into fragments. The defective wheel had been supplied to Buick Motor Company by a parts manufacturer. There was evidence tending to show that a reasonable inspection by Buick would have disclosed the defective wheel but that Buick failed to make such an inspection. Court decided that the manufacturer owes a duty of care to the ultimate purchaser(consumer) even though the item was bought from an independent distributor.

A manufacturer is liable for its failure to exercise due care to any person who sustained an injury proximately caused by a negligently made (defective) product, regardless of whether there was a contract to sell.

In this landmark case, the court dealt with the liability of a manufacturer that failed to exercise reasonable care in manufacturing a finished product. The MacPherson case is the classic negligence case in which privity of contract was not required between the plaintiff and the defendant to establish liability.

- **negligence:** 과실
- **negligently:** 과실을 동반한
- **degree of care:** 주의 정도
- **reasonable:** 합리적인, 적정한, 도리에 맞는. 상황에 비추어 적절한, 적당한, 타당한 상태를 나타내는 단어. reasonable man. 합리적인 인간
- **prudent:** 분별 있는
- **manufacturer:** 제조업자
- **exercise:** 행사하다.
- **an injury results:** 결과로써 손상을 입히다. (injured, sustain an injury는 부상 당하다.)
- **sue:** 제소하다.
- **defendant:** 피고
- **plaintiff:** 원고
- **outrageous:** 매우 심한
- **award ~ :** ~을 부여하는 판결을 내리다.
- **compensatory damages:** 보상적 손해배상(액). 피해자가 입은 손해를 단순히 보전하기 위한 손해배상으로 그 이상은 포함하지 않는다. actual damages (현실적 손해배상액)를 가리킨다.
- **punitive damages:** 징벌적 손해배상(액). 불법행위 상의 손해배상에 대해 가해자의 행위가 악질인 경우, 실제 손해에 대하여 원고에게 지불되는 배상에 더하여 징벌적인 의미를 갖는 금액으로 배상액의 지불을 명하는 것을 말한다. exemplary damages, vindictive damages 또는 smart money라고 함. 우리 법에는 없는 제도이다.
- **due:** 상당의
- **extend to ~ :** ~에까지 미치다.
- **inspection:** 검사
- **purchased product:** 구입제품
- **final product:** 최종 제조물
- **retail dealer:** 소매상
- **spoke:** 축
- **wheel:** 바퀴
- **crumble into fragments:** 부서져 파편이 되다.
- **defective:** 결함 있는

- **parts manufacturer:** 부품 제조자
- **tend to ~ :** 결과적으로 ~로 이어지다.
- **disclose:** 명백히 하다.
- **owe a duty:** 의무를 지다.
- **ultimate purchaser:** 최종 구입자
- **distributor:** 판매업자
- **(be) liable for ~ :** ~의 책임을 지다. (liability는 책임)
- **(be) proximately caused by:** ~주요한 원인으로 일어난. 명사는 proximate cause로 주인(主因), 근인(近因). 손해의 원인으로 그 원인이 없었더라면 손해가 없었을 원인을 일컫는다.
- **privity of contract:** 계약관계. 계약당사자의 관계. 원칙적으로 계약문제의 제소에는 피고와 원고 간에 당사자로서의 관계가 필요하다. 그러나 제조물책임에서는 원고·피고 간 계약관계를 요건으로 하지 않는다. 1916년 MacPherson v. Buick 판결에 의해 계약관계에 있는 상대방에 대해 책임을 부담한다는 전통적인 이론은 제조물책임소송에는 적용되지 않게 되었다. 또한 계약상 보증책임에 대해 통일상법전(U.C.C.)에서는 계약관계 요소를 요구하지 않고 있다.

Legal Humor (1)

Q: What is a contingent fee?

A: A contingent fee means, if the lawyer doesn't win your suit, he gets nothing. If the lawyer does win it, you get nothing.

- A contingent fee is a percentage of sharing the monetary judgment or settlement between lawyer and client.

31. 불법행위 (9) — 제조물책임 (과실책임)

과실의 법리

이 장에서는 제조물책임법 중 과실법리에 대해 설명하기로 한다. 일반적으로 과실은 타인의 생명·신체·이익의 보호를 위해 일정한 상황하에서 법이 요구하는 합리적 주의의무를 게을리 하는 행위를 일컫는다. 즉, 사리분별 있는 자가 응당 기울여할 주의를 기울이지 않은 경우로써 고의가 아닌 부주의에 의한 경우를 말한다. 이러한 경우 불법행위법 상의 손해배상책임을 지게 되는바, PL법에서는 제조업자가 제품의 안전성에 대해 기울어야 하는 주의의 범위가 넓게 설정되어 있다. 제품의 설계, 원재료의 선택, 제품의 제조와 조립에 있어 제조공정과 방식, 제품 테스트 등 평균적인 사람이 기울이는 주의 정도로는 발견하기 힘든 위험성에 관해 라벨 등에 적절히 표시하는 등 주의의무가 요구된다. 이러한 의무를 태만히 하는 경우 불법행위법상의 과실책임을 지게 된다.

과실에 의한 손해배상

과실은 합리적이고 사리분별 있는 이가 특정한 상황에서 응당 기울어야 할 주의를 태만히 한 경우를 말한다. 만약 제조업자가 그러한 주의를 태만히 하여 장해가 발생한 경우 과실에 대해 제소당할 수 있다.

법원은 피고의 과실 정도가 매우 심각할 경우에 보상적 손해배상에 그치지 않고 징벌적 손해배상을 선고하는 경우도 있다. 따라서 제조업자는 상당한 주의를 기울여 제품을 안전하게 만들어야 한다. 제조업자가 하청업자로부터 부품을 구입하여, 최종제조물에 사용한 경우에도 이에 대한 부품검사나 테스트를 행해야 하며 이는 기울여야 할 주의의무 범위 내에 있는 사항이다. 상응하는 주의의무를 기울이는 데 실패할 경우 과실이 성립한다.

맥퍼슨 사건

맥퍼슨은 뷰익이라는 자동차 모델을 중개업자로부터 구매하였다. 맥퍼슨은 운전 중, 자동차 바퀴축이 부서지면서 사고가 나서 상해를 입었다. 결함이 발견된 바퀴축은 다른 부품제조사로부터 납품받은 것이다. 제출된 증거에 따르면 뷰익사가 합리적인 검사를 수행하였다면 결함을 발견할 수 있었을 것인데, 뷰익사는 이에 대한 안정성 테스트를 제대로 시행하지 않은 것으로 밝혀졌다. 법원은 설령 최종소비자가 제조업자로부터 독립한 판매업자에게서 제품을 구입하였다고 하더라도 제조업자는 소비자에 대해 주의의무를 부담한다고 판결하였다.

제조업자는 자신의 결함 있는 제품이 주된 원인이 되어 발생한 상해를 입은 자에 대해서, 제조과정상 기울여야 할 주의를 태만히 한 경우 당사자 간 판매에 관한 계약의 존재 유무에 관계없이 책임을 추궁당하게 된다. 획기적이라 할 수 있는 본 사건에서 법원은 완성된 제품의 제조과정에 합리적 주의를 기울이지 않은 제조업자의 책임에 대해 언급하고 있다. 맥퍼슨 사건은 책임의 성립에 있어 원고·피고 간의 계약관계가 필요하지 않게 된 고전적 사건이다.

징벌적 손해배상

1916년 맥퍼슨 사건에 의해 PL법에 있어 소비자와 제조자 사이의 계약관계의 존재는 더 이상 필요하지 않게 되었다. 이 판례 이전에는 계약관계가 있는 상대방에 대해서만 책임을 지도록 한 전통적 이론이 적용되었다. 실제로는 소비자가 특정 제품을 구매할 때마다 제조업자와 판매계약을 맺는 것이 아니라, 단지 동네의 상점에서 구입할 뿐이다. 그러한 의미에서 이 사건은 당시로서는 획기적 사건이라 할 수 있다. 본문 전단에 징벌적 손해배상액(금)이라는 용어가 있으나, 이는 우리나라에는 존재하지 않는 제도이다.

일반적으로 일본이나 우리 민법에서는 단순히 실제 입은 손해에 대한 배상액만이 인정되나, 미국에서는 과실의 정도가 매우 심한 경우에 법원이 징벌을 위해 손해배상지급을 명할 수 있다. 이와 관련하여 PL 보험이 징벌적 손해배상액을 보전할 수 있는가가 문제된다. 보험증권의 내용에 포함된다고 해석되는 사례도 있지만, 일반적으로 사회정의 실현의 관점에서 즉, 징벌의 목적에서 많은 주에서는 원칙적으로 PL 보험에 포함시키지 않는다. 계약위반에 따른 소송사건에서는 원칙적으로 징벌적 손해배상이 추급되지 않는데, 계약법에서는 위반자에게 제재를 가한다는 개념이 타당하지 않기 때문이다. 이에 따라 계약위반에 대한 실질적 손해액만이 배상의 대상이 된다.

미국 판결의 일본에서의 집행

미국 캘리포니아 주 법원이 일본기업에 대해 보상적 손해배상(현실에서 입은 손해를 보전하는 것)과 징벌적 손해배상의 지급을 명한 판결을 현지 기업인 원고가 일본에서 그 집행판결(외국법원의 판결을 일본에서 강제집행하기 위해 일본재판소가 승인하는 판결)을 청구한 만세(萬世)공업사건이 있다. 보상적 손해배상의 지급을 명하는 부분의 집행은 인정하는 판결을 내렸으나, 징벌적 손해배상에 대해서는 제재나 재발방지를 목적으로 하는 것으로, 일본의 손해배상제도와는 상이한 원칙이며 이를 승인하는 것은 공서에 반한다는 이유로 그 집행을 승인하지 않은 바 있다.[34]

---

34) 외국판결의 승인과 집행에 대해서는 우리 법원도 같은 입장을 보이고 있다. 서울지방법원 동부지원, 1995. 2. 10 선고, 93가합19069 참조.

32. The Antitrust Laws (1) — Introduction

The antitrust laws were developed to encourage competition. Theoretically, competition benefits the consumer by lowering prices and raising quality. The various antitrust laws such as Sherman Act, Clayton Act and Federal Trade Commission Act, prohibit monopoly, contracts to restrain trade and certain mergers. Depending on the type of conduct, the courts may apply an absolute ban or a rule of reason.

Any person found guilty of violating the Sherman Act is subject to criminal prosecution for a felony. A typical violation is a group boycott. Any agreement by two or more sellers to refuse to deal with, or boycott, a particular person or firm is prohibited by the Sherman Act. Such group boycotts or joint refusals to deal have been held to constitute per se violations of Section 1 of the Sherman Act.

In the following classic case, a group of automobile dealers encouraged General Motors to stop further sales to a discount automobile sales outlet.

> Some Chevrolet dealers without authorization from General Motors sold cars to discount houses. Other dealers complained. A practice by General Motors of asking their dealers not to participate in "discount houses" that offer new cars at bargain prices, which substantially hurt the sales at standard General Motors dealers, was found to violate the Sherman Act.

This action constituted a conspiracy to restrain trade through a "joint collaborative action by dealers and General Motors to eliminate a class of competitors and to deprive dealers of their freedom to deal through discounters if they so choose," the court said.

- **antitrust laws:** 경쟁법. 시장에서 독점을 배제하고 자유경쟁 촉진을 목적으로 하는 법률. 2개 또는 그 이상의 기업이 다른 경쟁기업에게 부당한 영향을 주거나 제한을 가하거나 또는 그러한 가능성이 있는 협정을 맺거나 공동행위를 취하는 것은 위법하므로 형사벌 또는 금지명령, 3배 손해배상을 인정하는 엄격한 벌칙이 부과된다. 미국 경쟁법은 1890년 제정 셔먼법, 1914년 제정 클레이튼법, 연방거래위원회법의 3개의 법과 이를 수정 또는 보완하는 법률을 포함한 제 법률을 가리킨다. 셔먼법은 경쟁법의 기본법으로, 클레이튼법, 연방거래위원회법은 이를 보완하는 역할을 한다. 셔먼법 제1조는 거래를 제한하는 행위, 제2조는 사적 독점에 관한 규정과 이를 금지하는 내용으로 구성되어 있다. 제3조에서는 배타적 조건이 붙은 거래의 금지를 규정하고, 제7조에서는 기업의 합병, 매수의 규제를 정하고 있다. 연방거래위원회법은 불공정한 경쟁방법 및 기만적 관행을 금지하고 있다. 경쟁법의 시행기관은 법무부 반 트러스트국과 연방거래이사회이다. 또한 각 주는 주 내의 상업에 관하여 각 주의 경쟁법을 시행하고 있다. 미국 경쟁법의 역외적용은 미국 국외에서 행해진 행위에 대해서도 적용되는 경우가 있어서 우리 국내기업이 대미 거래를 할 경우 중요한 문제가 된다.
- **encourage:** 촉진하다.
- **theoretically:** 이론상으로는
- **benefit:** 이익을 부여하다. 혜택을 얻다.
- **Sherman Act:** 셔먼법. 1890년 연방 수준에서 제정된 독점금지에 관한 최초의 법. 거래를 제한하거나 독점하는 모든 결합, 공모 등을 위법으로 보아 이에 대한 벌칙으로서 형사벌, 금지명령, 3배 손해배상을 정하고 있다. 셔먼법 위반은 중죄에 해당하여 위반자에 대한 제재는 엄격하다. 이후 제정된 경쟁법은 모두 이 셔먼법의 보충입법으로 셔먼법이 이들 법률의 기본이 되었다.
- **Clayton Act:** 클레이튼법. 1914년에 제정된 경쟁법. 셔먼법을 보충하는 연방법. 가격차별, 배타적 조건이 부가된 거래, 합병이나 회사 주식 또는 자산의 취득에 대해 규제한다.
- **Federal Trade Commission Act:** 연방거래위원회법. 1914년 제정된 법으로 연방거래위원회의 설립을 규정한 연방법이다. 동법 제5조에서는 불공정한 경쟁방법 및 기만적인 행위나 관습을 위법으로 한 경쟁법상의 규제가 정해져 있다.
- **prohibit:** 금지하다.

- **monopoly:** 독점하다. 1인 또는 수 명의 개인이나 1개 사 또는 수 개 사의 기업이 특정 비즈니스나 거래분야, 특정 물품의 생산이나 판매 관련의 그 시장에서 우위성 있는 배타적인 권리나 지위를 갖는 상태를 말한다. "독점"은 셔먼법 제2조에서 금지되어 있다.
- **contract:** 계약
- **restrain:** 제한하다. 행동, 자유 등을 제한 및 억제, 금지하는 것. 특히 제한을 가하는 내용의 계약은 공공의 이익을 해하는 것으로서 무효가 된다.
- **merger:** 합병. 회사가 타회사에 흡수되어 그 회사의 일부가 되는 것. 흡수한 측의 회사는 존속회사로 불리고, 흡수된 측의 회사는 자산·채권·채무, 영업권, 사원 등을 승계한다. 복수의 회사 전부가 그 존재를 종료·소멸시킨 후 통합하여 신회사를 설립하는 consolidation(신규합병)과는 다르다.
- **absolute ban:** 완전 금지
- **rule of reason:** 합리성의 원칙. 합리성이 있으면 위법이 아닌 것으로, 합리성 유무의 근거를 사안별(cast-by-case)로 판단하는 원칙
- **violate:** 위반하다. (per se violation은 그 자체 위반)
- **(be) subject to ~ :** ~의 대상이 되다.
- **prosecution:** 소추
- **felony:** 중죄
- **boycott:** 공동거부. 불매운동, 불매동맹, 보이콧
- **per se:** 그 자체로. 다른 대상과의 관련성을 갖지 않고, '그 자체로'라는 의미. by itself(himself, herself) 또는 alone의 의미. 용법으로는 per se illegal (그 자체로 위법한)이 있다.
- **Section 1 of the Sherman Act:** 셔먼법 제1조. 거래규제를 내용으로 하는 공동행위의 금지를 규정하고 있다.
- **outlet:** 소매점
- **Chevrolet:** 시보레 (미국제 대형차)
- **authorization:** 허가
- **substantially:** 실질적으로
- **hurt:** 손해를 가하다.
- **conspiracy:** 공모
- **collaborative:** 협력적인
- **joint collaborative action:** 담합
- **deprive:** 빼앗다.

32. 경쟁법 (1) — 개설

자유경쟁원리

미국에는 독점금지법으로 셔먼법·클레이튼법·연방거래위원회법의 3가지 연방법이 존재한다. 경쟁법은 시장의 독점을 배제하고, 자유경쟁을 촉진시키는 것을 목적으로 하는 법률이다. 일본의 독점법에 해당하는 법이며,[35] 2개 혹은 그 이상의 기업이 경쟁관계에 있는 다른 기업에 부당한 압력이나 영향을 미치거나 제한을 가하거나, 그러한 가능성을 내포하는 협정을 맺는 등의 공동행위를 금지한다. 위반자에 대해서는 형사벌을 포함하여, 금지명령이나 3배의 손해배상을 부과하는 등 엄격한 처벌이 규정되어 있다.

미국의 경쟁법

셔먼법은 경쟁법의 기본법으로 불법적 거래의 제한 및 독점의 금지를 그 내용으로 하며, 상업을 보호하기 위한 목적으로 1890년 연방의회에 의해 제정되었다. 클레이튼법은 셔먼법 위반행위의 발생을 막는 등, 동법을 보조하기 위한 수정법으로서 1914년에 제정되었다. 이 법은 시장에 있어 실질적 경쟁의 감소, 독점 발생과 같은 가격차별, 끼워팔기 및 배타적 조건이 붙은 거래계약, 기업합병, 이사겸임 등을 금지하고 있다. 같은 해 제정된 연방거래위원회법에서는 경쟁법의 위반행위부터 소비자보호를 목적으로 만들어진 연방거래위원회의 설치와 셔먼법과 클레이튼법을 실시하기 위해 넓은 권한을 동 위원회에 부여하고 있으며, 가격담합, 기만적 광고행위 등도 위법으로 규정하고 있다. 나아가 다른 경쟁법에서 명백히 위법으로 인정되지 않는 행위나 관행이라 할지라도 연방거래위원회법에서는 위반으로 보는 경우도 존재한다.

이와 같이 경쟁법을 구성하는 3법은 상호 연동하여 총괄적으로 불공정한 경쟁행위와 거래관행에 대처해 나가고 있다. 이러한 법률이 형성된 것은 19세

---

35) 우리나라의 경우 '독점규제 및 공정거래에 관한 법률'에 해당하는 법이다.

기 후반 거대기업들이 합병으로 시장독점지배력을 가지게 되어 자유경쟁을 저해하게 됨으로써 이에 대한 견제의 필요성이 대두하였기 때문이다. 전술한 3가지의 법 이외에도 경쟁법 강화를 위하여 클레이튼법 제 2 조를 강화한 것으로서 가격차별행위 금지를 골자로 하는 Robinson-Patman Act(1936년), 법률상의 흠결을 메우기 위한 목적으로 클레이튼법 제 7 조를 개정·강화한 것으로 기업의 자산취득에 의해 일정분야의 경쟁감소를 가져오는 합병의 금지를 내용으로 하는 Celler-Kefauver Amendment(1950년), 클레이튼법 제 7 조의 개정법으로써 기업합병의 사전신고의무 등을 규정한 Hart-Scott-Rodino Antitrust Impro- vement Act(1976년) 등의 법이 제정되었다.

집단 보이콧과 당연 위반(per se violation)

경쟁법은 경쟁을 촉진하기 위하여 발전해 왔으며, 이론적으로는 가격을 내리거나 품질을 향상시킴으로써 소비자에게 이익을 안겨 주게 된다. 셔먼법·클레이튼법·연방거래위원회법 등의 경쟁법은 독점 혹은 거래제한 계약 및 특정 종류의 기업 간 합병을 금지하고 있다. 법원은 행위의 내용에 따라 무조건적 금지 혹은 '합리성 원칙'에 따른 기준을 적용하고 있다. 셔먼법 위반으로 유죄가 인정된 자는 형법상 중죄에 해당하여 소추의 대상이 된다. 다음으로 위반의 전형적인 한 형태인 집단 보이콧에 대해 살펴보자. 특정한 자 혹은 기업과의 거래를 거부하거나 보이콧 하는 등의 2인 이상의 업주에 의한 계약은 셔먼법에 금지되어 있다. 이러한 거래에 대한 집단 보이콧 혹은 공동거부는 셔먼법 제 1 조가 규정하는 '당연 위반(per se violation)' 사유에 해당한다. 다음은 이에 대한 대표적 사례이다.

> 일부 시보레 자동차 딜러들이 제너럴 모터스의 허가 없이 자동차를 할인매장에 판매하였다. 법원은 신차를 할인가격에 판매하지 못하도록 딜러들에게 요구한 제너럴 모터스 사의 행위가 셔먼법 위반에 해당한다고 보았다.

법원은 이러한 제너럴 모터스 사의 행위는 특정 경쟁자를 배제하고 할인점과 거래하는 딜러들의 자유를 빼앗는 것으로 거래제한을 위한 공모라고 판단하였다. 경쟁법은 기업활동을 자유롭게 전개하여 건전한 자본주의경제를 유지해 가는 것을 기본이념으로 한다. 따라서 미국인이 건국 이래 지켜온 '자유'를 제한하는 행위는 절대적으로 배제한다는 것이 경쟁법의 핵심이라 할 수 있다. 연방대법원은 앞의 사건에서 제너럴 모터스 사의 행위가 위법이라고 판단하였다.

형사벌

반경쟁행위를 억제하기 위하여 경쟁법 위반에 대한 처벌은 매우 엄격하고 실질적인 제재로 이루어진다. 셔먼법에서는 형사벌을 부과한다. 유죄가 인정될 경우 개인은 벌금 35만 달러 이하, 금고형 3년 이하 또는 이를 병과한다. 기업의 경우에는 위반행위마다 벌금 1,000만 달러를 부과한다. 유죄판결을 위해서는 피고의 반경쟁행위의 결과에 대한 인식, 즉 범행의도의 존재증명이 핵심 사안이지만 그 입증이 그리 용이하지 않으므로 일반적으로 손해배상을 청구하는 민사소송이 주를 이룬다. 즉, 클레이튼법과 연방거래위원회법으로는 형사벌이 부과되지 않는다.[36]

---

36) 우리나라의 '독점규제 및 공정거래에 관한 법률'도 형사벌을 부과하고 있다. 위반행위에 따라 최고 3년 이하의 징역 또는 2억원 이하의 벌금을 부과한다. 자세한 것은 '독점규제 및 공정거래에 관한 법률' 제66조 이하 참조.

33. The Antitrust Laws (2) — Merger of Corporations

Section 7 of the Clayton Act prohibits certain mergers where the effect of the merger may be to substantially lessen competition.

Mergers may be divided into three basic classifications: ① horizontal mergers, ② vertical mergers, and ③ conglomerate mergers. A horizontal merger occurs when two competing firms merge. A vertical merger is one in which a manufacturer merges with a wholesale distributor or a retail chain that does business in the same product market as the manufacturer. A conglomerate merger is a merger where the acquiring firm is not in the same line of commerce as the firm being acquired, and thus the acquired firm was neither a competitor nor a supplier or a former customer.

The key question in all three of these types of mergers is whether or not the merger may reduce the competition.

The following case is illustrative of a product-extension conglomerate merger.

Procter & Gamble, which had over one-half the detergent market, sought to acquire Clorox Chemical Company. At the time of the merger, Clorox was the leading manufacturer of household bleach with 49 percent of the market. The Federal Trade Commission(FTC) brought this action for violating of Section 7 of the Clayton Act, saying that it would prevent other bleaches from entering the market. The court agreed with the FTC, stating that the merge did violate the act, and this merger would, in fact, further decrease entry into the market for the potential competitors.

In many cases, conglomerate mergers serve to reduce overhead costs by spreading them over a larger amount of output and reducing advertising and other promotional costs.

- **section:** 조 (경우에 따라서는 부 또는 절)
- **merger:** 합병 (merge는 동사)
- **substantially:** 실질적으로
- **lessen:** 감소시키다. 감소하다.
- **competition:** 경쟁 (compete는 경쟁하다. competitor는 경쟁자)
- **divide into ~ :** ~으로 나뉘다.
- **classification:** 분류
- **horizontal merger:** 수평적 합병. 시장에서 경쟁관계에 있는 기업을 합병하는 것. 대등한 관련 기업 간의 합병이므로 경쟁기업 수의 감소로 이어지므로 경쟁법에 의해 규제를 받는 경우가 많다.
- **vertical merger:** 수직적 합병. 제조물의 생산에서 완성된 제품의 판매에 이르기까지 각 단계에 속하는 관련 기업 간의 합병을 말한다. 수직적 합병은 수평적 합병보다 경쟁법에 의해 규제를 적게 받는다.
- **conglomerate merger:** 혼합적 합병. 기업의 합병 가운데 수평적 합병 또는 수직적 합병 이외의 유형. 타 분야 기업 또는 다른 업종 간의 기업 합병 등
- **firm:** 회사. 동의어로 company, corporation, enterprise 등이 있다.
- **manufacturer:** 제조업자
- **wholesale distributor:** 도매업자 / **retail chain:** 소매 체인
- **acquire:** 권리·재산을 취득하다.
- **illustrative of ~ :** ~의 실례가 되다.
- **product-extension:** 제품 확대형
- **detergent:** 세제 / **household bleach:** 가정용 표백제
- **The Federal Trade Commission:** 연방거래위원회, FTC라고 불림. 1914년 설립된 연방행정기관. 불공정한 경쟁방법, 불공정 또는 기만적인 행위나 관행 등 경쟁법 위반행위로부터 소비자를 보호하는 것을 목적으로 하고 있다. 위반자에 대하여 위반행위의 배제조치 명령을 내리는 권한을 갖는다.
- **violate:** 위반하다. 침해하다. 계약이나 약속을 파기하다. 의무를 위반하다. 타인의 권리를 침해하다 등의 의미. 명사는 violation
- **potential ~ :** ~의 가능성이 있는
- **overhead cost:** 간접비. 제조나 판매와는 직접적 관계없이 발생하는 비용
- **spread over:** 분산하다.
- **output:** 생산고
- **advertise:** 광고하다. (promotional은 선전의)

33. 경쟁법 (2) — 기업의 합병

경쟁법의 유래

미국의 독점금지법이 왜 경쟁법(Anti-trust law)이라고 불리는지 그 유래에 대해 설명하기로 한다. 19세기 후반 산업이 급성장하는 와중에 트러스트(신탁) 라고 하는 사업형태가 출현하여 당시 주요산업을 지배하는 현상이 나타났고, 그 결과로 시장의 독점이 횡행하게 되어 소비자가 자유로운 선택을 할 수 없게 되었다. 이러한 상황에서 독점행위를 규제하려는 법이 생겨나 경쟁법이라는 명칭이 붙게 되었고, 이후 미국 자본주의의 헌법과 같은 기본법으로서의 역할을 하고 있다.

기업의 합병

이 장의 주제는 기업의 합병(merger)이다. 합병이나 주식·자산의 취득에 관한 규제는 클레이튼법 제7조에 규정되어 있다. 그 핵심은 회사나 개인이 다른 회사의 주식이나 자산을 전부 혹은 일부 취득하여, 국내 상업의 경쟁을 실질적으로 감소시키고 독점 발생의 효과를 나타내는 경우에는 이러한 취득을 금지하는 것이다.

이루어진 합병이 위법이라고 판정되는 경우 위반행위에 대한 조치로 법무부 및 연방거래위원회는 취득자산의 처분명령(divestiture) 혹은 합병해제명령(dissolution order)을 할 수 있다.

클레이튼법 제7조는 기업합병이 실질적 경쟁을 감소시키는 경우 이를 금지하는 규정을 설시하고 있다. 합병은 기본적으로 세 가지로 분류할 수 있다. ① 두 개의 경쟁회사 간에 이루어지는 수평적 합병, ② 제조사와 자사제품을 거래하는 도매업자나 소매 체인 간에 이루어지는 수직적 합병, ③ 합병하는 회사와 합병당하는 측의 회사가 같은 상업분야에 종사하는 경우가 아닌 혼합적 합병이 그것이다. 이 경우 취득당하는 회사는 경쟁자 혹은 공급자, 원래의 고객이 아니다. 이러한 3종류의 합병에 관한 주요 쟁점은 합병 자체가

경쟁을 감소시키는가의 여부이다.

혼합적 합병

다음은 제품 확대형 혼합적 합병의 사례이다.

> 세제 시장의 50% 이상을 점유하고 있는 프락터 앤 갬블 사는 클로락스 화학사를 합병하려 하였다. 합병 시점에 클로락스 사는 가정용 표백제 시장의 49%를 점하는 세계제일의 제조회사였다. 연방거래위원회는 합병이 클레이튼법 제 7 조 위반에 해당하고, 다른 표백제 제조사의 시장진입을 저해할 수 있다는 이유로 프락터 앤 갬블 사의 합병의 취소를 청구하는 소를 제기하였다. 법원은 연방거래위원회의 청구를 받아들여, 본 합병이 잠재적인 경쟁기업의 시장진입을 어렵게 만들어 경쟁자의 수를 감소시킨다는 판결을 내렸다.

많은 경우 혼합적 합병은 생산고의 범위보다 확대되어 광고비 기타 판촉비를 줄이고, 간접비용을 분해·감소시키는 역할을 한다. 이 사건은 서로 연관성을 갖는 제품을 취급하는 회사의 합병에 관한 것으로서, 제품 확대형의 혼합적 합병에 해당한다. 미 연방대법원은 이러한 행위가 위법이라고 판시하였다. 또한 프락터 앤 갬블 사는 동종업계 유일한 광고주로서 압도적 광고비를 사용하는 등 표백제 업계 최대의 지위를 보유하고 있는 점으로 볼 때, 양자의 합병에 의해 다른 기업의 시장진입 의욕이 크게 손상당할 위협이 있는 것으로 판단하였다.

역외적용

　　최근 조간신문을 펼치면 놀랄 정도의 대기업 합병이 국내·외를 막론하고 빈번하게 일어나고 있다. 이러한 합병 과정에서 항상 논란이 되는 것은 독점금지법 문제이다. 미국, 유럽연합(EU)을 막론하고 독점금지법에는 역외적용의 법리가 확립되어 있다. 셔먼법과 클레이튼법은 미국에 반경쟁적 영향을 미치는 국외의 상업적 활동 역시 법의 적용대상이 된다고 규정하고 있다.

　　국외에서 반경쟁적 활동을 하는 국외기업에 대해 강제력 있는 집행을 시도하는 것은 타국의 주권을 침해할 가능성이 있다. 또한 당해 외국정부에 의한 무역상 보복조치의 발동 등 새로운 리스크가 발생할 가능성도 있어 그 집행이 그리 쉬운 것이 아니다. 그러나 당해 외국기업이 미국 국내에서 자산을 보유하고 있다든지, 자회사 등의 관련기업을 가지고 있다든지 직·간접적 사업 활동을 전개하고 있는 경우에는 역외적용을 강행하게 된다. 국제거래를 행하고 있는 대부분의 기업은 세계 최대의 시장인 미국과 어떤 형태로든 관련성을 가지고 있기 때문에 미국의 법 집행을 존중하지 않을 수 없다. 역외적용은 미국과 거래를 행하는 우리 기업이 충분히 이해해 두어야 하는 법원칙이다.37)

---

37) 우리나라도 국외행위에 대하여 일정한 경우 '독점규제 및 공정거래에 관한 법률'을 적용하고 있다. 동법 제2조의 2에 따르면 국외에서 이루어진 행위라도 국내시장에 영향을 미치는 경우에는 동법을 적용한다고 규정하고 있다. 이른바 효과이론을 우리나라도 채용하고 있는 것이다.

34. Employment and Law

Title Ⅶ of the Civil Rights Act deals with rights violations on the basis of race, color, creed, national origin, religion, and sex, and applies to business employers with over 15 employees.

An employer must make "reasonable accommodation" to an employee's religion. Bona fide occupational qualifications are allowed, but testing must be related to job duties. The law covers not only hiring but promotions, work conditions, and benefits.

> Duke Power Company was found to violate Title Ⅶ by requiring a high school diploma and/or the passing of an equivalency test before a person could be hired or promoted by the company. The court held that while ordinarily a high school education or equivalency test is not violation of the Civil Rights Act, but it is so when they have no bearing on job performance. Thus the contention by black employees who were ineligible for employment advancement, coupled with the data supplied with regard to advancement in the company, established a clear case of discrimination.

Employers often find it necessary to use interviews and testing procedures in order to select new employees from among a large number of applicants for job openings. Consequently, personnel tests have been used as devices for screening applicants. Minimum educational requirements are also common. In the above case, the U.S. Supreme Court had to decide that the thorny problem of intelligence tests as a condition for employment violated Title Ⅶ of the Civil Rights Act.

- **employment:** 고용 (employment discriminations은 고용차별)
- **Title Ⅶ of Civil Rights Act:** 인권법 제 7 장. 1964년에 제정된 인권법 제 7 장은 고용관계에 있어 차별을 총괄적으로 규제하는 기본법이다. 15명 이상 을 고용하는 민간기업, 정부기관을 포함한 고용자에게 적용된다. 고용에 관 하여 개인의 인종, 피부색, 종교, 성별, 출신국을 이유로 하는 차별적 취급 을 금지하고 있다. 제 7 장에 따라 고용기회균등위원회(EEOC)가 이 법률의 감시기관으로 설립되었다. 또한 1972년 고용기회균등법은 인권법 제 7 장을 개정하여 제정한 법이다.
- **race:** 인종 / **creed:** 종교상의 신조(信條)
- **national origin:** 출신국
- **reasonable:** 합리적인
- **accommodation:** 편의, 수용
- **bona fide occupational qualification:** 진정한 직업조건. 특정 직업 혹은 업무 의 수행에 요구되는 자격요건, 약칭 BFOQ. 어떤 업무를 수행하는 데 있어서 특정 조건을 가진 자가 필요한 경우 BFOQ를 나타낼 수 있다면 특별하다고 판 단하여 차별해서 선택할 수 있다. 그러나 현실에서는 사회현상적으로 남녀간 직업상 구별이 거의 없어진 이상 무엇이 진정한 직업상의 조건인가에 대해서 법원은 재판기준을 극히 엄격하게 설정하여 BFOQ를 인정한 예는 매우 드물다.
- **promotion:** 승진
- **benefit:** 특전, 혜택
- **diploma:** 졸업증서
- **equivalency:** 동등
- **hire:** 고용하다.
- **hold:** 적용하다.
- **have no bearing on ~ :** ~와는 관계없는
- **contention:** 주장
- **ineligible for ~ :** ~에 선발될 자격이 없는
- **advancement:** 승급, 승격
- **job opening:** 일자리
- **personnel:** 인사의
- **screen:** 심사하다.
- **thorny problem:** 곤란한 문제, 이론이 많은 문제
- **intelligence test:** 지능 테스트

34. 고용과 법

보통법이 준거법이었던 시대

이번 장의 주제는 고용에 관한 법률이다. 미국에서는 1900년대 초반까지 대부분의 고용관계에 관한 문제에 보통법이 적용되었다. 고용관계의 종료가 당해 고용계약의 조항에 위반하지 않을 경우, 고용자와 피고용자 모두 고용관계를 종료할 수 있는 권리를 가진다는 employment at will이라는 보통법상의 법원칙이 있다. 이 원칙은 실질적으로 고용주가 자의로 고용계약의 해제를 가능하게 하여 피고용인에게 불리한 결과를 초래하지만, 최근에는 제정법에 의해 그 적용이 상당부분 제한되고 있다. 기타 고용관계 문제에는 보통법상 계약법이나 대리법, 불법행위법이 적용되고 있다.

일반적으로 미국은 노동자의 권리주장이 매우 강한 국가라는 이미지가 있으나, 상기한 보통법상 원칙은 고용에 관해 경영자측이 보다 강한 권한을 가지고 모든 면에서 노동자를 통제하는 시스템의 구축을 가능하게 하였고, 노동자의 권리는 대부분 인정되지 않았다.

노동자보호 시대의 도래

그러나 산업상의 노동환경 변화로 인해 미국 의회는 1930년대 초반부터 노동자 측과 경영자 측의 관계를 대등하게 재구성하려는 조치로서 다수의 고용·노동 관련 법률을 제정하기 시작했다. 결과적으로 노동자 측의 입장을 지지하는 많은 제정법이 탄생하였다. 보통법 원칙은 제정법이 포섭하지 않는 영역에만 적용되므로 보통법상 고용에 관계된 여러 법원칙은 다수 제정법의 제정에 의해 대체되거나, 새로운 제약이 따르게 되었다.

이 무렵 초기에 제정된 두 가지 유명한 법률을 소개하기로 한다. 그 하나는 노동자 측에 평화적 파업, 피케팅, 보이콧을 행할 권리를 부여한 Norris-LaGuardia Act(1932)이고, 다른 하나는 노동자 측에게 경영자 측과 대등하게 단체교섭을 할 권리의 부여 및 노조활동에 대한 경영자 측의 부당한 간섭 금지를 규정한 일명 Wagner법으로 알려진 National Labor Relations Act (1935)이다. 현재, 고용에 관한 모든 분야의 법은 연방법과 주법에 의한 규제를 받으며, 이러한 일련의 법은 차별금지, 노조활동의 보장, 노동의 안전성, 퇴직에 관한 프로그램 등 노동자의 보호를 목적으로 하고 있다.

제 7 장

차별금지에 관한 총괄적 법률은 1964년에 제정된 인권법 제 7 장으로, 통상 "Title Ⅶ"이라고 불린다. 이 법률은 채용, 임금, 노동시간, 급여인상, 승진, 해고 등 고용조건에 있어서 모든 형태의 차별을 금지하고 있다.

인권법 제 7 장은 고용차별문제를 다루고 있는데, 구체적으로 인종, 피부색, 신조, 출신국, 성에 의한 차별을 금지하고 있다. 이 법은 15명 이상의 근로자를 고용하고 있는 고용인에게 적용되며, 고용인은 피고용인이 신앙의 의무를 지키기 위한 합리적 편의를 제공할 것을 의무하고 있다. 진정한 직업조건이 필요한 경우에는 차별이 인정되지만, 평가에 있어서는 직무와의 관련성을 갖추어야 한다. 이 법률은 채용뿐만 아니라 승진이나 노동 조건, 부수적인 혜택도 대상으로 하고 있다.

자격평가

다음의 사건을 분석해 보기로 한다.

> 법원은 듀크 전력회사가 고용 혹은 사내 승진 심사 시, 고등학교 졸업자격 혹은 이에 준하는 자격시험에 통과할 것을 요건으로 한 것은 제 7 장 위반에 해당한다고 판시하였다. 법원은 고등학교 교육 혹은 이에 준하는 자격소지 요건은 통상의 경우 인권법 위반에 해당하지 않으나, 이러한 요건이 업무상의 필요성과 아무런 관련이 없을 때는 위반에 해당한다고 판단하였다. 증거로 제출된 사내 승진 관련 데이터를 살펴보았을 때, 승진이 사실상 불가능하다는 흑인 근로자들의 주장은 근거가 있으며 명백한 고용차별에 해당한다고 판결하였다.

고용자 측은 채용을 위해 다수의 응모자 중 채용자를 선발하기 위한 수단으로써 인터뷰나 테스트를 행할 필요가 있다. 결과적으로 인사용 평가지만 응모자를 심사하기 위한 도구로써 사용된다. 또한 최소한의 교육수준을 채용 조건으로 하는 경우도 있다. 본 사건에서 미 연방대법원은 높은 수준의 지능테스트의 응시를 고용조건으로 하는 것은 인권법 제7장에 위반된다고 판결을 내린 것이다.

피고 전력회사가 채용조건으로 삼은 고등학교 졸업요건과 테스트 합격 모두 업무상 필요성과 관련이 없다는 점이 입증되었고, 고등학교를 졸업하지 않은 종업원들도 아무런 지장 없이 직무를 수행하고 있는 것이 입증되어, 직무와의 관련성을 인정할 수 없으므로 제7장 위반에 해당한다고 보았다. 미국은 다민족국가인 까닭에 고용차별금지 관련 법이 다수 존재하고 있다.

EEOC

고용관련 법률의 감시기관인 고용기회균등위원회(Equal Employment Opportunity Commission = EEOC)는 1964년 인권법 제7장에 의해 설립된 연방정부기관이다. EEOC는 고용차별을 당한 피고용자의 신청에 입각하여 그 내용을 조사하고 스스로 판단을 내림과 동시에 고용자와의 화해를 조정하며, 화해가 성립되지 않는 경우 피고용자 대신 고용자를 연방지방법원에 제소하는 권한도 가지고 있다. 만일 EEOC가 조사의 결론을 내지 않을 경우 피고용자가 독자적으로 고용자를 제소할 수 있다. 또한, EEOC는 고용차별에 관한 법률의 해설 혹은 상세한 정의에 관한 가이드라인을 공표한다. 1965년 7월부터 시작한 동 위원회는 차별에 대한 감시 역할을 담당하여 고용자들에게는 두려움의 존재이다.

고용문화가 상이한 미국에 약 5,400개[38]의 일본기업이 진출하여 다수의 고용관련 문제가 발생하고 있는 것이 현실이다. 특히 빈번히 문제가 되는 것은 현지법인에서 관리직 혹은 간부직에의 승진이 대부분 일본인에게만 편향되어 있는 점이다. 고용 시에 일본에서는 당연한 것으로 여겨지는 연령, 생년월일, 가족구성, 혼인상태, 전과기록, 출신국, 종교 등 사항의 기입은 물론 사진첨부도 고용차별에 해당, 모두 위법이 될 수 있다.

---

38) 출처: 일본 외무성 북미국 감수, 「최신 미합중국 요람 50주와 일본」(3정판), 2002년 간행.

35. Law of Contracts (1) — Introduction

The purpose of a contract is to establish the conditions to which the parties agree to and their rights and duties under those conditions. A valid contract must be enforced by the courts according to its terms. In general, to be enforceable in court, a contract ① must be made by legally competent parties; ② must not have as its purpose something that is illegal to do or have; ③ must include a valuable consideration — an inducement for each party to carry out his part of the bargain; ④ must impose a mutual obligation on the parties; ⑤ must be the result of mutual agreement between the parties; and ⑥ must be in writing if a written document is required under the Statute of Frauds, as for an example, contract involving the sale of land and real estate. If any of these essential elements are missing, the contract cannot be enforced.

> Joe verbally agrees with Sam to buy his house for 85,000 dollars and gave him 15,000 dollars as a down payment. While waiting for Sam to move out, Joe learned that Sam has signed a written contract with Patricia to sell the house for 90,000 dollars. Joe sued Sam to make him honor his oral contract. A court cannot enforce their agreement because a contract to buy real estate must be in writing in virtually every state. Therefore it is a void contract. Since they did not comply with the law, neither Joe nor Sam can have the court enforce the contract against the other. Sam can be made to return Joe's 15,000 dollars, however.

This is the example of void contract and it has no legal effect: no legal rights, duties, or obligations are imposed upon either party by it. A void contract is neither valid nor enforceable.

- **contract:** 계약, 계약서. 2명 이상 사이에 합의된 법적 강제력 또는 구속력 있는 약속으로 특정행위를 할 것 또는 하지 않을 것을 의무로 하고, 상대가 그 의무를 태만히 한 경우에는 법률에 의해 손해배상, 구제조치를 취할 수 있다. 계약이 유효하게 성립하기 위해서는 상호합의(청약과 승낙), 약인 또는 대가의 존재, 당사자의 이행능력, 계약의 목적이나 목적물의 적법성 등이 있어야 한다.
- **establish:** 규정하다.
- **conditions:** 조건
- **rights and duties:** 권리와 의무
- **valid:** 법적으로 유효한, 합법의, 법적 구속력이 있는, 법적 효력이 발생하는, 법적으로 존재하는, 법적으로 충분한 조건을 갖춘, 법적인 형식을 갖춘, 무효가 아닌 상태를 나타내는 형용사. 예를 들어 valid contract는 유효한 계약을 가리키는 것으로, 그 계약의 이행을 강제하기 위하여 필요로 하는 법적으로 유효한 기본요건을 갖춘 계약을 가리킨다.
- **enforce:** 강제하다. 시행하다. 법률이나 명령을 강제, 실시하는 것. 법률적인 효력을 발생시키는 것. 계약내용을 강제하다. 계약조건을 이행하게 하다.
- **legally competent:** 법적능력 있는
- **valuable:** 가치 있는. 계약의 약인이 계약을 유효하게 구속력을 가지게 하는 데 충분한 가치를 갖는 경우 사용하는 용어
- **consideration:** 약인, 대가. 청약(offer), 승낙(acceptance)과 함께 계약을 구성하기 위한 3대 요건 중 하나. 일방 당사자에 의한 행위나 약속의 대가로서 타방 당사자가 수행하는 행위나 약속. 그 내용은 양 당사자에게 있어서 가치를 지닌 것으로 법적으로 정당한 가치 있는 거래여야 한다. 금전적 적합성은 문제되지 않는다. 또한 양 당사자가 의무로서 행하는 것이 아닌 것 또는 자기가 사용하는 법적 권리를 행사하지 않는 것 등도 약인의 대상이 된다. 청약에 대해 승낙이 이루어져 그 대가로 어떤 것을 공여하기로 쌍방이 동의하는 것으로 consideration의 유무가 contract와 gift 구별의 기준이 된다.
- **inducement:** 유인
- **bargain:** 거래. 계약이나 거래의 조건을 교섭하는 것
- **mutual:** 쌍방의
- **obligation:** 의무, 채무. 법률상 또는 계약 관계에서 발생하는 의무를 가리킴. 또한 금전상 지불되지 않으면 안 될 채무자의 의무를 채무라고 함
- **in writing:** 서면으로

- **Statute of Frauds:** 사기방지법. 계약에서 일정한 약속을 기초로 청구에 대해 소송을 제기하기 위해서는 서면에 의한 증거가 요구된다. 즉, 당사자가 그 대리인이 서명한 서면에 의해 증명하지 않는 한, 법원에 의해 그 계약을 강제하는 것이 불가능하다고 규정한 법률. 계약기간이 1년 이상인 계약, 5,000달러 이상인 물품의 매매계약, 토지 또는 부동산의 권리 매매계약 등은 동법의 적용을 받아 서면에 의한 증거가 없으면 소송을 하더라도 법원이 구제를 명할 수 없게 된다.
- **real estate:** 부동산. 동산에 대응되는 말로 토지·건물이나 토지의 정착물을 총칭한다. real property는 동의어
- **verbally:** 구두로, 구두에 의해, 말에 의해라는 의미. 미국에서는 사기방지법(Statute of Frauds)에 의해 금액이 5,000달러 이상의 매매계약, 또는 이행기간이 1년 이상인 계약 등 일정 계약은 서면에 의할 것을 규정하고 있으며 그 경우 구두에 의한 것은 법원에서 강제할 수 없도록 하고 있다. 이처럼 미국 계약법에서는 서면에 의하여야 할 계약의 종류를 규정하고 있지만, 일본 민법에서는 계약이 구두의 합의만으로 유효하게 성립하고 서면의 작성은 필요하지 않다. 국제계약에서는 완전합의조항(entire agreement clause)을 두어 본 계약서면에 적힌 내용이 양 당사자가 합의한 모든 내용인 것을 확인하고 그 밖의 어떠한 구두에 의한 합의도 효력을 갖지 않는다고 규정하여 구두합의에 의한 분쟁을 방지하고 있다. 영미법계 국가에서는 구두증거법칙이 있어 서면에 의한 계약이 있는 경우에는 서면에 작성된 내용만이 양 당사자의 최종 합의이며 그에 반하는 구두의 계약은 주장할 수 없다.
- **down payment:** 선수금. 매매계약이나 구입계약의 체결 시에 또는 교섭 성립 시 구입대금의 일부로서 현금으로 지불하는 일시금. 대금의 일부로 간주된다. 국제거래계약 시 지불되는 initial payment와 동의
- **sue:** 제소하다.
- **honor:** 지키다. 준수하다.
- **virtually:** 실질적으로
- **void:** 무효의, 법적효력이 없는. 의도된 목적을 법률상 달성할 수 없는 것. 또는 효력을 잃거나 법률적 효력이 발생하지 않는 법률상 강제력·구속력이 없는 등 의미를 나타내는 형용사. voidable(취소가능)과 void는 명확히 구별된다. voidable은 조건에 의해 무효로 될 수 있는 것이다. 숙어로서 null and void가 자주 사용되는데, '법률상 무효의'라는 의미임
- **legal effect:** 법적효력

35. 계약법 (1) — 개설

계약관념의 비교

　미국인은 발달된 계약관념을 가지고 있는 데 반해, 일본인의 계약관념은 박약하다는 지적을 자주 받는다. 하지만, 일본은 전후 세계 여러 나라들과 무역에서 비약적인 성과를 올린 나라이다. 원격지(遠隔地) 국가와의 국제거래는 약속은 지켜야 한다는 원칙이 확립되어 있지 않으면 이루어질 수 없다는 점을 생각할 때, 이러한 지적은 타당성을 가지기 힘들다. 또한 일본에서는 에도 시대에 이미 상업이 눈부시게 발달하여, 어음과 수표 등 유통증권인 상업증권(commercial paper＝CP)이 사용되어 현대사회의 회사나 은행의 원형이 되는 시스템이 구체화되어 있었다. 이러한 시스템 하에서 계약관념은 폭넓게 이해되고 수용되어 서면에 의한 계약이 빈번히 통용되었으며, 당사자 간의 약정은 대부분 준수되었다. 이와 같이 일본인의 계약관념은 그 수준이 높고, 오랜 역사를 가지고 있다.

　다만, 일본인의 계약관념이 미국과 큰 차이를 보이는 면은 계약에 대한 개념과 수단에 있어서라고 할 수 있다. 이러한 차이가 가장 극명하게 나타나는 것이 계약서의 형태이다. 미국에서는 약속한 사항 모두를 계약서에 삽입하는 것이 기본이어서 계약서는 두껍고 방대한 것이 되기 마련인 데 반해, 일본에서는 계약을 체결한다는 사실 자체가 중요하며, 그 내용은 될 수 있는 한 간결하게 작성된다. 이는 문제가 발생할 경우, 대화를 통한 해결 모색을 선호하는 문화가 반영한 결과로 볼 수 있다. 이상의 설명은 한국에 대해서도 그대로 적용될 수 있을 것이다. 이하에서는 미국 비즈니스의 기본을 알기 위해 미국 계약법의 내용에 대해 설명하기로 한다.

강제 가능한 계약

　계약의 목적은 양 당사자가 합의한 조건과 이에 의한 쌍방의 권리와 의무를 규정하는 데에 있다. 유효한 계약은 그 조건에 따라 법원에 의해 강제된다. 일반적으로 법원에 의해 강제 가능한 계약은 ① 법적 능력 있는 당사자에 의해 체결될 것, ② 그 목적이 위법행위를 행하는 것이 아닐 것, ③ 당사자 쌍방이 거래 실행의 유인이 되는 가치 있는 대가를 가지고 있을 것, ④ 양 당사자 상호에게 계약상 채무를 부과하는 것일 것, ⑤ 양 당사자 상호간 합의의 결과일 것, ⑥ 토지나 부동산 매매계약 등 사기방지법의 의해 서면에 의한 계약서작성이 계약성립 요건이 될 때는 이를 충족할 것 등의 요건을 충족하여야 한다. 이러한 기본요소 중 어느 하나라도 충족하지 못할 경우, 그 계약은 강제될 수 없다.

> 조는 샘의 집을 85,000달러에 구입할 것을 구두로 합의한 후, 선금으로 15,000달러를 지불하였다. 조는 샘이 집을 비울 날을 기다리던 중에, 샘이 패트리샤라는 사람에게 90,000달러에 집을 매각할 것을 내용으로 하는 서면계약에 서명한 것을 알게 되었다. 조는 자신과 맺은 구두계약을 이행하도록 샘을 고소하였다. 법원은 부동산매매계약은 주 수준에서도 서면에 의할 것을 요구한다는 이유로 조와 샘 간의 구두계약은 강제할 수 없으며, 무효라고 판시하였다. 서면계약을 요구하는 법에 따르지 않았기 때문에 조와 샘 모두 법원에 계약강제의 소를 제기할 수 없는 것이다. 다만, 샘은 조가 지불한 15,000달러의 선금을 반환하여야 한다.

이 사안은 무효계약의 예로서, 체결된 계약은 법적효력이 없으므로 법적 권리, 의무, 책무를 상대방에게 부과할 수 없다. 무효인 계약은 강제될 수 없는 것이다.

문서주의 v. 구두주의

위의 사례는 구두계약의 유효성이 문제된 경우이다. 법은 부동산매매계약은 서면에 의해 이루어질 것을 요구하고 있으므로, 조의 구두계약은 무효인 계약이 된다. 미국에서는 사기방지법에 의해 ① 계약성립 시점으로부터 1년 이내에 이행을 완료할 수 없는 계약, ② 토지, 건물 혹은 토지에 관한 권리를 매각하는 계약, ③ 타인의 부채 혹은 채무의 불이행에 대한 보증계약, ④ 유언 집행자 혹은 유산관리인이 스스로의 자산으로 사자(死者)의 생전 채무를 변제할 것을 약속한 계약, ⑤ 결혼을 약인으로 한 계약, ⑥ 5,000달러 이상 물품의 매매계약 등은 서면에 의한 증거가 없으면 소를 제기하여도 무효가 되며, 이 6종류의 계약이 구두로 이루어진 경우 법원에 의해 강제될 수 없다. 한편, 우리 민법에는 계약자유원칙 중 하나인 계약방식의 자유(계약은 형식이 구두약속인지 서면에 의한 것인지는 당사자의 자유라는 원칙)가 인정되어, 계약은 구두합의만으로도 성립하는 것을 원칙으로 한다. 서면작성이 요구됨에도 불구하고 작성하지 않았을 경우, 벌칙을 받게 되는 경우는 있지만 계약의 효력은 변하지 않는다. 이는 문서주의 원칙을 채택하고 있는 국가와 구두주의를 인정하고 있는 국가 간의 차이라고 할 수 있다.

36. Law of Contracts (2) — Offer

An offer is a demonstration of willingness to enter into a bargain. It lets another person know that his assent to the bargain is invited and will conclude it.

The essential elements of an offer are ① an expression of a present intent to enter a contract, ② definite and certain terms, and ③ the communication of the offer. The presence of these three elements creates in the offeree(the recipient of the offer) the power to accept it and thereby create a contract.

An offer made for a consideration(something given or done by the offeree, such as paying money) creates a binding contractual obligation, and it is irrevocable during the time specified in its terms. This offer, which lapses after the specified time, is called an option.

> Tom has offered to sell Jim a Cadillac for 5,500 dollars in cash. Jim asked him if he will take 50 dollars to keep the offer open for three days until Jim is sure he can raise the money to pay for the car. Tom agreed. Jim does not have to accept Tom's offer because he has paid only for the right to keep it open for three days. Jim would not be entitled to the return of his 50 dollars, because that is the fee he paid for the privilege of keeping the offer open.

Because an option is paid for, it cannot be revoked by the person who makes it. The person who has the option, however, is free to reject the offer until the option time lapses.

- **contract:**   계약 (contractual은 계약상의)
- **offer:**   청약. 승낙, 대가와 함께 계약을 구성하는 3대 요소 중 하나. 청약은 청약인(offeror)에 의한 계약관계를 맺으려고 하는 최초의 제안으로 구두·문서 등으로 행하여져 계약내용인 조건(term)이 제시된다. 피청약인(offeree)이 대가를 지불할 것을 약속하고 승낙함에 따라 계약이 성립한다.
- **demonstration:**   표명(表明)
- **willingness:**   자발적 의사
- **bargain:**   거래, 협상
- **assent:**   동의, 승낙. 계약에 있어 당사자 상호간의 합의. 기타 제출된 의견, 제안, 법안 등에 대한 승인. 또는 그에 대한 동의. 동사도 assent
- **invite:**   촉진하다.
- **conclude:**   계약을 체결하다.
- **element:**   요소
- **intent:**   의도. 어떤 결과가 발생하도록 계획하는 것. 동사는 intend
- **definite:**   일정한, 명확한
- **certain:**   확정적인
- **terms:**   조건, 조문(條文) (terms and conditions 계약조건)
- **create:**   창설하다.
- **offeree:**   피청약자. 청약을 받은 측의 당사자
- **consideration:**   대가, 약인
- **binding:**   구속력 있는, 법적 강제력 있는
- **obligation:**   의무
- **irrevocable:**   철회 불능의, 철회할 수 없는, 취소 불능의. 어떤 행위나 행동, 의사표시, 명령, 허가 등을 행한 경우 후에 철회할 수 없거나 취소할 수 없는 것을 일컬음
- **specified:**   규정된
- **lapse:**   소멸하다, 실효(失效)하다. 기한 내에 권리를 행사하지 않기 때문에 그 권리가 실효되는 것 또는 소멸하여 권리를 잃어버리는 것
- **option:**   선택권. 계약에서 청약자가 일정기간 청약을 철회하지 않는다는 약속에 대해, 일정한 금전을 대가로서 지불한 경우 청약자는 그 기간 중에 청약을 철회할 수 없다. 이 기간 내에 계약을 체결할 것인지 말 것인지를 선택하는 것을 옵션이라고 한다. 계약을 체결하지 않기로 하면 대가로 옵션 금을 환불하여야 한다.

- **Cadillac:** 캐딜락. 미국 최고급 승용차
- **in cash:** 현금으로
- **raise:** 조달하다.
- **(be) entitled to ~ :** ~ 의 권리가 있다.
- **return:** 반환
- **privilege:** 특전, 본문 중의 의미는 특별한 취급을 일컬음
- **revoke:** 철회하다. 취소하다. 한 번 발생한 법률효과를 취소하거나, 이미 주어진 권한을 취소하거나 이미 제출된 문서를 철회하는 것을 의미한다. 철회는 전체적 또는 부분적으로 이루어진다. 계약법상 용어로는 청약(offer)의 철회를 가리킨다. 미국 계약법상 청약은 상대방의 승낙(accptance)이 있기 전까지는 청약자가 언제든지 자유롭게 철회할 수 있는 것이 원칙이다. 그러나 본문에서와 같이 옵션의 경우는 청약자가 일정기간 철회하지 않을 것을 약속한 것에 대해 일정 금액을 대가(옵션료)로 지불한 경우 청약자는 그 기간 중에는 청약을 철회할 수 없다.
- **reject:** 거절하다. 계약법상 청약자의 청약을 피청약자가 거절하는 것

Legal Humor (2)

Court: Is there any reason why you couldn't serve as a juror in this case?

Potential Juror: I don't want to be away from my job that long.

Court: Can't they do without you at work?

Potential Juror: Yes, but I don't want them to know that.

- Jury: a collection of people banded together for the purpose of deciding which side has hired the better lawyer.

36. 계약법 (2) — 청약

계약의 성립조건

계약을 구성하기 위해서는 ① 청약(offer), ② 승낙(acceptance), ③ 대가·약인(consideration)의 세 가지 요소를 필요로 하며, 이 중 하나라도 결여한 경우에는 계약이 성립되지 않는다. 계약은 구속력을 가지는 약속이며, 유효한 계약으로 성립하기 위해서는 이상의 세 가지 요건에 계약당사자가 계약체결능력이 있을 것, 계약의 목적이 위법이 아닐 것의 두 가지 요건이 더해져 총 다섯 가지 요건을 필요로 한다.39)

청   약

청약은 청약자(offeror)가 계약을 체결 하겠다는 최초의 제안이며, 구두 혹은 문서에 의해 이루어진다. 청약 시 계약조건(terms)이 제시되며, 피청약인(offeree)이 대가의 지불을 약속하고, 청약을 승낙함에 따라 계약이 성립하게 된다. 피청약인이 청약을 받은 시점에서, 다른 조건하에 승낙하겠다는 의사표명을 하는 경우는 '반대청약(counter offer)'이라고 하여 새로운 청약을 한 것으로 이해되며, 청약에 대한 거절의 한 형태로 볼 수 있다. 청약자 혹은 피청약자의 사망 혹은 정신이상이 발생한 경우, 계약 목적이 파괴·소멸한 경우, 혹은 청약자에 의한 청약의 철회에 의해 청약은 소멸한다.

미국 보통법에서 청약은 승낙이 있기 전까지는 언제라도 철회할 수 있는 것이 원칙이지만 피청약자가 상대방의 청약을 신뢰, 의존하는 상태에서 승낙 직전에 철회하여 상당한 피해를 입힌 경우에는 철회할 수 없는 것으로 판단

---

39) 우리나라의 경우에도 계약이 성립하기 위해서는 '청약'과 '승낙'이라는 서로 대립하는 의사표시의 합치가 있어야 한다. 다만 계약 역시 법률행위의 일종이므로 일반적인 법률행위의 성립요건인 '당사자, 목적, 의사표시'를 갖추어야 한다. 미국법과 비교하였을 때 우리의 경우 '약인'이라는 요건을 필요로 하지 않는다. 또한 성립한 계약이 유효하기 위해서는 일반적인 법률행위의 유효요건을 구비해야 한다. 법률행위의 유효요건은 '당사자의 의사능력 및 행위능력이 존재할 것, 법률행위의 목적이 확정성·실현가능성·적법성·사회적 타당성을 갖출 것, 의사와 표시의 일치 및 의사표시에 하자가 없을 것'이다.

하는 경우도 있다. 비즈니스 거래에 있어서는 상대방이 청약을 확실히 철회하지 못하도록 하는 방법도 존재한다.

청약은 거래를 위한 의사의 표명이다. 이는 상대방에게 거래에 대한 승낙을 청하는 행위이자, 자신의 계약체결의사를 알리는 행위이다. 청약의 요소는 ① 계약에 이르기 위한 현재 의사의 표명, ② 일정한 확정적 조건, ③ 청약의사의 전달이다. 이 세 요소가 갖추어질 경우에 피청약자에게 승낙의 권한이 주어지며, 승낙에 의해 계약이 성립된다. 일정한 대가(피청약자에 의한 금전지불 등)가 지급되는 청약에는 계약상의 일정한 의무가 생기며, 이러한 조건에 규정되어 있는 기간 중에는 철회할 수 없게 된다. 이러한 청약은 '옵션'이라 불리며, 규정된 시간이 경과한 후 소멸된다.

옵 션

다음의 사건을 살펴보기로 한다.

> 톰은 짐에게 캐딜락을 현금 5,500달러에 매각하겠다는 청약을 하였다. 짐은 톰에게 그 차를 매입하기 위한 자금조달 가능 여부를 최종적으로 확인할 때까지, 청약을 3일간 개방해 두는 대신(타인에게는 offer 하지 않을 것을 의미) 50달러를 지불하였고, 톰은 이에 동의하였다. 이 경우 짐은 자신을 위해 청약을 3일간 개방에 두는 것만을 위해 50달러를 지불한 것이므로, 톰의 청약을 꼭 승낙할 필요는 없다. 또한, 자신을 위해 청약을 개방해 두는 특전을 위해 50달러를 지불한 것이므로, 짐은 50달러를 반환받을 권리가 없다.

옵션료가 지불된 경우, 옵션을 설정한 자가 청약을 철회할 수는 없다. 한편, 옵션을 획득한 자는 옵션기간이 소멸하기까지 청약을 자유롭게 거절할 수 있다.

옵션료와 보증금

사안을 정리해보면 짐이 옵션행사의 대가로서 옵션료 50달러를 지불하였으므로, 톰은 옵션기간인 3일간은 청약을 철회할 수 없다. 그 기간 내에 짐은 계약을 체결할 것인가 아닌가를 선택하며, 톰은 타인에게 캐딜락을 판매할 수 없다. 계약체결이 성사되지 않은 경우에 짐은 옵션료 지불만으로 모든 의무로부터 면제된다. 옵션료는 보증금(deposit)과는 다른 성격을 지니는 것이다. 보증금은 물건 소유주의 청약을 승낙할 때, 가격의 일부로서 상대에게 지급하는 금전이므로, 50달러를 보증금으로 지불한 후 계약에 따른 매입행위를 중단할 경우, 계약위반에 따른 책임을 지게 된다. 한편, 옵션료는 계약의 가격과 아무런 관련이 없으며, 국제거래 시 고액의 기계설비 판매, 특허·상표·노하우 등의 라이선스 도입 등의 거래에 있어 대상물을 심사·조사하는 목적으로 옵션계약의 방식이 자주 사용된다.

37. Law of Contracts (3) — Acceptance

The essential elements of an acceptance are that ① the recipient must know of the offer; ② the recipient must show an intention to accept; ③ the acceptance must be unconditional; and ④ the acceptance must be made according to the terms of the offer.

To determine whether there has been a valid acceptance, you must establish whether some act or promise was required of the recipient.

In contracts requiring an exchange of promises (bilateral contracts) the recipient can accept by any means authorized by the offeror, either specifically or impliedly. The acceptance becomes effective when it leaves the possession of the recipient, regardless of whether it reaches the offeror, unless the offer specifies otherwise.

> Joe makes an offer to sell his downtown building for 400,000 dollars to Brian by mail on June 1. Brian accepts the offer by mail on June 3, which was received by Joe on June 6. On June 4, Joe gets the better offer of the building for 450,000 dollars from David. So, Joe telephones Brian, revoking the offer. Brian sued Joe for breach of contract and the court decided the Joe's revocation is ineffective because a contract was already made on June 3.

A contract is formed when Brian drops his acceptance into the mailbox. This is the so-called "mailbox rule," also called the "deposited acceptance rule," which the majority of courts uphold. Under this rule, if the authorized mode of communication is the mail, then an acceptance becomes valid when it is dispatched even if it is never received by the offeror.

- **essential element:** 가장 중요한 요소
- **acceptance:** 승낙. 계약의 3대 요소인 청약(offer), 승낙(acceptance), 약인 (consideration) 중 하나. 계약의 청약 제안에 계약체결의 의사를 갖고 동의하는 것. 조건 붙은 승낙은 승낙으로 보지 않고, 반대 청약이 되므로 일본법 (민법 제528조)과 마찬가지로 새로운 청약이 된다. (동사는 accept)
- **recipient = offeree:** 청약의 수령자, 승낙자, 피청약자 (offer는 청약인)
- **intention:** 의도
- **unconditional:** 무조건의
- **according to ~:** ~에 따라
- **determine:** 결정하다.
- **valid:** 유효한
- **establish:** 입증하다.
- **require:** 요구하다.
- **bilateral contracts:** 쌍무계약. 계약의 당사자 쌍방이 의무를 갖는 계약. 매매계약 당사자 쌍방이 상호 책무를 부담하는 계약을 일컫는다. 상대방이 상품을 배달하여 주는 데 동의하고, 그에 대해 대금을 지불할 것을 약속하는 경우, 이러한 약속의 교환이 존재하는 계약이다. 쌍방의 약속이 이행된 때에 계약이 성립한다. 편무계약(unilateral contract)에 대응하는 단어
- **by any means:** 수단을 가리지 않고
- **authorize:** 인정하다. 허가하다. 어떤 행위를 행할 것을 인정하거나 면허하는 것
- **specifically:** 명확하게 (specify는 명확하게 하다)
- **impliedly:** 묵시적으로. 당사자의 의도가 명백한 언어로 표현되지는 않았지만 주위의 상황, 당사자의 행위로부터 그 존재가 유추되는 상황에서 사용되는 단어
- **possession:** 소유, 유지
- **effective:** 효력이 있는, 유효한, 법률적 효과를 갖는 것. 법률적 효과가 발생하는 것. 계약서에서 발효일은 effective date이지만 계약서에 서명 조인하는 날과 다르다.
- **mail:** 우편
- **revoke:** 철회하다. (후의 revocation은 철회)
- **sue:** 제소하다. (민사상)
- **breach of contract:** 계약위반, 계약불이행. 당사자 간 체결된 계약내용의

일부 또는 전부를 합법적인 이유(legal excuse) 없이 불이행하는 것을 말함. 구체적으로는 계약항목인 행위의 불이행, 방해 또는 이행의 거부 등을 들 수 있음. 손해배상청구의 대상이다.

- **ineffective:** 무효의
- **mailbox rule:** 투함주의. 계약에서 청약에 대한 승낙에 의해 계약이 성립하지만, 승낙의 효력발생에 대해 미국법에서는 원칙적으로 도달주의이지만 원격자 간 우편이나 전보에 의해 승낙한 경우에는 일본법(민법 제526조 1항)과 마찬가지로 발신주의를 취하고 있어 승낙을 내용으로 한 우편이나 전보를 발송·발신한 때에 계약이 성립한다. 이 발신주의는 우편함에 우편물을 투함한 시점에 승낙의 효력이 발생하므로 투함주의라고도 불린다.
- **deposited acceptance rule:** 투함승낙주의법칙
- **uphold:** 지지하다.
- **mode:** 방법
- **dispatch:** 발하다. 발송하다.

Legal Humor (3)

Defendant: Judge, I want you to appoint me another lawyer.

Court: And why is that?

Defendant: Because the Public Defender isn't interested in my case.

Court to the public defender: Do you have any comments on the defendant's motion?

Public Defender: I'm sorry, Your Honor. I wasn't listening.

37. 계약법 (3) — 승낙

승낙의 방법

계약에 있어 승낙은 청약자가 표시한 청약의 내용에 대해 피청약자가 계약체결의 의사를 가지고 동의하는 것을 말한다. 이러한 의사표시는 합리적인 방법에 의해 이루어지며, 계약법 (2)에서도 설명하였다. 조건이 붙은 승낙은 승낙이 아닌 반대청약이 되며, 일본 민법 제528조[40]가 규정하는 것과 마찬가지로 새로운 청약에 해당한다. 조건의 부가는 먼저 행해진 청약을 거부하는 행위이므로, 이 경우 일본법과 미국법 모두에서 계약이 종료되어 성립하지 않게 된다. 특히, 미국법은 매매 이외의 계약에 있어, 원칙적으로 승낙이 청약의 조건과 완전히 일치할 것을 요구하므로 계약이 성립하지 않는 것이다. 이러한 일치요건을 mirror-image rule이라고 한다.

그러나 미국 통일상법전(U.C.C.) 제 2 장 제207조 (1)에서는 매매계약의 경우 피청약자에 의한 조건변경 혹은 부가는 승낙으로 본다고 규정하고 있기 때문에 조건이 붙은 승낙의 경우에도 계약이 성립하게 된다. 그 어떠한 경우에도 승낙에 의해 계약은 성립한다. 승낙의 효력발생은 미국에서는 도달주의가 원칙이지만, 격지자 간 승낙의 경우 승낙의 통지를 발송·발신한 때에 계약이 성립하게 된다.[41]

---

40) 일본 민법 제528조는 "승낙자가 청약의 조건에 변경을 가하여 승낙한 경우에는, 그 청약을 거절함과 동시에 새로운 청약을 한 것으로 본다"고 규정하고 있다. 우리나라의 경우 민법 제534조에서 변경을 가한 승낙에 대하여 규정하고 있다. 민법 제534조는 "승낙자가 청약에 대하여 조건을 붙이거나 변경을 가하여 승낙한 때에는 그 청약의 거절과 동시에 새로 청약한 것으로 본다"라고 규정하고 있다.

41) 우리나라도 미국과 같다. 원칙적으로 계약은 승낙적격이 있는 동안에 승낙이 청약자에게 도달한 경우에 성립한다. 다만 예외적으로 격지자 간의 계약은 승낙의 통지를 발송한 때 성립한다. 민법 제531조에 따르면 "격지자 간의 계약은 승낙의 통지를 발송한 때에 성립한다"고 규정되어 있다.

편무계약과 쌍무계약

계약은 채무의 면에서 편무계약(unilateral contract)과 쌍무계약(bilateral contract)의 두 종류로 나뉜다. 편무계약상의 청약은 A가 B에게 집의 페인트를 칠해주면 100달러를 지불한다는 청약을 하는 경우이다. B가 실제로 도색작업을 이행한 경우에만 A가 그 대가를 지급하는 형식을 취한다. 편무계약의 청약에 대한 승낙은 실제 행위를 실행한 경우에만 이루어진다. 쌍무계약은 B가 A의 집을 도색해 주겠다는 동의에 대해 A가 100달러를 지불한다고 약속하는 경우에 성립한다. 상호 약속한 시점에 계약이 성립하며 쌍방을 구속한다. 계약 당사자 쌍방이 의무를 지니는 계약을 쌍무계약이라고 한다. 이 경우 승낙은 청약자에 대한 통지를 필요로 한다. 통지의 방법이 지정되는 경우에는 그 방법에 따르며, 아무런 지정이 없는 경우에는 일반적 거래관행에 따라 합리적 방법으로 이루어진다.

네 가지 기본요소

승낙의 기본적 요소는 ① 피청약자가 청약의 내용에 대해 숙지하고 있을 것, ② 피청약자는 승낙의 의사를 표시할 것, ③ 승낙은 조건을 붙이지 않은 것일 것(청약의 내용과 일치할 것), ④ 승낙의 방법은 청약이 정하는 조건에 따를 것의 네 가지를 기본으로 한다. 유효한 승낙으로 성립하였는가를 판단하기 위해서는 피청약자로서 요구되는 모든 행위 혹은 약속을 입증하여야 한다. 약속의 교환이 요구되는 쌍무계약에서 피청약자는 청약자가 명시적 혹은 묵시적으로 인정한 방법에 의해 승낙할 수 있다. 승낙은 청약자가 그 방법을 달리 규정하고 있지 않은 이상, 통지가 청약자에게 도달하였는지 여부에 관계없이 피청약자의 손에서 떠나는 때에 법적효력을 가지게 된다.

6월 1일, 조는 브라이언에게 우편으로 자신이 소유하고 있는 건물을 40만 달러에 매각할 것을 청약하였다. 6월 3일, 브라이언은 우편으로 청약에 대한 승낙의사를 송부하여, 그 통지가 6월 6일에 조에게 도달하였다. 6월 4일, 조는 데이빗으로부터 45만 달러에 건물을 구매하겠다는 청약을 받고, 브라이언에게 전화로 기존의 청약을 철회할 의사를 통보하였다. 이에, 브라이언은 조를 계약불이행으로 제소하였다. 법원은 6월 3일의 시점에서 계약이 유효하게 성립하였으므로, 조의 청약 철회는 무효라고 판결하였다.

투함주의(投函主義)

위의 사례에서 계약의 성립시점은 브라이언이 승낙의사 통지를 우편함에 넣은 순간이다. 이는 투함주의법칙 혹은 투함승낙주의법칙이라고 불리며, 대다수의 법원에 의해 지지받고 있다. 이 법칙에 따라 승낙의사가 우편에 의해 전달된 경우, 승낙의사를 설령 청약인이 수령하지 못하였다 하더라도 계약은 발신시점으로부터 유효한 것이 된다.

승낙의 효력발생에 대해 지시가 없는 경우에 일반적으로 정당하다고 인정되는 방법으로 송부된 승낙은 그 통지가 발송된 시점에 그 효력을 발생하게 된다. 조는 브라이언의 승낙의사가 도착하기 전에 더 좋은 조건인 데이비드의 청약을 받고 마음을 바꾸었으나, 이미 6월 3일에 계약이 성립한 것이다. 정당하다고 인정되는 방법 이외의 수단으로 승낙통지가 발송되는 경우에는 상대에게 도착하는 시점에 유효한 승낙으로 인정되며, 승낙하지 않겠다는 거절의사의 통지 역시 상대방에게 도착한 시점부터 유효한 것으로 인정된다. 또한, 옵션계약의 승낙 역시 옵션기간의 설정 관계상, 통지가 청약인에게 도착하기까지는 유효한 것으로 인정되지 않는다. 특히 옵션계약의 경우는 투함주의원칙이 적용되지 않게 된다.

계약에 의한 거래의 경우, 승낙에 의해 계약이 성립하므로 청약의 내용 중에 승낙의 방법을 지정하는 것이 여러 문제의 발생을 피하기 위한 첩경이라 하겠다.

38. Law of Contracts (4) — Consideration

Consideration is something of value requested by the offeror in exchange for his promise to the offeree. It is an inducement to get a person to perform his part of the bargain, or contract, such as by paying him money. A valid contract requires consideration by both parties.

Consideration must be distinguished from a gift where consideration is provided by only one party. Each party must promise to do something he or she is not obligated to do or promise to refrain from exercising a legal right.

An uncle told his nephew that if he would refrain from drinking, smoking, and gambling until he became 21, he would pay him 8,000 dollars. The nephew fulfilled his part of the agreement, having refrained for six years, and wrote to his uncle informing him of this fact. When the uncle replied that he had deposited the money in the bank for him, the nephew agreed to his arrangement.

Twelve years later the uncle died, without having paid any money to his nephew. The nephew presented his claim to the executor of his uncle's estate, who refused to pay. The nephew sued for the 8,000 dollars, plus interest, contending that he had fully performed a unilateral contract with his uncle. The executor contended that there was no enforceable contract, because there was no consideration for uncle's promise.

The court found that the contract was enforceable. A forbearance, legal detriment, loss, or responsibility given or undertaken by the promisee is sufficient consideration for promise.

In this case, the nephew gave up his legal right to smoke, drink, and gamble. This constituted a legal detriment, which was bargained for, and thus the nephew was entitled to the money promised by his uncle.

- **consideration:** 약인, 대가
- **request:** 요구하다. 구하다.
- **offeror:** 청약인 (offeree는 피청약인)
- **in exchange for ~ :** ~의 대신으로
- **inducement:** 유인
- **perform:** 이행하다.
- **bargain:** 약속, 계약, 합의, 거래, 교섭. 상호간 매매에 관한 계약 또는 협정, 기타 거래나 교섭의 의미도 가짐
- **party:** 당사자
- **distinguished ~ from … :** ~와 구별하다.
- **gift:** 증여. 증여자가 자발적으로 또는 일방적으로 행하는, 대가 없이 재산을 양도하는 것. 계약과 구별됨
- **provide:** 제공하다.
- **(be) obligated:** 의무를 지다.
- **refrain from ~ :** ~를 삼가다.
- **fulfill:** 실행하다. 충족시키다.
- **inform ~ of :** ~에게 알리다.
- **deposit:** 저금하다.
- **arrangement:** 설정하다.
- **executor:** 유언집행인. 통상 검인법원(probate court)의 감독을 중심으로 사자의 유언의 관리, 운영, 분배 등을 집행하는 자로서 유언서 중에 지명된 경우 그 사람을 말한다. 여성 유언집행인은 executrix. 또한 유언서가 없거나 존재하더라도 무효인 경우, 법원에 의해 선임된 자를 유산관리인 administrator라고 한다. 여성 유산관리인은 administratrix
- **sue for ~ :** ~을 제소하다.

- **interest:** 이자
- **contend:** 주장하다.
- **unilateral contract:** 편무계약. 어떤 행위가 상대방 당사자에 의해 이행되는 것에 대해 청약자가 대가를 지불하는 형식의 계약으로, 필요로 하는 청약의 승낙은 행위의 실행뿐이라는 계약이다. 예를 들어 A가 B에게 가옥 기둥의 수리를 해준다면 800달러를 지불한다는 약속을 한 경우이다. B가 가옥의 기둥을 수리한 시점에 약속은 구속력을 갖고 편무계약이 성립하게 된다. 편무계약에 대응하여 쌍방 당사자가 상호 계약을 교환하고 의무를 부담하는 계약을 bilateral contract(쌍무계약)이라고 한다.
- **enforceable:** 강제할 수 있는. 계약용어로서 강제 가능하다는 의미
- **forbearance:** 부작위
- **legal detriment:** 법적 불이익. 당연히 법적으로 행사할 수 있는 권리를 행사하지 않는 것을 말함. 계약상 이 법적 불이익을 약속의 급부로 한 경우 약인을 구성하고 계약이 성립한다.
- **undertake:** 책임을 지다.
- **promisee:** 수약자, 약속을 받는 측
- **sufficient:** 충분한
- **constitute:** 구성하다.
- **entitle:** 권리를 부여하다.

Legal Humor (4)

Two lawyers were walking along negotiating a case.
"Look," said one, "Let's be honest with each other."

"Okay, you first," replied the other.
That was the end of the discussion.

38. 계약법 (4) — 약인

약속의 대가

약인은 대가라고도 불리며, 청약, 승낙과 함께 계약을 구성하는 3대 요소 중 하나이며, 일방당사자에 의한 행위 혹은 약속의 대가로서 타방당사자가 행하는 행위 혹은 약속을 일컫는다. 약인은 계약의 합의가 성립한 시점에 교환되는 것을 원칙으로 하며, 그 내용은 양 당사자에 의해 가치 있는 것으로 인정될 것을 요한다. 즉, 법적으로 정당한 가치를 갖는 것의 거래임을 요하며, 금전적인 면에서의 적합성은 문제되지 않는다. 당사자가 알고 있는 가운데 약속한 경우라면 어떤 금액이라도 상관없다. 당사자의 승인하에 약속될 경우, 1달러 정도의 명목적 약인을 설정하는 경우도 있다.

도덕상 의무나 과거의 약인은 계약상 약인으로서의 효력을 갖지 않는다. 청약에 대해 승낙이 행해지고, 이에 대한 대가로 무엇인가가 제공되는 것에 대해 쌍방이 동의하는 것을 약인이라고 하며, 약인의 존재에 의해 약속은 구속력(강제력) 있는 계약이 된다. 실제 어떤 것이 계약의 약인이 되는지 살펴보자.

유효한 약인이란

약인이란 청약자가 피청약자에 대해 약속한 것에 대한 대가로 요구하는 가치 있는 어떤 것을 일컫는다. 약속이나 계약의 상대방이 행하는 부분에 대한 이행의 유인이 되는 것으로, 예를 들어 상대방에게 금전을 지불하겠다는 약속 등이 이에 해당한다. 유효한 계약으로 성립하기 위해서는 양 당사자에 의한 약인의 제공이 요구된다. 약인은 일방당사자만이 약인을 제공하는 형태의 증여상의 증여물과는 구별된다. 약인의 형태는 각 당사자가 의무로 행하는 것이 아닌 특정 급부를 약속하는 것, 혹은 특정 법적권리 행사를 포기하는 것을 약속하는 것 등을 그 예로 들 수 있다.

음주 · 흡연 · 도박을 참는 것이 약인이 될 수 있는가

다음의 사례를 살펴보자.

> 숙부가 조카에게 21살이 되기 전까지 음주·흡연·도박을 하지 않으면, 8,000달러를 증여할 것을 약속하였다. 조카는 약속한 모든 것을 6년 동안 성실히 지켰고, 그 사실을 숙부에게 편지로 알렸다. 숙부는 조카를 위해 은행에 그 금액을 예금한 사실을 알렸고, 조카는 이를 승인하였다. 12년 후, 숙부는 조카에게 예금을 전혀 지불하지 않은 상태에서 사망하였고, 조카는 숙부의 유산에 관하여 유언집행인에게 해당 금액을 청구하였으나 거절당하고 말았다 이에 조카는 숙부와의 편무계약을 완전하게 이행하였다고 주장하여, 8,000달러와 이에 대한 이자의 지급을 청구하였다. 유언집행인은 숙부의 약속에 대한 약인이 없으므로, 양자 간에 강제 가능한 계약이 존재하지 않는다고 반론하였다. 법원은 본 사건에서 수약자(약속을 받는 자)에게 일정한 책임이 부여되었고, 수약자가 이에 따라 부작위, 법적 불이익, 손실, 책임을 감내하는 것은 약속에 대한 충분한 약인이 되는 것으로 보아 문제의 계약은 강제 가능한 것이라고 판시하였다.

법적 불이익

위의 사건에서 조카는 자신의 법적 권리로서 당연히 할 수 있는 흡연, 음주, 도박 등의 행위를 하지 않았다. 이는 양자 간 약속으로 발생한 법적 불이익이므로, 조카는 숙부가 약속한 금액을 수령할 권리를 가지게 되는 것이다.

이 사건에서 유언집행인은 사망한 숙부가 조카의 자제로부터 그 어떤 이익을 얻은 것이 아니므로 숙부의 약속을 지지하는 약인이 존재하지 않는 것으로 보았다. 그러나 법원은 자제행위는 약속의 이행에 해당하며, 이에 따라 행사할 수 있는 권리를 행사하지 못한 것은 법적 불이익에 해당하므로 계약상의 약인으로 볼 수 있다고 판시하였다. 즉, 이러한 법적 불이익을 약속에

대한 대가로 볼 경우, 약인을 구성하며 계약이 성립되는 것이다. 이러한 의미
에서 약인은 약속에 대한 대가이며, 일방당사자가 상대방이 약속을 지키게끔
하기 위하여 지불하는 일정한 급부이다.

　　본문의 사례는 약인을 설명함에 있어 자주 소개되는 유명한 사례이며,
계약에 있어 유효한 약인의 존재는 계약성립의 핵심이라고 할 수 있다. 여러
예가 있겠으나, 제소할 경우 완전한 승소가 예상되는 경우, 상대방을 제소하
지 않겠다고 약속하는 것 역시, 계약에 의한 거래 시 충분한 약인이 될 수 있
다. 약인으로 인정되지 않는 것에는 전술한 과거의 약인, 도덕상의 약인 및
기타 법률상 의무의 이행 등이 있다.

39. Law of Contracts (5)
— Quasi Contracts (Contracts Implied in Law)

Although quasi contracts exist to prevent unjust enrichment, situations exist in which the party obtaining the unjust enrichment is not liable. Basically, the quasi-contractual principle cannot be invoked by the party who has conferred a benefit on someone else unnecessarily or as a result of misconduct or negligence.

Consider the following example. You take your car to the local car wash and ask to have it run through the washer and to have the gas tank filled. While it is being washed, you go to a nearby shopping center for two hours. In the meantime, one of the workers at the car wash has mistakenly believed that your car is the one that he is supposed to hand wax.

When you come back, you are presented with a bill for a full tank of gas, a wash job, and a hand wax. Clearly, a benefit has been conferred on you. but this benefit has been conferred because of a mistake by the car wash employee. You have not received an unjust benefit under these circumstances. People cannot normally be forced to pay for benefits "thrust" upon them.

The doctrine of quasi contract generally cannot be used when there is a contract that covers the area in controversy.

There are several agreements between the parties in which the defendant, Mitsubishi International Corporation sold forklifts to Plaintiff, Industrial Lift Truck Service Corporation. The plaintiff made modifications in the design of the forklifts to better suit the American market; these modifications were not requested by the defendant nor were they part of the written agreement between the parties. Nonetheless, the defendant incorporated the modifications in the lifts they sold to other dealers. When the defendant terminated their agreement with the plaintiff, the plaintiff sued under a theory

> of quasi contract for benefit of, the design modifications. However, the court denied the plaintiff's prayer for relief stating that the written contract was the complete agreement between the parties. And that the suit by the plaintiff was an attempt to unilaterally circumvent the contract they had freely entered into with Mitsubishi.

The above case illustrates the philosophy behind the creation and enforcement of a quasi contract and the limitation of its use when there is an express contract covering the area in controversy.

- **quasi:** 준(準), ~와 같은, ~와 유사한 이라는 의미를 나타냄. 특정한 점에서 유사하지만 본질적으로 다른 것을 나타냄
- **quasi contract:** 준계약(準契約). 실제 계약은 존재하지 않지만 피고에 의한 부당이득을 막기 위해 법에 의해 부과된 책무나 계약을 일컬음. 원고가 서비스를 제공하여 그에 대한 대가의 반환이 없으면 불공평하게 되는 경우 사용되는 형평법상 구제
- **contract implied in law:** 법률상 묵시적 계약＝준계약
- **unjust enrichment:** 부당이득. 타인이 노력이나 노동에 의해 얻은 이익이나 재산을 부당하게 얻어 손실을 주는 행위. 이처럼 타인의 손실로 부당하게 얻은 이익이나 재산은 원상회복 법리에 의해 원고에게 반환된다는 법원칙
- **obtain:** 얻다. 획득하다.
- **liable:** 책임 있는, 유책의
- **principle:** 원칙
- **invoke:** 제소하다.
- **confer:** 부여하다.
- **benefit:** 이익, 이득
- **unnecessarily:** 불필요하게
- **misconduct:** 위법행위, 불법행위
- **negligence:** 과실

- **thrust:** 밀치다.
- **controversy:** 분쟁, 논쟁
- **modification:** 개량, 개조, 변경, 수정
- **request:** 요청, 요망
- **incorporate:** 구체화하다. 받아들이다.
- **deny:** 부인하다. 받아들이지 않다.
- **prayer:** 신청
- **relief:** 구제, 형평법상 원고에게 부여하는 구제조치
- **attempt:** 시도하다.
- **unilaterally:** 일방적으로
- **circumvent:** 빠져나가다. 회피하다.
- **philosophy:** 사고, 견해, 관점, 방침, 철학
- **creation:** 창조
- **enforcement:** 적용, 실시, 시행
- **limitation:** 제한
- **express contract:** 명시적 계약. 당사자 간에 계약체결 의사가 존재하고 계약내용이 명확하게 언급되어 쌍방이 완전하게 이해하여 구두 또는 문서의 형태로 명료한 언어로 표현된 계약. 반의어는 implied contract. 묵시적 계약

Legal Humor (5)

My grandfather had a long-running dispute with a neighboring farmer. He finally decided to see a lawyer to determine the legal aspects of the controversy.

After my grandfather gave the lawyer a one-sided version of the dispute, the lawyer assured him that the case was airtight and asked when granddad wanted to start the legal proceedings.

"Never," said granddad. "I gave you his side of the story."

39. 계약법 (5) ── 준계약(법률상의 묵시적 계약)

부당이득

준계약은 실질적으로는 계약이 존재하지 않지만 당사자 간의 관계에 의해 법이 계약의 존재를 설정하는 경우를 말한다. 일방당사자의 자발적 행위에 의해 타방당사자가 대가를 지불하지 않고 이익을 얻은 경우, 부당이득을 금하기 위해 법이 준계약으로서의 계약관계를 인정하여 그 구제수단으로서 금전 등의 지급을 허용하는바 부당이득의 법리에 상당하는 제도이다.42)

준계약은 그 이름에서 알 수 있듯이 진정한 의미의 계약은 아니다. 준계약은 당사자 간 합의에서 발생하는 것이 아니라, 정의실현을 위해 발생하는 것이다. 준계약은 부당이득을 피하기 위해 양 당사자에게 설정된다. 사실상 준계약은 계약이라기보다는 형평법에 관한 것으로 공정과 정의를 실현하기 위해 나타난 것이다. 준계약은 본질적으로 법적 의제이다. 그 기초를 이루는 것은 이익에 대해 지불하게 되는 피고의 명시적 약속 혹은 그러한 약속을 암시하는 피고의 행위가 아니다. 실제, 이득을 취하는 자(피고)가 자신에게 특정 이익이 주어지는지의 사실조차 모르는 경우가 있기 때문이다.

준계약은 법률상의 묵시계약이라고도 불리는데 사실상의 묵시계약과는 구별될 필요가 있다. 사실상의 묵시계약은 진정한 의미의 계약이며, 양 당사자는 스스로의 행위를 통하여 계약조건에 대한 동의를 명시하게 된다. 사실상의 묵시계약이 명시계약과 다른 유일한 점은 명시적인 언어 혹은 문서가 없다는 것이다. 법률상의 묵시계약(준계약)에서 양당사자는 언어나 행위를 통해 동의를 명시하는 것이 아니다. 따라서 법원은 계약이 실제 성립하고 있다는 견해는 취하지 않으며, 사회질서유지를 위해 가공의 계약을 만드는 것이다.

---

42) 우리나라도 이와 유사한 제도로써 법정채권관계가 있다. 즉 계약과 같은 법률행위에 의하지 않고 법률의 규정에 의하여 채권이 발생되는 경우가 있는데 이를 법정채권관계라고 한다. 민법은 채권법뿐만 아니라 물권법, 친족상속법에서도 법정채권관계를 규정하고 있다. 채권법이 규정하고 있는 법정채권관계에는 사무관리, 부당이득, 불법행위가 있다. 법정채권관계는 준계약과 유사하지만 똑같지는 않음을 유의해야 한다.

준계약의 예

다이애나가 딕의 관리 하에 1년간 일하는 데 합의하고, 딕과 계약을 맺었다고 가정해 보자. 다이애나는 그해 말에 18,000달러를 받기로 되어 있었으나, 10개월 일한 뒤에 특별한 사유 없이 스스로 일을 그만두고 말았다. 딕은 10개월 치 급여의 지불을 거부하였고, 다이애나는 자신이 일한 10개월 동안 준계약이 성립한 것으로 보고 딕을 제소하였다. 법원은 다이애나가 10개월 간 일한 만큼의 급여에 대한 청구권을 가지나, 조기퇴직에 의해 딕에게 입힌 손해만큼의 금액을 차감한 금액만큼만의 권리를 지닌다고 판시하였다.

또 하나의 예로, 휴가 중의 의사가 고속도로를 운전 중 의식을 잃고 도로변에 쓰러져 있는 에머슨과 조우하게 되었고, 목숨을 살리기 위해 응급조치를 취하였다. 부상으로 인해 의식을 잃은 상태에 있었던 에머슨은 응급조치를 부탁한 것도 아니고, 이러한 조치가 취해졌다는 사실을 인지한 것도 아니지만, 가치 있는 이익을 취하였으므로 준계약의 요건을 충족하였다고 볼 수 있다. 이러한 경우 법률은 준계약의 존재를 인정하여 대가의 지불을 부과하게 되는 바, 에머슨은 의사가 한 응급조치에 대해 합리적 수준의 대가를 지불하여야 한다.

준계약상의 제한

준계약은 부당이득을 방지하기 위해 존재하지만, 부당이득을 취득한 당사자가 책임을 지지 않는 경우가 있다. 불필요하게 혹은 위법행위나 과실의 결과로 타인에게 이익을 안긴 당사자는 준계약의 원칙에 입각하여 제소하는 것이 원칙적으로 불가능하다. 아래의 예를 통해 살펴보기로 한다.

당신이 자동차를 주유소의 세차장에 몰고 가서 세차 후 기름을 가득 채울 것을 부탁하였다. 세차가 이루어지는 동안 당신은 근처 쇼핑몰에서 2시간 넘게 쇼핑을 즐겼는데 세차장 종업원이 당신이 왁스칠을 부탁하였다고 착각하여 왁스칠을 하였다. 당신이 돌아오자 종업원은 주유비와 세차비, 그리고 왁스비 모두를 청구하였다. 이 경우 당신이 서비스의 이익을 받은 것은 분명하지만 이러한 이익은 세차장 종업원의 실수에 의해 제공된 것이었으므로 부당이득에는 해당하지 않는다. 통상 자신의 의사와 관계없이 주어진 이익에 대해서는 지불할 필요가 없는 것이다. 분쟁의 범위를 포괄하는 계약이 존재하는 경우에는 통상 준계약의 원칙은 적용되지 않는다.

허락 없이 행한 디자인의 개량

다음의 사례를 살펴보기로 한다.

> 피고 미쯔비시 인터내셔널사는 당사자 간 수 개의 계약이 존재하는 가운데, 원고 인더스트리얼 리프트 트럭 서비스사에게 포크리프트 판매계약을 체결하였다. 원고는 미국시장에 보다 적합하도록 포크리프트를 개량하였다. 디자인 개량은 피고의 요청도 아니었으며, 당사자 간 계약서에도 없는 내용이었다. 그럼에도 불구하고 피고는 개량된 포크리프트 디자인으로 다른 딜러에게 판매하였다. 피고가 원고와 계약을 종료하자 원고는 준계약의 이론에 입각하여 디자인 개량에 따른 이익금을 청구하는 소를 제기하였다. 그러나 법원은 양 당사자 간에 맺어진 서면계약은 완전한 합의라고 보고, 원고의 구제신청을 받아들이지 않았다. 또한 원고 측의 제소는 미쯔비시와 자발적으로 체결한 계약을 일방적으로 면탈하려는 것이라고 판시하였다.

상기 사건은 준계약의 창설과 그 적용의 배경에 있는 사고, 분쟁의 범위를 포섭하는 명시적 계약이 존재하는 경우의 준계약 적용의 제한 등의 면에서 시사점이 많은 사례이다.

수정조항의 흠결

이 사건은 피고 미쯔비시 포크리프트의 전미 최대 딜러인 원고가 독단적으로 행한 디자인 개량을 피고가 취하여 타사에 판매한 것이 발단이 된 사건이다. 이후, 미쯔비시는 계약을 파기하였고, 원고는 준계약이론을 바탕으로 상대방이 개량된 디자인으로부터 획득한 이익에 대한 청구의 소를 제기하였다. 이 사건의 논점은 원고의 준계약에 의한 청구가 양자의 계약관계를 증명하는 서면계약에 우선하는가의 여부였다. 법원은 준계약의 우선적 적용을 인정하지 않았다. 양자 간 계약은 존재하였지만, 문제가 된 사항에 관해 법적으로 유효한 수정조항이 존재하지 않으므로 미쯔비시는 인더스트리얼 측에 보상할 필요가 없다고 판시한 것이다. 일방당사자가 타방당사자에게 이익을 제공하고 그 당사자가 이익을 수령하였고, 이익 자체가 단순한 증여(gift)가 아닌 경우 법적 이익을 받은 측은 상대방에게 대가를 지불할 의무를 진다. 하지만 같은 안건에 관하여 정식 계약서가 존재할 경우, 같은 건에 대해 새로운 준계약에 따른 청구를 할 수 없다는 것이 통상적인 원칙이다.

　　이 사건에서 원고 측은 기존의 계약조건과 디자인 변경에 동반되는 위험을 인지하고 있었다. 법원은 원고 측이 이러한 내용의 소를 제기한 것은 스스로의 의사에 의해 체결한 계약을 일방적으로 면탈하고자 하는 것으로 판단하였다. 정식계약이 있는 경우 그 조건 안에서 상호간에 분쟁을 해결해야 한다는 것이 결론이다.

40. Law of Contracts (6) — Promissory Estoppel

Sometimes individuals rely on promises, and such reliance may form a basis for contract rights and duties. Under the doctrine of promissory estoppel(also called detrimental reliance), a person who has reasonably relied on the promise of another can often hope to obtain some measure of recovery. For the doctrine of promissory estoppel to be applied, a number of elements are required:

① There must be a promise.
② The promisee must justifiably rely on the promise.
③ The reliance normally must be of a substantial and definite character.
④ Justice will be better served by the enforcement of the promise.

The following case illustrates a situation in which, because of the plaintiffs' detrimental reliance on the defendant's promise, the court held that the plaintiffs were entitled to recover damages.

Laid-off AT&T workers were given repeated assurances from AT&T management that they would be rehired. In reliance, the workers did not pursue other employment opportunities. AT&T did not rehire the workers and they sued for damages. The appellate court held that AT&T's promises of future employment did not constitute an enforceable contract. But, it awarded damages to the workers based on promissory estoppel.

Consider some other examples. Your uncle tells you. "I'll pay you 150 dollars a week so you won't have to work anymore." You quit your job, but your uncle refuses to pay you. Under the doctrine of promissory estoppel, you may be able to enforce such a promise. Now your uncle makes a promise to give you 10,000 dollars with which to buy a car. If you buy the car and he doesn't pay you, you may once again be able to enforce the promise under this doctrine. The promisor(the offeror) is estopped(barred) from revoking the promise.

- **reliance:** 신뢰, 의존. 이 단어는 본래 신뢰·신용을 의미하지만 계약상의 용어로서는 의존의 의미로 사용된다. 계약상 일방당사자의 약속에 의존하여 행동하고 그 결과 손해를 입은 경우 구제가 부여되는 것으로 약속에 기초한 금반언 원칙으로 알려져 있다.
- **rights and duties:** 권리와 의무
- **promissory estoppel:** 약속에 기초한 금반언
- **detrimental reliance:** 불리한 신뢰, 해를 끼치는 신뢰
- **measure:** 정도, 분량
- **justifiable:** 정당하게, 당연하게
- **substantial:** 근거 있는, 실질적인 가치가 있는
- **definite:** 한정된
- **recover:** 회복하다. 승소에 의해 계약위반에 대한 손해배상금을 얻는 것
- **repeat:** 반복하다.
- **assurance:** 보증. 계약의 이행에 대한 보증을 가리킴
- **rehire:** 재고용하다.
- **enforceable:** 강제할 수 있는
- **award:** 인정하다. 재판으로 판정하다.
- **revoke:** 취소하다. 해제하다. 철회하다.

40. 계약법 (6) ― 약속에 기초한 금반언

금반언(禁反言)

Estoppel(금반언)은 영미법의 원칙으로서 이전의 자기 행동, 진술, 문서에 의해 진실이라고 주장했던 사실의 존재를 이후에 부정하는 것은 법률상 금지되어 있다는 내용의 법리이다. 약속에 기초한 금반언은 이러한 금반언 원칙의 한 종류로, 약인에 의해 지지되지 않은 약속이라 하더라도 공정한 보호와 형평법 이론에 기초하여 약속을 받은 자를 보호하는 법리이다.

그 실제적 내용은 약속자의 약속이 수약자 측의 작위 혹은 부작위를 유발하고, 이에 의존하여 실제적 작위 혹은 부작위가 행하여지고 타방에게 그 약속을 강제하는 것이 공정성을 담보하는 최후의 수단일 경우, 이러한 약속은 구속력을 가지며 약속자는 자기의 약속이 약인에 의해 지지되지 않는다는 이유로 취소하여 회피할 수 없다는 것이 그 핵심적 내용이다. 즉 수약자가 상대의 약속을 신뢰하고 그 결과 손해나 불이익이 발생하여 피해를 입은 경우이다. 단, 이때의 신뢰는 상황적 사실에 비추어 합리적인 것이어야 한다.43)

약속에 기초한 금반언(禁反言)

일반적으로 인간은 약속을 신뢰하며, 이러한 신뢰는 계약상 권리와 의무의 기초를 형성하는 것이다. 약속에 기초한 금반언이라는 법리에 의하면 타인의 약속을 합리적으로 신뢰한 사람은 대다수의 경우 어느 정도의 재산과 권리의 회복을 바랄 수 있다. 약속에 기초한 금반언의 법리가 적용되기 위해서는 다음과 같은 몇 가지 요소를 필요로 한다.

---

43) 우리 민법은 제2조에서 금반언보다 더 넓은 신의성실의 원칙을 규정하고 있다. 신의성실의 원칙은 계약뿐만 아니라 민법 전반에 적용되는 원칙이다. 신의성실의 원칙의 파생원칙으로써 금반언의 원칙, 실효의 원칙, 사정변경의 원칙, 권리남용금지의 원칙 등이 있다.

민법 제2조 (신의성실)
① 권리의 행사와 의무의 이행은 신의에 좇아 성실히 하여야 한다.
② 권리는 남용하지 못한다.

① 약속이 존재할 것
② 그 약속이 정당한 신뢰에 기초한 것일 것
③ 그러한 신뢰는 확실한 근거가 있고 한정적인 것일 것
④ 약속이 강제적으로 실행되는 것에 의하여 정의가 보다 충분히 담보될 것

신 뢰

다음 사례는 피고의 약속에 대한 원고의 불리한 신뢰로 인해 법원이 피고의 손해배상책임을 인정한 사건이다.

> AT&T 사로부터 해고된 종업원들은 AT&T 사의 경영간부들로부터 재고용을 거듭 약속받았고, 이를 신뢰하여 다른 구직활동을 하지 않았다. 그러나 AT&T 사는 이들을 재고용하지 않았고 종업원들은 손해배상을 청구하였다. 항소법원은 계약의 성격에 대하여 장래의 고용에 관한 AT&T 사의 약속은 법적 강제력 있는 계약을 구성하는 것이 아니라고 보았으나, 약속에 기초한 금반언의 법리에 따라 종업원들에게 손해배상금 지급을 명하였다.

몇 가지 다른 예도 살펴보자. 당신의 숙부가 "내가 매주 150달러를 줄 테니, 이제 더 이상 일하지 않아도 된다"라고 말했고, 당신은 이를 신뢰하여 직장을 그만두었으나 숙부가 실제 돈을 지급하지 않는다고 가정하자. 약속에 기초한 금반언 원칙에 따라 당신은 이러한 약속을 강제할 수 있다. 또한 당신의 숙부가 자동차구입을 위해 1만 달러를 준다고 약속하고, 당신이 이를 믿고 자동차를 구입하였을 경우, 같은 이론에 입각하여 당신은 그 약속을 강제할 수 있다. 약속을 한 자는 약속을 마음대로 취소할 수 없는 것이다.

두 가지 논점

본문의 사례는 두 가지 논점을 가지고 있다. ① 장래 고용에 대한 구두

계약이 강제 가능한지 여부, ② 강제 가능하지 않다면 종업원은 장래 고용관계에 관한 불리한 신뢰가 존재하였음을 이유로 손해배상청구가 가능한지 여부이다.

법원은 논점 ①에 대해 강제 가능한 것이 아니라고 보았는데, 그 이유는 사건이 일어난 미주리주법에 따라 고용주가 자기의 의사(at will)에 의해 고용과 해고를 할 수 있다는 규정을 판단근거로 하였다. 즉 고용자의 의사에 따라 종업원은 특정일에 고용되고, 그 다음날에 해고될 수도 있는 것이다. 따라서 본문 중의 약속은 언제라도 철회 가능한 것이므로 강제할 수 없는 것이다. 그러나 논점 ②에 대해 법원은 종업원들이 고용자 측의 말을 신뢰하여 다른 일의 제안을 거절하는 등, 그 신뢰로 인하여 불이익을 받았으므로 그들이 받은 약속은 구제를 받기에 충분한 것이라고 판단하였다. 법원은 종업원들이 회사 측의 명확한 약속을 신뢰하였고, 약속의 파기에 의해 피해를 입었으므로 이들에게 손해배상금이 지급되어야 한다고 판시하였다.

윤리상의 문제

약속에 기초한 금반언 사례는 윤리상의 문제가 큰 논점이 된다. 어떤 시각에서 보더라도 불공정한 상황을 발생시키지 않기 위하여 법원은 신중을 기한다. 이 사건에서 불리한 신뢰의 존재가 인정되었기 때문에 약속에 기초한 금반언의 법칙에 의해 구제가 주어졌다. 계약법은 신뢰에 의해 발생하는 불이익은 약인을 구성한다고 추정하기 때문에, 그 점에서 보더라도 약속이 약인에 의해 지지되고 있지 않기 때문에 유효하지 않다고 하는 논리는 인정되지 않는다.

41. Law of Contracts (7)
— Contracts in Restraint of Trade

Covenants not to compete are often contained in contracts concerning the sale of an ongoing business. A covenant not to compete is created when a seller agrees not to open a new store in a certain geographical area surrounding the old store. Such agreements enable the seller to sell, and the purchaser to buy, the "goodwill" and "reputation" of an ongoing business. If, for example, a well-known merchant sells his store and opens a competing business a block away, many of the merchant's customers will likely do business at the new store. This, in turn, renders valueless the good name and reputation sold to the new merchant for a price.

When a covenant not to compete is not accompanied by a sales agreement, the contract is void because it unreasonably restrains trade and is contrary to public policy.

Agreements not to compete can also be contained in employment contracts.

> Dr. Ellis signed a two-year covenant not to compete with his employers. Ellis, an orthopedic specialist, left his practice. The court held that the agreement signed by Dr. Ellis was unenforceable as it would force his patients to travel long distances at undeniable risk for the same medical purposes. The part of the agreement with regard to a general practice of medicine was upheld because there were other doctors in town.

It is common for many people in middle-level and upper-level management positions to agree not to work for competitors or not start a new business for a specified period of time after terminating employment. Such agreements are legal so long as the specified period of time is not excessive in duration and the geographic restriction is reasonable. Basically the restriction on competition must be reasonable — that is to say, not any greater than necessary to protect a legitimate business interest.

- **covenant:** 계약, 조항(條項). contract와 동의어로 사용되는 단어
- **covenant not to compete:** 경업금지조항. 영업상의 경쟁적인 활동을 특정 시간, 특정 지역에 한하여 제한하는 것을 약정하는 조항으로 주로 고용이나 제휴계약에서 사용된다.
- **restrictive covenant:** 제한계약
- **on going:** 진행 중의
- **purchaser:** 구매자, 제품을 사는 사람
- **goodwill:** 신용, 사업에 대해 계속적으로 고객이 가지는 호의적 인식, 무형의 자산인 신용을 의미함. 해당 사업의 지역에서의 지위, 명성, 기술 등에 기초하여 형성된 무형자산의 일종
- **reputation:** 평판
- **compete:** 경쟁하다.
- **render:** ~시키다.
- **accompany:** 동반하다.
- **void:** 법적 효력 없는, 무효의, 의도된 목적을 법률상 달성할 수 없는 것. 법률적 효력이 발생하지 않는, 법률상 강제력·구속력이 없는 등의 의미를 나타내는 형용사. voidable(취소가능)과 void는 명확히 구별된다. voidable은 조건에 따라 무효가 될 수 있는 것을 가리킨다. 숙어로서 null and void가 자주 사용되는데 '법률상 무효의'라는 의미이다.
- **public policy:** 공서양속, 공공의 질서, 이익, 복지, 정책을 의미. 이 공서양속에 반하는 계약은 무효로 된다.
- **orthopedic:** 정형외과의
- **undeniable:** 피할 수 없는
- **uphold:** 인정하다.
- **legitimate:** 정당한, 합법의

41. 계약법 (7) — 거래제한 있는 계약

계약의 자유

사인 간에는 계약자유원칙에 따라 자기가 희망하는 내용의 계약을 자신이 선택한 상대방과 체결하는 것이 가능하나, 일부 계약은 사회의 질서에 악영향을 미치는 것이어서 법적 구속력 혹은 강제력이 없으며, 이러한 계약은 공서양속에 반하는 것으로 무효인 계약이 된다.44)

거래제한 있는 계약

일반적으로 거래제한적 계약에는 두 유형이 있다. 그 하나는 경쟁법인 셔먼법, 클레이튼법, 연방거래위원회법 등 제정법상 거래제한이 경제사회의 자유경쟁을 저해하는 행위로 위법으로 인정되는 계약이다. 다른 하나는 영업 매각, 양도, 혹은 고용 시 거래제한이 포함된 계약이다.

이번 장의 주제는 후자의 유형으로 공서양속이 문제된다. 제한은 원칙적으로 위법이지만, 제한이 합리적이고 계약의 중요한 부분을 구성할 때는 예외적으로 취급하는 경우가 있다. 이러한 예외는 주로 취업금지조항 혹은 제한계약이라고 불리는 종류의 제한에서 자주 발견된다.

경업금지조항(競業禁止條項)

경업금지조항은 영업 중 비즈니스 매각에 관한 계약에 흔히 삽입된다. 판매주가 매각한 점포 주위의 일정한 지리적 범위 내에서 새로운 점포를 개업하지 않겠다고 동의하여 경업금지조항을 두는 경우이다. 이러한 합의에 의해

---

44) 우리 민법도 제103조와 104조에서 공서양속에 반하는 법률행위를 무효로 규정하고 있다. 민법 제103조는 "선량한 풍속 기타 사회질서에 위반한 사항을 내용으로 하는 법률행위는 무효로 한다"고 규정하고 있으며, 제104조는 "당사자의 궁박, 경솔 또는 무경험으로 인하여 현저하게 공정을 잃은 법률행위는 무효로 한다"고 규정하고 있다.

영업 중 점포의 '신용'과 '평판'을 영업주가 매도하고, 구입주가 영업을 인수하게 된다. 만일 이름이 알려진 상점 주인이 자신의 상점을 매각하고 한 블록 떨어진 곳에 경합하는 상점을 개업한다면 고객들의 상당수는 새로운 가게로 몰려갈 것이다. 이에 따라 매도된 가게의 명성이나 평판은 무의미한 것이 되고, 가게를 매수한 자는 큰 손해를 입게 된다.

경업금지조항이 매매계약에 삽입되지 않는 경우에 그 계약은 불합리하게 거래를 제한하여 공서양속에 반하게 되므로 무효가 된다.

경업금지의 합의는 고용계약에도 삽입할 수 있다.

> 엘리스라는 의사는 고용주와의 2년간 경업금지조항에 서명하였다. 엘리스 의사는 정형외과 전문의로서 곧 병원을 그만두게 되었다. 법원은 엘리스의 환자가 치료를 받기 위해 먼 곳까지 가야하는 위험을 안게 되므로 엘리스가 체결한 계약은 강제 불가능한 것이라고 판시하였다. 같은 조항이 일반 내과의의 계약에 설정되어 있는 경우에는 같은 지역 내에 다른 일반 내과의들도 개업하고 있다는 이유로 인정된다.

중견 혹은 고위 관리직으로 일하는 이에게 있어 고용관계가 종료한 이후의 일정기간 동안은 같은 업종에 종사하는 자의 밑에서 일하거나 새로이 사업을 시작하지 않는다는 등의 약속을 하는 경우가 자주 있다. 이러한 일정기간이 도를 넘는 것이 아니고 지리적 제한이 합리적인 이상, 이러한 합의는 법에 반하지 않는다. 기본적으로 경업에 관한 제한은 합리적인 것, 즉 정당한 기업이익을 보호하기 위해 필요로 하는 정도의 것이어야 한다.[45]

---

45) 우리 민법은 경업금지조항을 두고 있지 않다. 그러나 상법은 제41조에서 영업양도인의 경업금지조항을 규정하고 있다. 상법 제41조의 내용은 다음과 같다.

제41조 (영업양도인의 경업금지)
① 영업을 양도한 경우에 다른 약정이 없으면 양도인은 10년간 동일한 특별시·광역시·시·군과 인접 특별시·광역시·시·군에서 동종영업을 하지 못한다.
② 양도인이 동종영업을 하지 아니할 것을 약정한 때에는 동일한 특별시·광역시·시·군과 인접 특별시·광역시·시·군에 한하여 20년을 초과하지 아니한 범위 내에서 그 효력이 있다.

합리성

이 사례의 논점은 엘리스라는 의사가 근무처인 병원과 체결한 경업금지 조항의 기간인 2년이 강제하기에 충분한 정도로 합리적인 기간인가의 여부라 할 수 있다. 법원은 엘리스가 2년 간 지역 내의 정형외과 의사로 진료하지 못 하게 한 계약은 불합리하다고 결론지었다. 특히 같은 지역 내에서 의사의 개 업이 제한되면, 정형외과에 관련된 환자가 정체되는 불합리한 결과가 나타남 을 지적하였다. 그리고 정형외과 전문의의 서비스 유지의 공익성은 제한적인 계약내용을 강제하는 중요성보다도 더 큰 의의를 지니는 것이라 판단하였다.

경업금지조항(계약)이 유효하기 위해서는 반드시 주된 계약 내에 일부로 서 존재하여야 한다. 단순히 경업금지만을 상대방에게 부과하는 계약은 공서 양속 위반이 된다. 따라서 만약 데이비스라는 사람이 도노번이라는 사람에게 경쟁적 상점의 개업을 위협한 후, 1,000달러 지불을 대가로 경업금지계약을 체결한 경우 이 계약은 무효가 된다.

42. Law of Contracts (8)
— Minor's Contract (Right to Disaffirm)

For a minor to exercise the option to avoid a contract, he or she need only manifest an intention not to be bound by it. The minor "avoids" the contract by "disaffirming" it. The technical definition of disaffirmance is the legal avoidance, or setting aside, of a contractual obligation. Words or conduct may serve to express this intent. The contract can ordinarily be disaffirmed at any time during minority or for a reasonable time after the minor comes of age. In some states, however, when there is a contract for the sale of land by a minor, the minor cannot disaffirm the contract until he or she reaches the age of majority.

In the following case, a minor's father brought an action on behalf of his son to disaffirm the minor's purchase of an automobile and to recover the money paid for the car from a seller who knew that the purchaser was a minor when the contract was made.

> Defendant, Hays, a minor, wanted to buy a car and was assisted in the purchase by an adult. A salesman for the defendant also assisted. When Hays tried to disaffirm the contract, the court held he could since it was a sale to a minor and the defendant had full knowledge of same as proven by their assistance of transferring title from the adult to the minor. Normally, a sale to an adult cannot be rescinded but the court held that in this case, the sale to the adult was in "name of form" only because the defendant arranged an immediate transfer to the minor. Since the car was not a necessary, the minor could disaffirm.

It is important that disaffirmance be timely. If, for example, an individual wishes to disaffirm a contract made as a minor but fails to do so until two years after he or she has reached the age of majority, a court will likely hold that the contract has been ratified.

A minor's misrepresentation of his or her age does not usually preclude disaffirmance of the contract. In some jurisdictions, a minor is held liable for the tort of deceit arising out of misrepresentation of age.

- **minor:** 미성년자, 미성년의. 법률상 성년에 달하지 않은 자. 보통법 상의 성인 연령은 21세. 계약체결능력 연령은 18세로 정해진 주가 대부분이다. 결혼을 하면 미성년이 되지 않는 주도 있다. 어느 경우라도 미국에서 미성년자는 통상 18세 이하를 가리킨다.
- **avoid:** 무효화하다. 취소하다. 해제하다. 효력을 잃게 하거나 유효성을 말소시키는 것. 명사는 avoidance
- **manifest:** 명시하다. 나타내다. 증명하다.
- **intention:** 의도
- **bind:** 구속하다.
- **disaffirmance:** 취소, 부인, 거부. 이전에 체결한 계약을 취소하는 것. 무효가 될 수 있는 계약(voidable contract)에 관하여 그것을 무효로 할 수 있거나 거부할 수 있는 법적 권리를 갖는 당사자가 이전에 체결한 계약상 의무의 이행을 거부하는 것. 구두에 의해 명시적인 거부를 표시하거나, 이전에 체결한 계약의 유효성을 부인하는 행동을 취하는 묵시적인 거부를 표시하는 경우도 있다. 미성년자는 기존에 체결한 계약을 자신의 선택에 따라 후에 거부할 수 있는 경우에 이 단어가 사용된다. 동사는 disaffirm
- **set aside:** 파기하다. 취소하다. 무효로 하다.
- **obligation:** 의무, 채무. 법률상 또는 계약관계로부터 발생하는 의무를 가리킴. 금전으로 지불하지 않으면 안 될 채무자의 의무를 채무라고 함
- **express:** 표현하다.
- **reasonable time:** 합리적 시간
- **majority:** 성년, 18세 이상의 자
- **behalf:** 대신하여
- **recover:** 회복하다. 잃어버린 권리, 재산, 손해에 상당하는 것을 회복하는

것. 승소함에 따라 계약위반에 대해 손해배상금을 얻는 것을 recover damages라고 함

- **purchaser:** 구매자
- **full knowledge:** 충분한 지식
- **transfer:** 이전, 양도, 재산의 소유권을 타인에게 양도하여 이전하는 행위. 재산 또는 재산에 부속한 이익을 양도, 판매, 증여 등의 방법으로 처분하는 것
- **Title:** 재산소유권. 재산법상 동산, 부동산에 대한 소유권, 권원을 가리킴
- **necessary:** 필수품. 계약법에 있어서 생활필수품. 식료품(food), 의복(clothing), 주거(shelter), 의료(medical care), 교육(education) 등이 이에 포함된다. 미성년자에 의한 계약은 본인의 선택에 따라 취소가 가능(avoidable)하며, 유효한 계약도 취소하여 무효가 될 수 있다. 그러나 미성년자에 의한 생활필수품에 대한 계약은 취소할 수 없고 이에 구속되어 가격에 대한 책임을 지게 된다.
- **misrepresentation:** 허위표시. 진실이 아닌 것을 진실인 것처럼 진술하거나, 허위의 사실을 의도적으로 은닉하여 상대방에게 표시하는 행위
- **preclude:** 막다.
- **deceit:** 사기. 허위의 주장이나 허위표시 또는 계략으로 타인을 기만하거나 손해를 입게 하는 것

42. 계약법 (8) — 미성년자의 계약(취소권)

계약능력

일반적으로 법원은 계약이 강제 가능한 것으로 보며, 다수의 법률은 계약을 강제 가능하도록 규정하고 있다. 누구나 자유롭게 계약을 맺을 수 있는 것은 사실이지만, 모든 사람이 항상 법적구속력 있는 계약을 체결할 수 있는 것은 아니다. 어떤 이가 계약을 맺을 수 있기 위해서는 우선 계약능력이 있어야 한다.

법원은 일반적인 경우, 당사자에게 계약체결능력이 존재하는 것으로 추정하지만 사실 계약체결능력이 없거나 의심받는 경우가 있다. 예를 들어, 법원으로부터 법적행위능력이 없는 것으로 판정받은 사람은 타인과 법적으로 구속력 있는 계약을 체결하지 못한다. 당사자가 유효한 계약을 체결하는 능력을 가지고 있음과 동시에 그 계약에서 발생하는 책임을 무효화 할 수 있는 상황도 존재하는데, 특히 미성년자는 계약에 의해 법적으로 구속받지 않는 것이 보통이다.

미성년자

보통법에서 미성년자는 21세 미만의 남성과 18세 미만의 여성으로 정의된다. 오늘날에는 대부분의 주에서 계약체결능력 있는 연령을 남녀 모두 18세로 보고 있다. 몇몇 주에서는 결혼과 동시에 미성년자를 성년으로 의제하는 규정을 두고 있기도 하다. 선거권을 얻는 연령은 18세이다. 이러한 규정을 종합할 때, 현재 미국에서는 18세 미만의 자를 미성년으로 본다고 할 수 있다. 예외는 있으나, 미성년자가 체결한 계약은 미성년자를 대리하는 성인이 무효로 할 수 있다. 미성년자는 계약을 추인하여 강제가능하게 하거나 계약을 취소하여 계약에서 발생하는 모든 법적 의무를 파기하는 선택권을 가지고 있다. 미성년자와 계약을 체결한 성인은 미성년자가 그러한 권리를 가지고 있는 것과 관계없이 계약상 지는 의무를 무효화할 수 없다. 미성년자가 계약을 취소

하지 않겠다고 선택한 경우에는 성인 계약당사자는 이에 구속된다.[46]

공서양속

그렇다면 미성년자는 왜 벌칙의 부과 없이 계약을 자유롭게 파기할 수 있는 것일까. 미성년자에 대한 이러한 처우는 공서양속(public policy)의 관점에서 근거한 것이다. 세상살이에 미숙하고 경험이 부족한 미성년자들을 불공정한 계약에서 발생하는 책임으로부터 보호하겠다는 관념이 자리 잡고 있는 것이다. 즉, 미성년자들은 계약교섭에 있어 경험이 부족하므로 상대방과 대등한 위치에 설 수 없다고 생각한 것이다.

생활필수품

미성년자라 할지라도 생활필수품(necessaries)을 대상으로 하는 계약의 경우에는 취소할 수 없다. 이러한 계약에는 구속되어 가격에 대한 책임을 지게 된다. 이는 준계약상의 책임으로, 법이 생활의 기본적인 필수품과 관련하여 이것을 이용한 미성년자의 부당이득을 방지하기 위한 것이다. 생활필수품의 범주에는 식료품(food), 의류(clothing), 주거(shelter), 의료(medical care), 교육(education) 등이 포함되며, 사치품은 생활필수품으로 간주되지 않는다.

미성년자가 계약을 취소하는 경우에는 그 계약 전체를 취소하여야 하며, 미성년자가 계약한 상품의 일부만을 갖고 나머지를 반환할 수는 없다. 미성년자가 계약을 취소하는 경우 계약의 대가로 성인에게 양도한 재산 모두는 취소시점에서 제3자의 소유가 되었다고 하더라도 다시 회복된다.

---

46) 우리 민법은 20세 미만을 미성년자로 규정하고 있다. 민법 제4조는 "만20세로 성년이 된다"고 규정하고 있다. 그러나 혼인연령의 경우에는 민법 제807조에서 "만18세가 된 사람은 혼인할 수 있다"라고 규정하고 있다. 또한 공직선거법 제15조 제1항을 살펴보면 선거권을 가지게 되는 연령은 만19세이다. 즉 우리나라의 경우 민법상 미성년자는 만20세 미만인 자이지만 혼인적령기와 선거권을 갖는 나이는 해당 조문마다 다르게 규정되어 있다.
  미국의 경우 미성년자가 체결한 계약은 미성년자를 대리하는 성인이 무효로 할 수 있는 반면에 우리나라의 경우 법정대리인이 취소할 수 있다는 점에서 다르다(민법 제5조). 이외에도 미성년자를 보호하기 위하여 민법은 많은 규정을 두고 있다(동법 제5조, 제6조, 제7조, 제8조, 제141조 등).

취 소

미성년자가 계약을 무효로 하기 위해서는 그 계약에 구속받지 않겠다는 의사를 명시하는 것만으로 충분하다. 미성년자가 계약을 취소함에 따라 계약은 무효가 된다. 취소를 엄밀히 정의하면 계약상의 의무를 법적으로 무효화하는 것 혹은 파기하는 행위이며, 말 혹은 행동으로 그 취소의사가 표현되어야 한다. 대부분의 경우, 미성년자 기간 동안 혹은 미성년자가 성년이 된 이후의 합리적 기간 동안은 계약의 취소가 가능하다. 하지만 주에 따라서 미성년자에 의한 토지매매계약에 대해서는 계약당사자인 미성년자가 성인이 되기 전까지 취소할 수 없는 경우도 있다.

이하의 사례는 미성년자에 의한 자동차 구매를 취소하고 계약체결 시 구매자가 미성년임을 알고 있었던 점주로부터 구매대금을 반환받기 위해 미성년자의 아버지가 자녀를 대리하여 제소한 사건이다.

> 미성년자인 헤이즈는 자동차를 구입하고 싶다고 생각하여 제3자인 성인과 피고인 세일즈맨의 도움을 받아 자동차를 구입하였다. 헤이즈는 이후 계약취소의 의사를 밝혔고, 법원은 세일즈맨이 헤이즈가 미성년자임을 안 상태에서 이루어진 판매계약임을 이유로 계약의 취소를 인정하였다. 통상적으로 성인에 대한 판매는 철회할 수 없으나, 법원은 본 사건에 제3자인 성인으로부터 즉시 자동차가 미성년자인 헤이즈에게 양도되었으므로, 제3자인 성인에게 이루어진 판매는 단지 형식적으로 이루진 것으로 판단하였다. 본 사건의 자동차는 생활필수품이 아니므로 미성년자가 계약을 취소할 수 있었다.

계약의 취소는 적시에 이루어지는 것이 중요하다. 예를 들어, 어떤 사람이 미성년자일 때 체결된 계약을 취소할 의사를 가지고 있으나, 성년에 된 후 2년이 경과할 때까지 취소하지 않으면 법원은 문제의 계약이 추인된 것으로 보게 될 것이다.47) 미성년자에 의한 연령의 허위표시는 계약취소의 장애사유

---

47) 우리 민법의 경우에는 성년이 된 날로부터 3년 내에 또는 법률행위가 있은 날로부터 10년

가 되지는 않는 것으로 해석되는 것이 보통이다. 미성년자가 연령을 허위표시함에 따라 발생하는 사기라는 법적행위에 대해 책임이 부과되는 법역(法域)도 존재한다.[48]

성년인 자에 의한 명목적 계약

이 사건의 존 헤이즈는 16세의 미성년자로 자동차 딜러인 퀄리티 모터스사로부터 자동차 구매를 하려 하였다. 세일즈맨은 구매자가 성년이 아니라는 이유로 판매할 수 없다고 거절하였으나, 이후 헤이즈가 23세인 남성을 데려와 교섭을 시작하였다. 이에 세일즈맨은 헤이즈의 수표를 받고 자동차 소유권 이전을 증명하는 판매계약서를 이 남성에게 전달하였다. 세일즈맨은 자동차 권리의 양도절차를 알려 주었고, 이에 따라 남성이 헤이즈에게 권리를 이전한 후 세일즈맨은 헤이즈에게 자동차를 넘겨주게 되었다. 헤이즈의 아버지는 자동차를 돌려주고, 구입가액 전액의 반환을 청구하였으나 딜러는 이를 거부하였다. 이런 와중에, 헤이즈가 보관 중이던 차를 몰고나가 사고를 일으켜 자동차는 파손되었는데, 헤이즈 측은 계약의 취소와 구입전액의 반환을 청구하는 소를 제기하였다.

이 사건의 논점은 명목상 성년자가 체결한 미성년자에 의한 계약이 취소될 수 있는가의 여부였으며, 법원은 취소 가능하며 헤이즈는 자동차 파손에 대한 책임을 일절 부담하지 않는다고 판시하였다. 법원은 그 이유로 자동차는 생활필수품이 아니라는 점과 퀄리티 모터스사는 사고 이전에 흠결이 없는 자동차를 돌려받을 기회가 있었다는 점을 들었다.

알코올음료 구입과 같이 법률상 미성년자에게 금지된 계약이 아닌 이상, 미성년자는 성인과 모든 유형의 계약을 체결할 수 있다. 지금까지 설명한 바와 같이 미성년자는 계약을 취소할 권리를 가지고 있으나, 일반적으로 계약이

내에 취소하여야 한다(민법 제146조).

48) 우리 민법은 미성년자의 상대방을 보호하기 위하여 민법 제17조에서 무능력자가 사술로써 능력자로 믿게 하거나 미성년자나 한정치산자가 사술로써 법정대리인의 동의 있는 것으로 믿게 한 때에 미성년자 측에서 취소를 할 수 없도록 하고 있다. 사술이 무엇인가에 관하여 대립이 있는데 판례는 적극적으로 기망수단을 쓴 경우에 한하여 사술이라고 하고 있다(대판 1971.12.14, 71다2045 등). 따라서 단순히 성년자라고 사칭한 경우는 사술에 해당하지 않으므로 미성년자 측은 취소권을 행사할 수 있다.

이미 이행된 경우에는 자신이 취득한 물품을 반환하고 사용에 대한 합리적 대가를 지불하지 않으면 계약을 취소할 수 없다. 하지만 대다수의 주에서는 미성년자가 물품을 소유 혹은 관리하고 있는 경우에는 그 미성년자는 해당 물품을 반환하기만 하면 계약을 취소할 수 있다.[49]

---

49) 우리 민법에 의하면 취소한 법률행위는 처음부터 무효인 것과 같으므로(민법 제141조 본문) 양당사자는 서로 원상회복의 의무가 있다. 다만 무능력자의 경우 민법 제141조 단서에서 반환범위에 대해서 특칙을 규정하고 있다. 무능력자의 보호를 위하여 무능력자는 법률행위가 취소된 경우 선·악을 불문하고 그의 행위에 의하여 받은 이익이 현존하는 한도에서 상환할 책임을 부담한다. 따라서 미성년자가 매매대금으로 받은 금액 중 일부를 낭비하였다고 하더라도 미성년자는 매매대금으로 받은 금액 전부가 아니라 남아 있는 금액만 돌려주면 된다.

43. Law of Contracts (9)
— Fraudulent Misrepresentation

Typically, there are four elements of fraud:
① A misrepresentation of a material fact must occur.
② There must be an intent to deceive.
③ The innocent party must justifiably rely on the misrepresentation.
④ The innocent party must suffer an injury.

The first element of proving fraud is to show that misrepresentation of a material fact had occurred. This misrepresentation can be in words or action. For example, the statement "This painting is a Picasso" is an express misrepresentation of fact if the painting was done by another artist.

A statement of opinion is generally not subject to a claim of fraud. For example, claims such as "this computer will never break down" or "this car will last for years and years" are statements of opinion, not fact, and contracting parties should recognize them as such and not rely on them. A fact is objective and verifiable; an opinion is usually subject to debate. Therefore, a seller is allowed to "huff and puff his wares" without being liable for fraud.

Plaintiff, Vokes, a 51 year old widow, was induced to make a contract with defendant, Arthur Murray, Inc. (Dancing School) for the purchase of approximately 31,000 dollars worth of dance lessons. The contract was based on representations by defendant that plaintiff had great potential as a dancer, which was not the case. The court allowed plaintiff to rescind the contract based on defendant's misrepresentation of fact as to plaintiff's dancing ability.

In certain cases, however, particularly when a naive purchaser relies on a so-called expert's opinion, the innocent party may be entitled to rescission or reformation. This occurred in the above case.

- **fraud:** 사기. 타인을 속이려는 의도로 고의로 사실을 은닉하거나 허위의 진술을 표시하여, 그에 따라 속은 자가 손해를 입었을 것이 성립요건이 된다. 통상 타인에게 금전적 손실을 발생하게 하거나 자기에게 불법적인 이익을 가져오게 하려는 목적을 가진다.
- **misrepresentation:** 허위표시. 진실이 아닌 것을 진실이라고 진술하거나 허위사실을 의도적으로 은폐하여 상대방에게 표시하는 것
- **material:** 중요한, 어떤 사안에 관하여 중요한, 중대한 또는 주요한이라는 의미의 형용사. 용법으로 material fact(중요한 사실)가 있다. 이는 매매계약 시에 상대에게 중요한 사실을 감춘 계약과 허위표시의 계약이 무효로 되는 때에 사용하는 용어. 기타 용법으로는 material terms(중요한 조건)가 있다.
- **innocent party:** 선의의 당사자
- **deceive:** 속이다. 기만하다.
- **injury:** 침해, 권리침해, 손해. 타인에게 신체에 대한 상해 외에 권리, 재산, 명예에 대한 침해를 가리킴. 또한 그에 따라 발생한 손해 또는 피해를 의미함
- **statement of opinion:** 의견의 진술
- **subject to:** ~의 대상이 되다.
- **verifiable:** 증명할 수 있는
- **huff and puff:** 크게 광고하다.
- **rescind:** 무효로 하다. 합의해제하다. 당사자의 합의에 따라 계약을 무효로 하고 해제하는 것. 최초부터 그 계약이 존재하지 않은 상태로 하는 것
- **rescission:** 합의해제
- **reformation:** 수정, 개정. 계약의 당사자에 의한 착오 또는 일방당사자의 사기행위로 인하여 계약서가 당사자의 의도를 반영하지 않는 경우, 법원이 형평법상 구제조치로서 계약서의 참된 의도를 반영시키도록 계약서를 수정하는 것

43. 계약법 (9) ― 사기적 허위표시

선의의 당사자

사기적 허위표시는 타인을 속이기 위하여 고의로 허위의 표시를 하는 것을 말한다. 이러한 행위는 표시 자체가 진실이 아님을 알면서 상대를 속일 목적으로 행하여진다. 고의적이고 문제된 사항의 인지(認知)의 상태를 나타내는 말로 scienter라는 용어가 사용된다. 사기는 민사에 관해서는 계약상 및 불법행위상의 책임을 지게 된다. 이 장의 주제인 계약상 사기적 허위표시란 원고가 진실을 알았다면 계약을 체결하지 않았을 경우의 표시를 말한다.

사기는 불법행위지만 사기의 존재 유무는 계약상 선의의 당사자가 한 합의가 진정한 것인가에 크게 좌우된다. 계약은 '상호의 합의'를 필요로 한다는 점에서, 그 거래는 자발적이지 않았던 것이 된다. 선의의 당사자가 사기의 문언을 포함한 계약에 동의한 경우 자발적으로 동의한 것이 아니게 되므로 계약의 법적 효력을 부인할 수 있다. 통상, 선의의 당사자는 계약을 무효화시키고(해제하고) 원상태로 복귀시키는 것과 계약을 실행시켜 사기로 인한 손해에 대해 손해배상을 청구할 수 있다.

사기적 허위표시

일반적으로 사기의 성립요소에는 다음의 네 가지가 있다.

① 중요한 사실에 대한 허위표시가 있을 것
② 속일 의도가 있을 것
③ 선의의 당사자가 허위표시를 신뢰하였을 것
④ 선의의 당사자가 손해를 입었을 것

사기를 입증하는 제1의 요소는 중요한 사실에 대한 허위표시가 있었다는 것을 나타내는 것이다. 이러한 허위표시가 구두에 의한 것인가, 행위에 의한 것인가는 판단에 영향을 미치지 않는바, "이 그림은 피카소의 작품이다"라

고 상대방이 말하였으나 사실 다른 작가가 그린 작품인 경우, 명시적 허위표시에 해당하게 된다.[50]

의견의 진술

의견의 진술은 대개의 경우 사기적 선전문구의 개념에 포함되지 않는다. 예를 들어, "이 컴퓨터는 절대로 고장나지 않는다"라든지 "이 자동차는 몇 년이 지나더라도 탈 수 있다" 등의 선전문구는 단순한 의견의 진술에 해당하며, 통상 계약당사자 스스로가 이는 선전문구에 지나지 않음을 인지하고 있는지 그 신뢰 여부를 판단하여야 한다. 사실은 객관적이며 증명 가능한 것인데 반해, 의견은 논란의 대상이 되므로 판매자는 사기에 대한 책임을 지지 않고 상품에 대해 과대광고를 할 수 있는 것이다.

51세의 미망인 원고 보크스는 댄스 레슨비로 31,000달러를 지불하는 내용의 계약을 피고 아서 머레이사(댄스교습소)와 체결하였다. 이 계약은 원고가 댄서로서의 높은 재능을 가지고 있다는 피고의 설명에 기초하여 이루어졌으나, 이는 사실과 다른 진술이었다. 법원은 본 계약은 피고가 행한 원고의 댄스재능에 관한 사실의 허위표시에 기초한 것이므로, 원고는 본 계약을 무효화할 수 있다고 판시하였다.

속기 쉬운 구매자가 전문가의 의견을 신뢰하는 경우가 종종 있는데, 이때 선의의 당사자는 계약의 합의해제 혹은 수정을 요구할 권리가 인정된다.

---

50) 우리 민법도 제110조에서 사기나 강박에 의한 의사표시에 대하여 취소할 수 있음을 규정하고 있다. 사기에 의한 의사표시가 성립되기 위한 요건도 미국법과 매우 유사하다. 그 요건을 살펴보면 다음과 같다. 1) 의사표시의 존재할 것, 2) 사기자의 고의가 있을 것, 3) 기망행위가 있을 것, 4) 기망행위가 위법할 것, 5) 기망행위와 의사표시 사이에 인과관계가 있을 것. 민법 제110조의 규정은 다음과 같다.

제110조 (사기, 강박에 의한 의사표시)
① 사기나 강박에 의한 의사표시는 취소할 수 있다.
② 상대방 있는 의사표시에 관하여 제삼자가 사기나 강박을 행한 경우에는 상대방이 그 사실을 알았거나 알 수 있었을 경우에 한하여 그 의사표시를 취소할 수 있다.
③ 전 2 항의 의사표시의 취소는 선의의 제삼자에게 대항하지 못한다.

위 사건은 이를 명확히 하고 있다.

계약의 합의해제

앞의 사례에서 보크스는 댄스교습소와 16개월에 걸쳐 14단계의 댄스레슨을 받고 합계 30,000달러 이상의 금액을 지불하는 계약을 체결하였다. 이 계약은 댄스교습소의 영업사원이 설득한 결과 체결한 것이다. 영업부 직원은 보크스에게 상당한 재능이 있다, 눈부시게 발전했다, 대단한 잠재력이 있다, 댄스 교습의 결과 아름다운 댄서가 되고 있다는 등 매회 연속해서 설득을 하였다. 보크스의 실제 댄스실력은 전혀 향상되지 않았고, 스스로 댄서로서의 적성과 재능이 없음을 확신하게 되어, 잔여분의 댄스레슨 계약을 종료하기 위해 댄스교습소를 제소하였다.

논점은 영업사원의 권유가 보크스의 능력에 대한 허위표시에 해당하여, 원고 보크스가 계약을 해지할 수 있는가의 여부였고, 법원은 이러한 계약해지 주장을 인정하였다. 이 사건은 댄스교습소 측의 영업전략 이라고도 생각할 수도 있는 아부성 발언이 문제되었다. 피고 측은 그 분야의 전문적이고 고도의 지식을 가지고 있고, 원고 측은 이를 신뢰할 수밖에 없는 상황에 있었으므로 단순한 의견의 진술로 볼 수 없고, 따라서 계약의 합의해제가 인정된다고 보았다.

44. Law of Contracts (10)
— Misrepresentation of Law

In a contract, fraud is the deliberate misrepresentation or concealment of an important fact of the contract in order to induce or persuade another person to enter into it.

The presence of fraud affects the genuineness of the innocent party's consent to the contract. When an innocent party consents to a contract containing fraudulent terms, the contract usually can be voided because he or she has not voluntarily consented. Normally, the innocent party can either rescind(cancel) the contract and be restored to the original position or enforce the contract and seek damages for injuries resulting from the fraud.

However, misrepresentation of the law does not ordinarily entitle the party to be relieved of a contract because under common law people are assumed to know state and local laws. In the following case, a party brought an action against a hotel owner for his misrepresentation of a state law.

Defendant, Gilmore owned the Jerome Hotel in Aspen, Colorado. Plaintiff, Two. Inc., contacted Gilmore about the possibility of operating a disco in the hotel. Gilmore presented to Two that if they agreed to a "management agreement," by law Two could share Gilmore's liquor license, which turned out to be false. Because, shortly after they signed the agreement, Two discovered that the agreement did not conform with state liquor codes and was therefore illegal. Two sued for damages on the grounds of fraud.

The court held that the defendant did make a misrepresentation to the plaintiff, but it found no liability since the plaintiff had no right to rely on a statement of the law made by the defendant, a nonlawyer.

> Basically, a layperson should not rely on a nonlawyer's statement about a point of law. Exceptions to this rule occur, however, when the misrepresenting party is in a profession known to require greater knowledge of the law than the average citizen possesses.

- **fraud:** 사기
- **deliberate:** 형용사로 고의의, 계획적인, 심사숙고하여, 신중한, 사려 있는 등의 의미
- **misrepresentation:** 허위표시. 진실이 아닌 또는 옳지 않은 것을 상대방에게 사실인 것처럼 진술하거나 표시하는 것. 허위인 것을 모르고 행한 선의의 허위표시(innocent misrepresentation), 잘 알고 있어야 할 입장에 놓인 자가 행한 과실의 허위표시(negligent misrepresentation), 허위의 사실을 의도적으로 숨기고 행한 악의의 허위표시(fraudulent misrepresentation) 등이 있다.
- **concealment:** 은폐
- **induce:** 권유하다.
- **genuineness:** 진정
- **innocent party:** 선의의 당사자. 악의 없이 신의성실하게 행동하는 당사자
- **consent:** 합의, 동의, 승낙. 타인의 제안에 대해 자발적으로 찬성하고 동의하는 것을 말함. 판단능력을 가진 자가 그 능력을 자유롭게 행사하거나 자발적으로 협조하여 합의하는 것
- **terms:** 조건(條件). 통상의 용법은 terms and conditions로 '계약조건'으로 해석됨
- **void:** 무효가 되다.
- **voluntarily:** 임의적인, 자발적인. 자유의사로, 강제하지 않은 등의 의미
- **rescind:** 무효화하다. 합의해제하다. 당사자의 합의에 따라 계약을 무효로 하고 해제하는 것. 최초부터 그 계약이 존재하지 않은 상태로 하는 것
- **restore:** 회복시키다. 원상태로 되돌리거나 복귀시키다. 반환하다 등의 의미
- **enforce:** 강제하다.
- **injury:** 손해
- **relieve:** 감면하다.

- **common law:** 판례법, 보통법
- **assume:** 추정하다.
- **defendant:** 피고
- **plaintiff:** 원고
- **share:** 공동으로 사용하다.
- **liquor license:** 주류취급허가증. 주류를 취급할 수 있도록 하는 주 정부 발행의 허가증
- **code:** 규약
- **confirm:** 확인하다.
- **liability:** 의무
- **rely:** 신뢰하다.
- **layperson:** 비전문가

Legal Humor (6)

Kids Will Be Kids.

On a business trip in Philadelphia, a gentleman took one afternoon off to see the Liberty Bell and other historic sites. He soon found himself in line with two young families waiting to see the sites as he overheard this conversation between their two small boys, not yet old enough to be in school:

Child 1: My Daddy's an accountant. What does your Daddy do?
Child 2: My Daddy's a lawyer.

Child 1: Is he honest?
Child 2: No. Just the regular kind.

44. 계약법 (10) — 법률의 허위표시

진정한 합의의 존재

이 장의 주제는 계약에 있어서 사기와 허위표시로 계약의 양 당사자 간에 진정한 합의가 있는가의 문제이다. 계약의 성립요건을 충족하고 있다 하더라도 당사자 일방이 속아서 계약을 체결한 경우에는 상호합의가 없었던 것으로 간주되고, 계약은 무효가 되며 손해배상청구의 대상이 된다. 허위표시에 의한 계약상의 사기가 성립하기 위한 요건으로는 ① 계약내용에 관한 중요사실의 허위표시가 있을 것, ② 상대방을 속일 의사가 있을 것, ③ 선의의 당사자가 그 허위표시를 의심의 여지없이 신뢰할 수밖에 없는 상황에 있었을 것, ④ 선의의 당사자가 실제 손해를 입었을 것 등 4가지를 들 수 있다. 만일 합리적 인간(reasonable man)이 진정한 사정을 알았더라면 계약을 체결하지 않았을 것이라는 것이 판단의 핵심이 된다. 미국에서는 계약교섭 시 법률의 허위표시는 허위표시에 의한 사기와도 연계되어 문제가 된다. 즉 잘못된 법률의 제시를 받은 경우는 허위표시의 경우와는 다르기 때문에 주의를 요한다.

계약상 사기

계약에 있어 사기는 상대방에게 계약을 체결하도록 권유한다든지 설득하는 등의 목적으로 행하는 계약의 중요사실에 대한 고의적인 허위표시 혹은 은폐를 말한다. 사기의 존재는 선의의 당사자가 지니는 계약에의 합의에 대한 진정성에 영향을 미친다. 만일 선의의 당사자가 사기의 조건을 갖는 계약에 합의한 경우, 임의로 합의하지 않은 것으로 되며, 계약을 무효화하는 것이 가능하다. 보통 선의의 당사자는 계약을 해제하여 계약이 없던 상태로 회복시키거나, 계약의 내용을 강제하여 사기의 결과 발생시킨 손해의 배상액을 요구하는 선택 중의 하나를 취할 수 있다.

법률의 허위표시

하지만 법률의 허위표시가 이루어진 경우, 보통법상으로 모든 사람이 주법 혹은 거주지의 법률을 알고 있다고 추정되므로 통상 계약으로부터 면제되지 않는다. 이하의 사례는 일방당사자가 호텔 소유자가 행한 잘못된 주법 제시에 대해 소를 제기한 사건이다.

> 피고 길모어는 콜로라도주 아스펜시의 제롬 호텔 소유자이다. 원고 투(Two) 사는 호텔에서 디스코텍을 경영할 수 있는 가능성을 길모어에게 타진해 왔다. 길모어는 투(Two) 사에게 양자 간 매니지먼트 계약을 체결할 경우, 법률에 의해 길모어가 가지고 있는 주류판매허가증을 공동사용할 수 있다고 설명하였으나 이는 허위로 판명되었다. 양자가 계약서에 서명한 이후 투(Two) 사는 계약이 주의 주류취급 규칙에 위반되어 계약 자체가 위법함을 알게 되었다. 투(Two) 사는 사기를 이유로 손해배상청구의 소를 제기하였다. 법원은 피고가 확실히 원고에 대해 허위표시를 행하였지만, 원고는 법률가가 아닌 피고의 법률에 관한 의사표명을 신뢰할 정당한 근거가 없으므로 피고의 책임이 인정될 수 없다고 판시하였다.

원칙적으로 비전문가는 법률가 아닌 자가 행한 법률 요점의 표명에 신뢰를 주어서는 안 된다. 하지만 허위표시를 한 당사자가 평균적 시민보다 많은 법률지식을 가질 것을 요건으로 하는 직업에 종사하는 경우 이 법률의 예외가 된다.

투(Two) 사는 계약 교섭 중, 길모어로부터 길모어가 소유한 주류판매허가증은 법률적으로 공동사용이 가능하다는 설명을 듣고 판단하여 계약을 체결하였다. 그러나 실제 주법은 이를 허용하지 않았고 법률의 허위표시에 의해 피해를 입었다고 생각한 투(Two) 사는 길모어를 제소하였으나 패소하고 말았다.

법률은 공지된 것으로 추정받는다

이러한 법원칙은 일견 불공평하게 보이지만, '법의 나라, 미국'으로 불릴 정도로 법이 일상화된 미국이기에 존재할 수 있는 법칙이라고 할 수 있다. 보통법의 원칙에 의해 합리적 인간은 자기와 관계된 주 법과 지방 법률을 모두 알고 있는 것으로 추정받는다. 따라서 자신의 거래 혹은 매매에 관한 법률상의 법원칙을 알지 못하였다고 주장하는 것만으로는 법률적 책임으로부터 자유로울 수 없다. 이러한 원칙이 적용되는 예로서 다음을 들 수 있다. 샐리는 토지소유주로, 지방조례에 의해 2층 이상의 건물을 짓지 못한다는 것을 알고 있었음에도 불구하고, 짐에게 10층 이상의 건물도 지을 수 있다고 하여 매입을 권유하였다. 짐은 건물을 구입한 후 샐리가 준 정보가 거짓임을 알게 되었고, 샐리의 행위는 사기에 해당함을 이유로 제소하였다. 법원은 법률은 공개되어 있고, 모두 이를 알고 있는 것으로 추정받기 때문에 짐은 스스로 법률을 조사할 의무가 있으며, 상대방의 말을 신뢰하였다는 것만으로는 계약해제의 근거가 되지 못한다고 판결하였다. 이러한 원칙은 법률의 허위표시를 받은 측이 손해를 입었다고 하여도, 계약상 의무로부터 면제되거나 손해배상을 청구할 수 없다는 엄격한 원칙이다. 이러한 법원칙이 적용되지 않는 경우는 상대방이 변호사, 공인회계사, 부동산업자, 보험업자 등의 직업군 종사자들이 잘못된 법률해석을 제시한 경우, 이들은 책임으로부터 면제될 수 없다.

법률적 조언에 따른 행위

미국에서 계약과 관련된 문제에서 법률문제에 관한 전문가가 아닌 이가 진술한 말을 단순히 신뢰하거나 의존하여서는 안 된다. 법의 무지는 항변사유가 되지 못한다. 동양인들은 거래 혹은 교섭 도중에 "법률적으로 말하자면, 가능합니다"라든지 "법률상 문제는 없습니다" 등의 말을 상대방으로부터 듣는 경우, 상대방의 말을 전폭적으로 신뢰하는 경향이 있다. 이는 법률이라고 하면 알기 어렵고 자신과는 무관한 것이라는 선입관이 있는 나라들의 국민성에서 기인하는 것이라고 할 수 있다. 미국인들은 "법률적으로 가능합니다"라는 말을 듣는 경우, 반드시 이의 사실 여부를 확인한다는 데에 주목할 필요가 있다.

45. Law of Contracts (11)
— Statute of Frauds (Writing Requirement)

A memorandum evidencing the oral contract needs only contain the essential terms of the contract. Under the UCC, for the sale of goods the writing needs only the name of the quantity term and be signed by the party being charged. Under most provisions of the Statute of Frauds, the writing must name the parties, subject matter, consideration, and quantity. Contracts for the sale of land, in some states, require that the memorandum also state the essential terms of the contract, such as location and price, with sufficient clarity to allow the terms to be determined from the memo itself, without reference to any outside sources.

The following classic case illustrates what may be considered a "signed writing" by the court.

> Plaintiff, Drury and defendant, Young entered into an oral contract for the sale of tomatoes. Subsequent to the date of the contract, plaintiff wrote a memo outlining the terms of the oral contract on his letterhead, but this was not delivered to defendant. Later, the plaintiff refused to sell the tomatoes, claiming that the Statute of Frauds required a written contract in this case. The court held that the memo, written by plaintiff, though never delivered, satisfied the writing requirement of the Statute of Frauds. Plaintiff was held liable to the contract.

Only the party to be held liable on the contract need sign the writing. Therefore, a contract may be enforceable by one of its parties but not by the other. Suppose Devlin and Rock contract for the sale of Devlin's lake house and lot for $50,000. Devlin writes Rock a letter confirming the sale by identifying the parties and the essential terms

of the sales contract — price, method of payment, and legal address —
and signs the letter. Devlin has made written memorandum of the
oral land contract. Since she signed the letter, she can be held to the
oral contract by Rock. Rock, however, since he has not signed or
entered into a written contract or memorandum, can plead the Statute
of Frauds as a defense, and Devlin cannot enforce the contract
against him.

- **statute of frauds:** 사기방지법. 계약상 일정한 약속에 기초한 청구에 관한 소송을 제기하기 위해서는 서면에 의한 증거가 필요하다.
- **writing requirement:** 서면형식요건
- **memorandum:** 각서
- **essential terms:** 중요사항, 기본조건
- **UCC:** 통일상법전, Uniform Commercial Code의 약칭. 미국에서 상사거래 전반에 참조되는 통일법
- **name ~ :** ~ 이하의 예를 들 때 사용
- **subject matter:** 목적물
- **consideration:** 약인, 대가. 청약 및 승낙과 함께 계약을 구성하는 한 요소. 일방당사자에 의한 행위나 약속에 대하여 타방당사자가 행하는 행위나 약속을 가리킴. 양 당사자에게 가치 있는 것이어야 함
- **classic case:** 전형적인 사례
- **oral contract:** 구두계약, 구두에 의한 계약. 또는 부분적으로는 문장에 의하고 그 외의 부분은 구두에 의하는 계약
- **subsequent:** ~의 뒤
- **confirm:** 확인하다.
- **method of payment:** 지불방법
- **legal address:** 법정주소
- **plead:** 주장하다. 신청하다.
- **defense:** 항변. 원고의 주장에 대하여 피고 측이 그 논거를 부정하는 것

45. 계약법 (11) — 사기방지법 (서면형식요건)

사기방지법의 역사

사기방지법은 1677년 영국에서 찰스 2세의 서명에 의해 '사기와 위증방지법'으로 제정된 법률이다. 그 목적은 선의의 당사자가 사기피해를 입는 것을 방지하기 위한 것으로, 중요한 거래의 계약에 있어서는 서면에 의한 증거를 요건으로 하는 법률이었다. 이 법률은 25개 부분으로 이루어져 있으며, 특정 종류의 계약을 법원이 강제하기 위해서는 서면에 의할 것 혹은 서면형식의 각서에 의할 것을 규정하고 있다. 당시 영국에서 계약관계의 재판에서는 증거법이 충분히 발달되어 있지 않았던 탓으로 위증이 빈번히 이루어지고, 결과적으로 사기행위에 의한 피해가 사회문제가 된 것이 시대적 배경이었다. 이러한 법률은 증거법의 발달과 함께 시대의 흐름 속에 보전되어 왔으나, 1954년 개정법에 의해 대부분 폐지되어 보증계약과 토지에 관한 계약만이 사기방지법의 적용을 받게 되었다.

미국의 사기방지법

미국의 사기방지법은 영국의 사기방지법을 규범으로 한 것이 대부분의 주에서 계승되었다. 사기방지법의 몇몇 규정은 통일상법전에도 삽입되었다. 사기방지법은 일정한 계약이 서면으로 작성되지 않는 경우 법원이 이에 따른 법적분쟁을 관할대상으로 다루지 않는다고 규정하고 있으나, 이러한 규정이 서면형식이 아니라고 해서 계약 자체가 무효임을 의미하는 것은 아니다. 모든 계약은 당사자 전원에 의해 서명된 문서에 충분하게 설명될 것이 안전성의 관점에서 바람직하다고 할 수 있다. 계약의 이행에 대해 문제가 발생하는 경우에 각 당사자가 약속한 계약이행의 내용을 충분히 기술한 문장을 기반으로 한 합의가 재판상 다루어질 수 있도록 보장되기 때문이다.

사기방지법 및 통일상법전은 반드시 양 당사자 서명의 존재를 계약의 성립요건으로 보는 것은 아니다. 피고로서 이행을 요구받는 자, 즉 채무를 부담하는 측의 당사자에 의해 서명되었다면, 법원에 제소할 수 있게 된다. 서면에 의한 각서는 확인서, 송장, 매출전표, 회계전표 또는 전보 등 여하의 형태를 막론하고 성립될 수 있다. 이러한 장부들은 사기방지법의 요건을 충족시키는 데 충분한 문서를 구성한다. 서명이 반드시 문서의 끝 부분에 있을 필요도 없으며, 서면상 어떤 부분에 기재되어 있더라도 상관없다. 풀네임이 아닌 닉네임으로 한 것이라도 유효하다.

각서의 필요사항

구두계약의 증거가 되는 각서는 그 계약의 중요사항을 포함한 것이면 족하다. 통일상법전에 따르면 매매를 위한 문서에는 수량의 명시와 지불하는 측 당사자의 서명이 필요하다. 사기방지법의 규정에 의하면 문서는 당사자, 목적물, 대가 및 수량을 명시한 것이어야 한다. 몇몇 주는 토지매매계약에 대한 각서에도 장소와 가격 등 계약의 중요사항을 명기하여 여타의 문서를 참조하지 않아도 각서 자체만으로도 중요사항을 확인할 수 있을 것을 요건으로 하고 있다. 아래의 전형적 사례는 법원이 '서명된 서면'으로 보는 것을 보여주고 있다.

원고 드러리와 피고 영은 토마토 판매에 대한 구두계약을 체결하였다. 계약한 다음 날, 원고는 자신의 레터헤드가 찍힌 편지지에 구두계약의 대략적인 조건을 적은 각서를 작성하였으나, 피고에게 도달하지 않았다. 이후, 원고는 사기방지법에서 서면에 의한 계약을 필요로 함을 주장하며 토마토 매각을 거부하였다. 법원은 원고가 작성한 각서가 도착하지 않았다 하더라도 사기방지법상의 서면형식요건을 충족한 것으로 판결하였다. 이에 따라 원고는 계약에 따른 의무를 부담하게 되었다.

서명과 법적효력

계약상 의무를 지는 당사자만이 서면에 서명의무를 지닌다. 이에 따라 계약은 일방의 계약당사자에 의해 그 이행이 강제될 수 있지만, 타방의 당사자에 의해서는 강제되지 않는다. 예를 들자면, 데보린이 록에게 데보린의 레이크 하우스와 토지를 5만 달러에 매매하겠다는 계약을 체결했다고 하자. 데보린은 록에게 당사자와 그 매매계약의 중요사항, 즉 가격 · 지불방법 및 법률상 주소를 확인하고, 그 매매를 확인하는 편지에 서명하였고, 데보린은 구두에 의한 토지매매계약에 대해 서면에 의한 각서를 작성한 것이다. 데보린이 편지에 서명함에 따라, 록은 데보린이 구두계약을 이행하도록 할 수 있었다. 그러나 록은 서명을 하지 않고 서면에 의한 계약 · 각서를 체결하지 않았기 때문에 사기방지법에 의한 항변사유가 되므로, 데보린은 록에 대해 계약을 강제할 수 없는 것이다.

서면형식요건

본문의 사례는 1882년 메릴랜드 주의 판례로, 사기방지법에 있어 '서명된 서면'의 판정기준을 제공해 준 사건이다. 드러리는 자기명의의 헤드가 각인된 각서를 작성한 후 이를 금고에 넣어두었다. 이 각서에는 서명이 되어 있지 않았다. 이후 드러리는 영에게 편지를 써 토마토를 팔지 않겠다는 의사를 전달하였고, 영은 드러리를 계약위반으로 제소하였다. 이에 드러리는 사기방지법을 근거로 하여 각서가 상대방의 수중에 넘어가지 않았다는 점과 구두계약의 확인서가 존재하지 않았다는 두 가지 점을 들어 항변하였다. 사건의 논점은 헤드가 찍혀진 편지에 서명이 없을 뿐만 아니라, 상대방에게 도착하지 않은 각서가 사기방지법의 요건을 충족하는가의 여부였는데, 예심법원은 영에게 도착하지 않은 각서와 거부의 편지는 사기방지법상의 서면형식요건을 충족하는 것으로 영 측의 주장을 받아들였다. 드러리는 항소하였으나 예심법원 판결이 인용되어 패소하였다. 법원은 문서가 상대방에게 도착되었는가 혹은 어디에 보관되어 있었는가가 문제되는 것이 아니라, 문서 자체의 존재유무가 문제되는 것이라고 보았다. 또한, 자신의 헤드가 찍한 편지지에 쓴 내용은 서명에 충분히 갈음하는 것이라고 판정하였다. 두 가지 문서를 합치면 사기방지법이 적용되는 증거가 충분히 될 수 있다고 판단한 것이다.

서명은 영어, 한자를 막론하고 통상의 자필로 성명을 기재한 것이면 그 요건을 충족하고, 이니셜이나 마크, 혹은 서명의 의도가 있는 경우 타이프나 인쇄, 스탬프 역시 인정된다.

적용예외

사기방지법에 의해 서면의 형식이 요구되는 내용의 계약이 구두로 행해지고 그 일부이행이 이루어진 경우, 서면계약이 없는 경우에도 강제력을 가지게 된다. 예를 들어, 자동차를 구두계약으로 구매하려는 의사를 가지고 그 대금의 일부를 지불한 경우, 법원은 서면계약이 아님을 이유로 무효라는 주장을 인정하지 않는다.

46. Law of Contracts (12) — Statute of Frauds (Contracts Cannot Be Performed Within One Year)

The one-year period begins to run the day after the contract is made. Suppose that you graduate from collage on June 1. An employer orally contracts to hire you immediately(June 1) for one year at 2,000 dollars per month. Under the Statute of Frauds, this contract need not be in writing to be enforceable because the one-year period to measure performance begins on June 2. Since your performance of one year can begin immediately, it would take you exactly one year from the date of entering the contract to complete the performance.

The following case involves the application of the statute's one-year rule. Note that even though the parties did not anticipate performance within one year, the oral contract was enforceable because performance was possible within one year.

> Plaintiff, Chesapeake Financial Corporation and defendant, Laird entered into oral contract whereby the plaintiff was to provide financing for a real estate developed to be undertaken by the defendant. Plaintiff refused to provide the financing, claiming that the contract between the parties was unenforceable under the Statute of Frauds, since plaintiff did not "anticipate" that the project would be completed within one year. The court held that the contract was binding since the project "could" have been completed within one year, and a written contract was not required.

The test for determining whether an oral contract is enforceable under the one-year rule of the statute is not whether an agreement is likely to be performed within one year from the date of making the contract, but whether the performance within a year is possible. Conversely, when performance of a contract is impossible during a one-year period, this provision of the Statute of Frauds will bar recovery on an oral contract.

- **objectively:** 객관적으로
- **date of contract formation:** 계약성립일
- **terms:** 계약조건
- **Statute of Frauds:** 사기방지법
- **writing:** 서면, 문서
- **enforceable:** 강제 가능한
- **performance:** 이행. 계약조건에 따른 채무 혹은 의무의 이행
- **anticipate:** 예기하다.
- **oral contract:** 구두계약
- **financing:** 융자
- **real estate:** 부동산
- **bind:** 구속하다.
- **written contract:** 서면계약
- **conversely:** 반대로
- **recovery:** 회복. 권리, 재산이나 손해를 회복하는 것

46. 계약법 (12) — 사기방지법 (1년 이내에 이행할 수 없는 계약)

사기방지법

사기방지법이라는 명칭은 오해를 불러일으키기 쉽다. 이는 본 법률이 사기에 적용되는 것이 아닐뿐더러, 특정 유형의 계약을 무효로 만드는 것도 아니기 때문이다. 이 법률은 요건을 충족하지 않는 특정 유형의 계약에 대한 강제력을 부인하는 법률이다. 본 법률은 주에 따라 다소간 상이하며, 계약의 유효성에 있어 서면 혹은 각서로 명시하여야 하는 유형의 계약을 규정하고 있다.

이 법률에 따라 계약이 적절한 형식에 맞지 않으면, 그 이외의 점에서 법적으로 유효하고 당사자 간 거짓 없이 합의된 것이라 할지라도 강제할 수 없는 것이 된다. 즉, 법률상으로는 서면에 의해 작성될 것이 요구되는 계약이라면 해당 계약의 서면에 의한 증거가 없는 경우 강제가 가능하지 않다.

1년 이내의 계약

계약이 그 조건에 의해 계약성립일로부터 1년 이내에 이행이 불가능한 경우, 강제 가능하게 하기 위해서는 계약서를 교환하여야 한다. 이러한 계약을 둘러싼 분쟁은 계약성립 직후 얼마간의 기간 동안에는 일어나지 않는 것이 통상적이므로 계약조건이 서면에 기록되지 않은 경우에 분쟁해결이 힘든 경우가 많다. 이러한 법원칙의 배경에는 증인의 기억이 1년 이상 경과할 경우 신뢰하기 힘들다는 사고가 깔려 있다.

특정 유형의 계약이 이러한 카테고리에 들어가기 위해서는 계약이행과 관련하여 계약성립일로부터 1년 이내에 이행하는 것이 객관적으로 불가능할 것을 요건으로 한다. 계약이 그 조건에 따라 1년 이내에 이행할 수 있는 경우에는 그 계약이 사기방지법의 적용대상이 되지 않으며, 서면에 의할 것을 요하지 않는다.

기간의 개시

1년이라는 기간은 계약성립일 다음날부터 유효하게 개시한다. 당신이 6월 1일에 대학을 졸업하였고, 고용주가 월 2,000달러에 1년간 당신을 고용하겠다는 약속을 6월 1일에 구두로 하였다고 가정해 보자. 사기방지법에 의하면 이러한 계약을 강제하기 위해서 계약서를 교환할 필요는 없다. 왜냐하면, 계약이행기간을 계산하기 위한 1년이라는 기간은 6월 2일에 개시하기 때문이다. 1년간 당신의 계약이행은 즉시 개시하므로 계약이행이 종료하는 것은 계약체결일로부터 1년 후가 된다.

이하의 사례는 사기방지법의 1년 원칙의 적용에 관한 것이다. 구두에 의한 계약을 한 양 당사자가 1년 이내에의 이행을 예기하지 않았다고 하더라도, 1년 이내 그 이행이 가능하기 때문에 계약은 강제 가능한 것이라는 점에 주목하기 바란다.

원고 체스피크 금융회사와 피고 레어드는 구두에 의한 계약을 체결하고, 피고가 맡은 부동산개발에 원고가 융자를 하게 되었다. 원고는 이 프로젝트가 1년 이내에 완료될 것임을 '예기(豫期)'할 수 없었으므로 양 당사자에 의한 계약은 사기방지법에 기초해서 강제 가능하지 않다고 주장하며 융자를 거부하였다. 법원은 이 프로젝트는 1년 이내에 완료가 '가능'하며, 따라서 서면에 의한 계약은 필요하지 않으므로 강제 가능한 것이라고 판단하였다.

계약이행 가능 여부

법원은 구두에 의한 계약이 사기방지법의 1년 법칙에 의해 강제 가능한 것인지의 여부를 판단함에 있어, 계약이 작성일로부터 1년 이내에 이행될 것 같은지의 여부를 판단하는 것이 아니라, 1년 이내에 이행할 수 있는지 여부의 '가능성'을 살펴본다. 반대로 1년 이내에 계약이행이 불가능한 경우에는 사기방지법의 규정에 의해 구두에 의한 계약에 기초하여 잃게 된 재산이나 권리,

혹은 손해의 회복이 금지되어 있다.

본문의 사례에서 레어드와 마틴 양인과 금융회사 사이에 구두에 의한 융자계약을 체결한 후, 금융회사가 필요한 융자를 거부하자 레어드와 마틴은 금융회사 측의 행위가 허위표시에 해당함을 이유로 손해배상을 청구하였다. 동 금융회사는 메릴랜드 주의 사기방지법이 1년 이내에 이행할 수 없는 계약은 서면에 의할 것을 요구하고 있으므로, 구두로 이루어진 본 계약은 강제가 가능하지 않다고 판단한 것이다.

예심법원에서 레어드와 마틴이 승소하여 법원은 금융회사에게 손해배상금 지급을 명하였다. 이에 금융회사는 항소하였다. 재판의 논점은 당해 계약이 1년 이내에 이행이 종료될 수 있는가의 여부였다. 양 당사자는 프로젝트가 완성되는데 적어도 2년에서 3년이 걸릴 것으로 예상하였으나, 항소심은 1년 이내에 계약이 종료될 것이라는 주장이 완전히 불가능하다는 증거가 적절치 않다고 판단하여 구두계약의 유효성을 인정하였다.

47. Law of Contracts (13)
— Interpretation of Contracts

When the writing is clear and unequivocal, a court will enforce it according to its plain terms, and there is no need for the court to interpret the language of the contract. The meaning of the terms must be determined from the face of the instrument — from the written document alone. This is sometimes referred to as the plain meaning rule.

The following case illustrates a court's application of the plain meaning rule in interpreting a lease clause.

> Plaintiff, Great Falls Hardware Company of Reston, and defendant, South Lake Village Center Associates entered into a written lease for space in a shopping mall. By the terms of the lease, the plaintiff, the tenant, was to pay certain maintenance expenses, but only if 95% of the other mall tenants also agreed to pay maintenance expenses. The plaintiff learned that 95% of the other tenants had agreed to pay the expenses, but not in the same manner as plaintiff's lease assessed the expenses. The plaintiff refused to pay any of the expenses and a lawsuit followed. The court held that the plain meaning of the lease required the plaintiff to pay for the expenses, if 95% of the other tenants paid under the same formula.

Under this rule, if a contract's words appear to be clear and unambiguous, a court cannot consider extrinsic evidence, which is any evidence not contained in the document itself. This may amount to excluding more evidence than is excluded under the parole evidence rule. When a court decides that the language in question has a plain meaning, evidence of trade usage, prior dealing, and course of performance may be excluded. Admissibility of such evidence can significantly affect how a court may interpret ambiguous contractual provisions and thus the outcome of litigation.

- **unequivocal:** 명확한, 모호하지 않은, 의문의 여지없는 상태를 일컬음
- **plain:** 명백한, 평이한
- **terms:** 언어, 용어, 조건
- **instrument:** 계약서, 증권, 증서 등 법률 문서
- **plain meaning rule:** 명백한 의미의 규칙. 법원이 계약의 해석 시 사용하는 원칙. 계약조건이 명백히 설정되어 있다면 구두계약, 서면계약에 관계없이 사용되는 언어는 명백하고 애매하지 않고 직접적으로 해석될 수 있어야 한다는 원칙
- **lease:** 리스, 임대차계약, 대차권. 부동산 소유자가 임차인에게 일정기간 중 그 점유를 허용하고 그 대가로 임료를 지불받는 계약이나 권리
- **tenant:** 임대차계약에 의해 임대료를 지불하고 부동산을 점유, 사용하는 자
- **extrinsic evidence:** 외부적 증거, 합의서나 계약서상 문서 자체 중에는 표시되지 않은 외적인 증거
- **parol evidence rule:** 구두증거배제법칙. 계약이 서면에 의해 체결될 경우, 계약 교섭시의 구두증거나 이전에 교환된 구두에 의한 약속, 양해, 합의에 기초해 당사자 간 서면계약의 내용에 반하는 내용을 주장하거나 내용을 수정할 수 없다는 법칙. 구두라고 하지만 서면에 의한 증거도 포함된다. 이전의 합의는 구두, 서면을 불문하고 소멸되어 대체된다는 의미로 최종적으로 체결된 서면상의 계약내용이 양 당사자 간에 최종적으로 완전하게 합의된 내용으로 그 외에는 일절 포함되지 않게 된다. 미국이 문서주의의 나라라는 점도 하나의 요인이다.
- **trade usage:** 상거래관행
- **prior dealing:** 사전거래
- **course of performance:** 계약이행의 흐름
- **admissibility:** 용인, 허용

47. 계약법 (13) — 계약의 해석

계약의 언어

계약의 해석에 관한 보통법 규정은 계약의 의미를 결정하고 계약에 법적 효력을 부여하기 위한 지침을 법원에 제공하기 위해 끊임없이 진화해 왔다. 계약의 의미나 조건이 불명확한 경우, 분쟁은 통상 계약서에 관한 문제에서 출발한다. 계약 문언의 모호성에서 파생되는 문제는 법원이 계약서에 사용된 언어를 명백하게 해석할 수 없을 때 발생하며, 대다수의 경우 법원은 우선 '명백한 의미의 원칙'을 적용하여 계약 문언의 모호성 여부를 결정한다. 실제, 법원은 계약서에 명시되어 있는 언어는 문자 그대로의 의미(literal meaning)를, 그리고 전체적으로 적혀진 그대로의(as written) 해석을 행한다.

구두증거배제법칙과의 연관성

이 원칙의 기본은 계약이 서면상 명백하여 애매하지 않을 때는 구두에 의한 증거가 인정되지 않는다는 것이다. 그러나 계약서가 모호한 경우 구두증거는 계약내용을 명확히 하기 위해 인정된다. 구두증거가 계약서의 의미를 명확히 하기 위해 인정된다고 하는 것은 계약서의 의미를 바꾸어 해석한다는 의미가 아니라, 계약서에 적힌 내용의 의미를 명확히 하기 위해 부가적 증거를 받아들인다는 것이며, 이는 구두증거배제법칙 자체의 적용을 배제하기 위한 것이 아니다. 구두증거배제법칙이란 계약이 서면으로 작성된 경우, 이후 구두나 문서로 계약의 내용에 반하는 것을 주장할 수 없다는 법칙을 일컫는다. 즉, 구두증거는 배제한다는 원칙이다. 양 당사자에 의한 계약서면이 가장 신뢰할 만한 증거라고 할 수 없는 상황에서는 법원은 구두에 의한 증거 혹은 증언을 채택하므로 이 경우 구두증거배제법칙의 예외가 된다.

명백한 의미의 규칙

계약서가 명백하고 명확할 경우, 법원은 그러한 명백한 조건에 따라 강제하므로 계약서의 문언을 굳이 해석할 필요는 없다. 계약용어의 의미는 계약서의 서면으로부터, 즉 적혀진 문서 그대로 판단되어야 한다. 이러한 원칙은 Plain Meaning Rule, 혹은 명백한 의미의 규칙이라고 불린다. 아래 사례는 임대차계약의 조건을 해석할 때, 법원이 '명백한 의미의 규칙'을 적용하는 예를 잘 보여주고 있다.

원고인 그레이트 폴 하드웨어社와 피고 사우스 레이크 빌리지 센터 사는 쇼핑몰 안의 점포 임대차계약을 맺고 계약서를 교환하였다. 당해 리스계약의 조건에 따라, 원고 임차인은 일정한 유지비를 지불하도록 되어 있었으나, 이는 쇼핑몰 내에 있는 다른 임차인의 95퍼센트 역시 이 지불에 대해 찬성할 것을 조건으로 한 것이었다. 원고는 다른 임차인 95퍼센트가 동의하기는 하였지만, 원고의 리스계약과 같은 방식으로 그 비용이 산정된 것이 아니라는 것을 알게 되었다. 이에 원고는 비용의 지불을 거절하고 소송을 제기하였다. 법원은 그 리스계약의 명확한 의미는 다른 임차인의 95퍼센트가 같은 산정방법에 기초하여 지불하는 경우, 원고에게 그 비용의 지불을 의무지우는 것이라고 판결하였다.

이 '명백한 의미의 규칙'에 의하여 계약의 문언이 명백하고 모호하지 않다면, 법원은 계약서 자체에 포함되어 있지 않은 증거, 즉 외부적 증거를 고려할 수 없다. 이에 따라 구두증거배제원칙에 의해 배제되는 것보다 많은 증거가 배제될 수도 있다. 문제가 된 언어가 명백한 의미를 가지고 있는 것으로 법원이 판단할 경우, 거래관행이나 사전거래, 계약이행의 흐름 등의 증거는 배제될 수도 있다. 그러한 증거를 용인하는 것은 모호한 계약규정에 관한 법원의 해석방법, 더 나아가 소송의 결과에 중요한 영향을 미치게 될 수 있다.

문언의 해석

이 사례는 1989년 버지니아 주 대법원의 판결로 리스계약의 해석에 관한 사건이다. 리스계약 중에 타이핑으로 가필(加筆)된 '공동 부분의 유지비'에 관한 조항이 있었는데, 그 해석이 문제가 되었다. 가필된 부분은 "본 규정은 적어도 95%의 다른 임차인이 본 계약에 규정되어 있는 유지비의 조건에 따르는 경우에만 유효하다"라고 규정하고 있는바, 양자는 그 해석에 합의하지 못하자 원고가 법원에 제소를 하여 문언해석을 구하였다. 원고는 "실질적으로 원고와 동일한 리스계약을 한 여타 임차인의 95%가 유지비를 지불한 경우가 아니면, 지불할 의무가 없다"라는 의미라고 주장하였다. 피고인인 쇼핑몰 측의 사우스 레이크 사는 "리스계약 규정 내용의 상이성 유무에 관계없이, 여타 임차인 95%가 자신의 리스계약 중 동 유지비 지불 규정을 삽입하고 있는 경우에 원고는 지불할 의무를 지닌다"고 해석하였다. 이렇듯 상이한 해석을 낳게 한 것은 원고와 다른 형태의 리스계약을 체결한 임차인이 존재하여, 각기 규정에 따라 유지비의 산정법 역시 달라진 상황이었다. 양 당사자는 계약상 언어가 모호하지 않다는 데에는 동의하였다. 예심법원에서 리스계약의 이행과 양당사자의 의도에 관련된 정황증거를 심리한 결과, 쇼핑몰 측의 주장을 인정하였고, 이에 그레이트 폴 하드웨어 사는 항소하였다.

외부적 증거는 인정되지 않는다

이 사건의 논점은 법원이 리스계약의 교섭과 이행에 있어서의 정황을 고려하지 않고, 계약서의 문언만을 해석하여야 하는가의 여부였고, 법원은 이러한 문언해석만으로 충분하다고 판단하였다. 그 이유로 법원은 계약의 언어가 애매모호하지 않다면 외부적 증거에 의존하는 것은 부적절함을 들었다. 명백한 문장은 그것이 가지는 명백한 의미를 스스로 나타내고 있으며, 본 사건의 계약 문언 역시 명백하므로 외부적 증거를 채택할 이유가 없다고 판단한 것이다. 나아가, 예심법원이 계약서 자체가 직접적으로 무엇을 기술하고 있는지에 대해 초점을 맞추지 않았음을 지적하였다. 그리고 "여기에 규정되어 있는"이라는 문언은 "원고와 같은 유형의 리스계약 중에 규정되어 있는"이라는 의미 이외에는 해석될 여지가 없다고 판단하였다. 예심법원은 본 문언을 "여타 임차인의 각기 계약 중의 규정"이라고 해석한 것이다. 즉, 원고와 "같은 유형의 리스계약을 체결한 임차인 95%와 다른 유형의 리스계약이 혼재하는 전체 임차인의 95%" 사이에 차이가 발생한 것이다. 법원은 결론적으로 계약의 전체적인 문언을 해독할 경우, 명확한 의미로는 원고 측 주장을 그대로 따르게 되는 것으로 판단하였다.

계약의 해석이란

계약해석의 최종적 목적은 양 당사자가 체결한 계약을 수정하는 것이 아니라, 그 계약을 강제하고 이행하는 것이다. 해석에 있어서 일반적 원칙은 계약서에 명시되어 있는 문언에 충실하게 의존하는 것이다. 특별히 교섭의 결과에 의해 만들어진 문언이나 계약서에 자필 혹은 타이핑하여 써 넣은 문언은 중요한 의미를 지닌다는 것을 명심할 필요가 있다. 양 당사자의 의도를 인식하는 것 역시 매우 중요하다. '명백한 의미의 규칙'은 계약서상 명시되어 있는 문언에 대해 해석할 때에 적용된다. 해석상 분쟁이 존재하는 경우, 규정의 명백한 문언을 두고 외부적 증거를 채택해서는 안 된다.

계약 자체가 법적으로 유효한 것으로 추정된다면, 모호한 용어는 계약을 법적으로 효력 있는 방향으로 해석한다. 계약의 각 부분은 전체적인 맥락에서 해석되어야 하며, 모호한 언어의 해석이 필요한 경우에만 이행의 흐름, 상거래 관행을 참조한다. 계약서는 모호하지 않은 언어로 작성되어야 하므로, 불명확한 표현을 사용하는 당사자는 그 불명확한 점에 대해 책임을 지는 것으로 여겨진다. 따라서 계약서 작성 시 모호한 언어나 중의적 문언을 삽입한 경우, 그러한 언어를 사용하여 계약서를 작성한 당사자 측에 대하여 보다 엄격하게 해석된다. 이는 계약서를 작성한 당사자가 자기의 의도를 계약서에 반영할 기회가 있었음을 고려한 것이다.

48. Law of Contracts (14) — Consequential Damages

Consequential damages are foreseeable damages that result from a party's breach of contract. They differ from compensatory damages in that they are caused by special circumstances beyond the contract itself.

For example, Gilmore contracts to have a specific item, which she desperately needs to repair her printing press, shipped to her. In contracting with the shipper, Gilmore tells him that she must receive it by Monday or she will not be able to print her paper and will lose 750 dollars. If the shipper is late, Gilmore can recover the consequential damages caused by the delay, that is, the 750 dollars in lost profits.

Likewise, when a bank wrongfully dishonors a check, the drawer of the check(customer of the bank) may recover consequential damages, such as those resulting from slander of credit or reputation, if he or she is arrested or prosecuted. Another example of consequential damages is when an ice company fails to deliver ice to keep a butcher's meat cold. The ice company can be held liable for meat spoilage if it does not deliver the ice on time.

> Plaintiff, Hadley contracted with defendant, Baxendale for delivery of a broken crankshaft to a repair shop. The contract called for delivery the following day, but there was a delay. Unbeknownst to defendant, plaintiff's business could not function without the crankshaft, and the delay resulted in lost profits to plaintiff, which it sued to collect. The court held that in order for a defendant to be liable for consequential damages, he must be aware that lost profits could occur because of the breach. Because defendant did not know of the fact, plaintiff was unable to collect consequential damages in this case.

The above case illustrates that for a nonbreaching party to recover consequential damages, the breaching party must know(or have reason to know) that special circumstances will cause the nonbreaching party to suffer an additional loss.

- **consequential damages:** 파생적 손해배상(액), 간접손해. 직접적인 원인이 아니라 어떤 행위의 결과 발생한 손실이나 손해 또는 그에 대한 배상액을 가리킴. 법원에서 인정하는 경우 일실이익(lost profit)에 해당한다.
- **foreseeable:** 예견 가능한, 예측 가능한
- **compensatory damages:** 보상적 손해배상(액). 피해자가 입은 손해를 단지 보전하기 위한 손해배상으로 그 이상은 포함하지 않는다. actual damages(현실적 손해배상액)를 가리킴
- **specific:** 특별한, 특유의, 특정한
- **desperately:** 필사적으로, 극단적으로
- **lost profit:** 일실이익. 계약의 불이행이 없었더라면 잃지 않았을 이익. 통상 파생적 손해배상액이 이에 해당한다.
- **wrongfully:** 불법적으로
- **dishonor:** 불명예를 안기다.
- **check:** 수표
- **drawer:** 수표발행인
- **slander:** 구두명예훼손. 구두에 의해 타인의 인격, 평판 등을 손상하는 것. 불법행위로 명예훼손이 된다.
- **credit:** 신용
- **reputation:** 평판
- **spoilage:** 손상
- **crankshaft:** 크랭크축
- **repair shop:** 수리점
- **unbeknownst to:** ~를 알지 못하는 사이에
- **aware:** 알고서, 의식하고
- **suffer:** 피해를 입다.

48. 계약법 (14) ― 파생적 손해배상 (특별손해배상)

특별손해배상

파생적 손해배상은 직접적 원인은 아니지만, 특정 행위의 결과로 야기되어 발생한 손실 혹은 손해에 대한 것으로 특별손해배상(special damages)이라고도 한다. 계약의 배경에 특별한 사정이 있고, 위반자 측의 당사자가 이를 알고 있었거나 예측할 수 있는 위치에 있었던 경우에는 배상책임을 지게 된다.

생활과 밀접한 예로서, 상점주인이 물품을 수령하는 즉시 특별세일을 개시하려고 계획하고 있었는데, 물품공급자가 이를 알면서도 물품인도를 제때 하지 못한 경우, 상점주인은 세일행사를 예정대로 진행하였을 경우 얻었을 이익을 파생적 손해배상 명목으로 청구할 수 있다. 유사한 예를 들자면, 상점주인이 상품을 전매하려는 예정임을 알면서 물품공급자가 상품을 제때 배송하지 못한 경우, 예정된 전매에 의해 얻었을 이익의 손실에 대해 파생적 손해배상이 인정된다.

일실이익(逸失利益)

파생적 손해배상은 일방당사자의 계약위반의 결과로 발생하는 예견 가능한 손해배상이다. 이는 계약 그 자체를 넘어서는 특수한 상황에 의해 발생한다는 점에서 보상적 손해배상과 다르다.

예를 들어, 길모어가 어떤 상품을 공급받는 계약을 체결하였다고 가정한다. 그 상품은 그녀가 자신의 인쇄기 수리에 반드시 필요한 부품이었다. 계약 시에 길모어는 "월요일까지 그 상품을 반드시 인도받아야 한다. 그렇지 않으면 신문을 인쇄할 수 없고, 750달러의 손실을 입게 된다"고 분명히 말하였음에도 불구하고 계약자가 발송을 지체하였을 경우, 길모어는 그 연착에 의한 파생적 손해배상(일실이익 750달러)을 청구할 수 있게 된다.

마찬가지로 은행이 수표를 정당한 이유 없이 처리해 주지 않아 그 수표의 발행인이 그로 인하여 체포 또는 기소되는 경우, 신용이나 평판의 훼손에 기인하여 파생적 손해배상을 청구할 수 있다. 파생적 손해배상의 다른 예를 들자면, 정육점 주인이 고기의 냉장을 위해 제빙회사에 얼음배달을 부탁한 경우이다. 제빙회사의 배달이 늦어져 고기가 부패한 경우 이에 대해 파생적 손해배상을 청구할 수 있게 된다.

> 원고 해들리는 부서진 크랭크축을 수리점을 통하여 배송받는 계약을 피고 박센데일과 체결하였다. 이 계약에 따르면 다음날 배송받는 것으로 되어 있었으나 연착되고 말았다. 원고는 크랭크축이 없이는 작업을 계속해 나갈 수 없었으며, 피고의 지연에 의해 원고에게 일실이익이 생기는 결과가 발생하여, 원고는 배상금의 지불을 청구하는 소를 제기하였다. 법원은 피고에게 파생적 손해배상 지급의 책임을 묻기 위해서는 계약위반에 기인하여 일실이익이 발생함을 인지하고 있었어야 한다고 판결하였다. 본 사건에서 피고는 이러한 사실을 알지 못하였으므로, 원고는 파생적 손해배상을 받을 수 없었던 것이다.

위의 사건은 계약을 위반하지 않은 당사자가 파생적 손해배상을 받기 위해서는 계약위반 당사자가 특수한 상황을 이유로 하여, 계약위반을 하지 않은 당사자가 입을 손실에 대한 인지(認知, 또는 알고 있는 것이 당연할 것)가 필요하다는 것을 보여주고 있다.

특수한 상황

본문의 사건은 1854년 영국에서 판결된 유명한 해들리 vs. 박센데일 사건이다. 원고 해들리는 제분소를 경영하고 있었는데, 조업에 필요한 크랭크축이 파손되어 피고인 운송업자 박센데일에게 다른 시에 있는 수리업자를 거쳐 크랭크축을 배송받을 것을 의뢰하였다. 피고는 다음 날 배송을 약속하였으나, 약속보다 늦게 배송하고 말았다. 그 결과로 제분소는 예정보다 5일이 지난 후에야 조업을 재개할 수 있었고, 원고 해들리는 작업지연에 따른 손실분의 배상을 청구하는 소를 제기하였다. 본 사건의 논점은 피고가 크랭크축을 시간 내에 배송하지 못한 것이 원고의 손실로 이어질 것이라는 것을 알지 못한 경우에도 일실이익에 대해 책임을 지울 수 있는가 여부였는데 법원은 책임을 부정하는 판결을 내렸다.

이 사건에서 "공장 전체의 조업이 기계부품 하나에 달려 있다"고 하는 특수상황은 원고로부터 피고에게 전달되지 않았다는 점이 판명되었다. 파생적 손해배상은 위반으로 인하여 원고에게 손해가 발생할 것이라는 것이 피고에게 예측 가능한 경우에 부과되나, 피고인 박센데일은 이러한 특별한 상황을 알지 못하였던 것이다. 따라서 원고에 대한 손해배상은 보상적 손해배상(compensatory damage)만이 인정되었고, 파생적 손해배상은 인정되지 않았다.

19세기 중반에는 원고가 일하던 유형의 대형 제분소에서는 고장에 대비해 복수의 크랭크축을 상비해 두는 것이 일반적이었고, 제분소가 여분의 크랭크축을 두는 것이 당시의 상식이었다. 따라서 크랭크축 수리로 인해 일실이익이 발생하여 손해배상을 청구한 본 사건은 당시의 시대배경상 예외적인 사건이었다.

즉, 박센데일의 상식적 입장에서는 원고가 여분의 크랭크축을 갖고 있지 않다고 하는 것은 상상하기조차 힘든 것이어서, 배송의 지연이 원고에 대한 손해로 이어질 것이라고는 예측하기 힘든 것이므로 손해배상책임을 지지 않는 것으로 본 것이다. 본 사건은 결과로서 발생하는 상황을 인지할 필요성에 관한 선도적인 판례이다.

민법 제416조와 통일상법전 2-715조 규정

이 사건은 손해배상의 범위에 대해 규정한 일본민법 제416조 2항의 "특별한 사정에 의해 손해가 발생하였을 시, 당사자가 그 사정을 예견하였거나 예견할 수 있는 경우에 채권자는 그 배상을 얻는다"는 조항의 제정에 영향을 미친 판례이다.

미국 통일상법전 2-715조(2)는 파생적 손해배상액에 대해 다음과 같은 규정을 두고 있다.[51)

---

51) 우리 민법은 손해배상의 범위에 대하여 제393조에서 규정하고 있다. 동법 제393조 2항은 특별손해에 관한 규정으로써 미국 및 일본과 유사한 내용으로 규정되어 있다.

(2) 매도인의 계약위반 결과 발생하는 손해배상액에는 다음 사항이 포함된다.

(a) 매수인이 전반적 혹은 개별적인 필요에 의해 구매를 요청하고, 이에 대해 매도인이 계약 시 알 수 있었을 명백한 이유가 있었음에도 불구하고, 이를 입수하지 못하였을 경우에 매수인이 대체취득 및 기타 합리적으로 막을 수 없었던 결과 발생한 모든 손실

(b) 보증위반이 가까운 원인이 되어 발생한 신체 혹은 재산상의 피해

민법 제393조 (손해배상의 범위)
① 채무불이행으로 인한 손해배상은 통상의 손해를 그 한도로 한다.
② 특별한 사정으로 인한 손해는 채무자가 그 사정을 알았거나 알 수 있었을 때에 한하여 배상의 책임이 있다.

49. Law of Contracts (15) — Mitigation of Damages

In most situations when a breach of contract occurs, the injured party is held to a duty to mitigate, or reduce the damages that he or she suffers.

In the majority of states, wrongfully terminated employees owe the duty to mitigate damages suffered by their employer's breach. The damages awarded are their salaries less the incomes they would have received in similar jobs obtained by reasonable means. It is the employer's burden to prove the existence of such a job and to prove that the employee could have been hired. The employee is, of course, under no duty to take a job that is not of the same type and rank. This is illustrated in the following case.

> Plaintiff, Parker's role in a proposed movie with defendant, Twentieth-Century Fox Film Corporation was eliminated when defendant chose not to produce the movie, resulting in lost wages to plaintiff in the amount of 750,000 dollars. Defendant offered plaintiff a role in a western, which she refused. She then sued for the lost wages. Defendant argued that plaintiff was not entitled to the money since she failed to mitigate her damages when she turned down the role in the western. The court held that plaintiff was entitled to the lost wages, and that she was not required to take the role in the western in order to mitigate her damages, since the role in the western was not substantially equivalent to the lead in the movie, a musical song-and-dance production.

Under this mitigation of damages doctrine, the required action depends on the nature of the situation. For example, some states required that a lessor(landlord) use reasonable means to find a new lessee(tenant) if the lessee abandons the premises and fails to pay rent. If an acceptable tenant becomes available, the landlord is required to lease the premises to this tenant to mitigate the damages recoverable from the former lessee. The former lessee is still liable for the difference between the amount of the rent under the original lease and the rent received from the new lessee. If the lessor does not take reasonable means to find a new tenant, presumably a court could reduce the award by the amount of rent the lessor could have received by using such reasonable means.

- **mitigation:** 경감, 동사는 mitigate
- **injured party:** 피해를 입은 당사자
- **reduce:** 경감하다. 경감시키다.
- **wrongfully:** 부당하게
- **less:** ~를 차감한
- **obtain:** 획득하다.
- **reasonable means:** 합리적 수단
- **burden:** 의무
- **prove:** 증명하다.
- **role:** 역, 배역
- **eliminate:** 제거하다.
- **wage:** 출연료, 급료, 보수
- **be entitled to:** ~할 권리가 있다.
- **lessor:** 임대인
- **landlord:** (건물, 토지) 소유주
- **lessee:** 임차인
- **tenant:** 임차인
- **abandon:** 포기하다. 버리다.
- **premises:** 토지, 건물
- **lease:** 임대차계약, 리스
- **recoverable:** 회복 가능한
- **presumably:** 아마도

49. 계약법 (15) ― 손해의 경감

경감노력

상대방의 계약위반에 의해 손해를 입은 당사자는 손해의 확대와 배상액의 증가를 막기 위한 합리적인 노력을 하여야 한다는 원칙이 있다. 예를 들어, 매도인이 정해진 시간에 계약상의 물품인도를 하지 못하였을 때, 매수인은 다른 물품을 찾아 구입, 충당하여 손해를 경감하여야 한다는 것이다. 원고가 자신의 피해를 줄이기 위한 합리적 수단을 취하지 않고 아무 것도 하지 않아 손해를 방치한 경우, 법원은 청구된 금전적 손해배상액을 감액시킨다. 이 경우 전액배상을 인정하는 것은 불공평하기 때문이다. 이와 같은 노력을 기울어야 하는 의무를 손해경감의무라고 한다. 이는 법률상 의무이며, 이러한 의무를 다하지 않은 경우 확대된 손해부분은 청구할 수 없다.[52]

경감의무가 주어지지 않은 경우

계약위반이 발생한 경우, 대부분의 상황에서 손해를 입은 측은 스스로

---

52) 우리나라도 판례에서 이와 같은 손해경감의무를 명하고 있다. 다양한 유형에서 채권자에게 채무자의 불이행으로 인한 손해의 확대를 방지할 의무를 채권자에게 부과하고 있으며 이를 다하지 못한 경우 채무자의 손해배상의 범위를 제한하고 있다. 예컨대 매도인이나 수급인이 하자있는 물건이나 완성물을 인도한 경우에 매수인이나 도급인이 하자를 발견하지 못했거나 하자를 보수하고 그 비용을 청구하는 등의 조치를 취하지 아니하여 하자가 확산된 경우 등에 매수인의 이러한 과실을 참작하여 손해배상범위를 제한한 다수의 사례들이 있다 (대판 1993.11.23. 92다38980; 대판 1990.3.9. 88다카31886 등).

　　또한 도급인이 수급인의 공사 중단 시 즉시 해제하고 제3자와의 잔여공사계약을 체결하는 것이 가능함에도 이를 지체한 경우에 지체기간에 상응하여 지체상금을 인정하지 않기도 하였다(대판 1999.10.12. 99다14846 등).

　　채무자의 불이행시에 채권자는 잔여재료나 유휴노동력을 적절히 처분 또는 활용하여 손해를 줄여야 하며 채권자가 태만이나 과실로 인하여 얻지 못한 소득은 손해액을 산정함에 있어 공제되어야 한다고 하였다(대판 2002.5.10. 2000다37296).

　　우리 판례는 손해경감의무가 민법 규정상 명문으로 있지 않은 관계로 과실상계의 법리를 적용하고 있다. 그러나 채무불이행으로 인한 손해의 확대에 기여한 채권자의 행태를 일괄하여 채권자의 과실로서 파악하는 것은 이에 관한 실제적인 법리의 발전을 저해하는 면이 있다는 비판을 받고 있다.

손해를 경감시킬 의무를 지닌다. 부당하게 해고된 노동자는 고용주의 계약위반에 의해 입은 손해를 경감시킬 의무가 있다. 부당 해고 시 인정되는 손해배상금액은 급여에서 합리적 수단을 취하여 동종업계의 다른 일자리에서 일했을 때 기대되는 수입을 차감한 금액이다. 합리적 노력을 기울여 가질 수 있는 다른 일자리의 존재와 급여수준에 대해 증명하는 것은 고용주 측의 의무이다. 물론 노동자는 해고 후, 직종과 등급이 전혀 다른 일에 종사할 의무를 지지 않는다. 이하의 사례에는 이러한 원칙이 잘 반영되어 있다.

> 원고 파커는 피고 20세기 폭스 영화사로부터 영화출연 의뢰를 받았으나, 피고가 영화제작을 중단하자 원고는 출연료 750,000달러를 받을 수 없게 되었다. 피고는 원고에게 대신 서부영화 출연을 제의하였으나 거절당하였다. 원고는 지급받지 못한 출연료 지급을 청구하는 소를 제기하였으나, 피고는 원고가 서부영화 출연을 거절하여 손해를 경감하려는 노력을 기울이지 않았으므로 출연료를 받을 자격을 상실하였다고 주장하였다. 법원은 원고가 받지 못한 출연료를 받을 자격이 있고, 서부영화 역은 원래 약속된 뮤지컬 영화의 주연과는 실질적으로 동등하지 않으므로 손해를 경감하기 위해 서부영화 출연제의를 수락할 필요는 없다고 판단하였다.

경감의무가 주어지는 경우

손해경감 원칙에 의해 요구되는 행동은 그 상황의 특성에 좌우된다. 예를 들어, 몇몇 주는 임차인(tenant)이 토지 및 건물을 방기하고 임대료를 지불하지 않는 경우, 임대인은 새로운 임차인을 찾기 위한 합리적 수단을 취할 것이 요구된다. 새로운 임차인을 찾은 경우, 임대인은 새로운 임차인에게 토지와 건물을 임대하여, 이전 임차인으로부터 받아야 할 손해배상을 경감하여야 한다. 이전 임차인은 원래 임대차계약의 임대료와 새로운 임차인으로부터 받는 임대료의 차액에 대해서만 책임을 진다. 임대인이 새로운 임차인을 찾기 위한 합리적 노력을 하지 않는 경우, 법원은 임대인이 합리적 노력을 하여 응당 획득하여야 하는 임대료에 해당하는 액수를 손해배상액에서 차감한다.

완전히 다른 종류의 일

본문 사건의 개요는 다음과 같다. 20세기 폭스 사는 뮤지컬 영화를 기획하여 원고 여배우 셜리 매클레인 파커와 그녀를 주인공으로 하는 출연계약을 체결하였다. 그러나 영화제작이 중단되어, 폭스 사는 대신 파커에게 원래 약속된 출연료와 같은 75만 달러를 지급하는 내용의 새로운 계약을 제시하였다. 20세기 폭스 사는 1주일의 고려기간을 주었고, 파커는 역의 특성이 전혀 다름을 이유로 회사 측의 새로운 계약체결 제안을 거절하였다. 예심법원에서 파커의 주장이 인용되었고, 폭스 사는 항소하였다. 본 사건의 논점은 20세기 폭스 사에 의한 서부영화 출연제의가 최초 계약파기에 따른 손해의 경감으로 인정될 것인가의 여부였다. 이에 대해 법원은 두 영화가 실질적으로 완전히 다른 것으로 보고 파커의 승소를 인정하였다.

본문 중에도 손해경감의무가 부과되는 경우와 그렇지 않는 경우의 예가 실려 있지만, 일반적으로 고용계약에 있어 부당하게 해고된 측은 손해경감의무를 위해 완전히 그 성질과 등급이 다른 고용제안을 수락할 필요가 없다는 것이 다수 판례의 견해이며, 셜리 매클레인 파커 사건 역시 이에 해당한다.

50. Law of Contracts (16) — Governing Law

In a general body of contract law, there exists certain aspects of governing laws in cases such as the interpretation of ambiguous terms, since the laws vary among the states. When courts must choose which law should govern a contract, they consider several factors: the intention of parties about which law should govern, the place where the contract was made, and the place where the contact is to be performed. Under the modern doctrine of the "grouping of contracts," the law of the jurisdiction(state) has the closest or most significant relationship with the subject in dispute applies.

Warren, a Michigan resident, while at a sales convention for restaurateurs in New York, contracted with a Michigan manufacturer for the purchase and delivery of Michigan maple syrup to his own chain of pancake restaurants in Michigan. The manufacturer violated a term of the contract, and the contract did not specify which law was to apply if there was a contract dispute. Although the contract was made in New York, the jurisdiction having the most significant relationship with the disputed contract is Michigan. The parties are Michigan residents, the subject matter is Michigan maple syrup, and the place of performance is Michigan. A court in New York held that, under the "grouping of contracts" doctrine, Michigan law should apply.

In many cases, the court will apply the law that the parties expressly or presumably intended to govern the contract, so long as it is reasonably related to the transaction and the parties acted in good faith. Other courts apply the law of the place where the contract was made or was to be performed, unless the parties clearly intended to have some other law govern.

- **aspect:** 견해
- **governing law:** 준거법. 국제거래계약에서는 계약의 해석에 대해 분쟁이 발생한 경우 어느 국가의 법률에 기초하여 계약을 해석할 것인지에 대하여 규정한다. 이는 법원의 관할을 어디에 둘 것인가와는 별개의 문제이다. 통상은 의무를 부과하는 측의 국가의 법률로 한다. 즉 정보나 라이선스, 노하우 등을 개시하거나 공여하는 측인 licensor가 속한 국가의 법률로 한다. 준거법은 공서양속(public policy)이나 국가가 정한 강행법규에 반하지 않는 한 당사자자치의 원칙에 따라 당사자 간에 자유롭게 합의할 수 있다. 미국에서는 우선 당사자가 선택한 주의 법에 따르고, 선택이 없는 경우에는 해당 거래와 가장 밀접한 관계를 갖는 주의 법, 또는 계약체결장소, 교섭장소, 이행지 등을 고려하여 결정한다.
- **interpretation:** 해석. 계약서, 유언서 등 법률문서의 의미를 해석하는 것. 동사는 interpret. 계약해석의 근거가 되는 법률을 준거법이라고 함
- **ambiguous:** 불분명한, 애매한, 불명확한. 문서에 사용되는 표현의 의미가 이중성을 가지거나 명확하지 않은 경우에 사용되는 단어. 계약서상 의미가 애매한 경우, 계약해석을 둘러싸고 분쟁이 발생하거나 계약무효의 원인이 된다.
- **terms:** 조건, 조항
- **intention:** 의도 (동사는 intend)
- **perform:** 이행하다. 계약의 조건에 따라 책무 또는 의무를 수행하는 것
- **doctrine:** 이론
- **grouping of contracts:** 계약요소 간의 연결. 계약의 준거법을 결정할 때, 가장 큰 관련을 가지는 주법을 채택한다는 법원칙
- **jurisdiction:** 관할권
- **subject:** 주제
- **restaurateurs:** 레스토랑 경영자
- **manufacturer:** 제조업자. 노동 혹은 기능, 기술에 의해 원료나 원재료로부터 완성품을 제작하는 개인, 회사의 총칭
- **specify:** 지정하다.
- **presumably:** 추정적으로, 아마도
- **transaction:** 상거래. 2명 이상의 개인, 기업 간의 상거래행위 전반을 의미. 거래에는 판매, 구입, 리스, 대여 등의 의미가 포함된다.
- **in good faith:** 신의성실하게

50. 계약법 (16) — 준거법

준거법이란

이번 장의 주제는 계약에 있어서의 준거법 문제이다. 준거법은 계약내용을 해석할 때, 어느 주의 법률에 기초하여 해석하여야 하는가의 문제이다. 광의의 의미에서 준거법은 국제적인 문제, 특히 국적, 주소(domicile), 결혼과 이혼, 계약, 유언장의 유효성, 불법행위의 일반 등 국경을 넘어 사인 간에 발생하는 법률관계나 법률문제에 관한 분쟁 시, 어느 국가의 법률에 따를 것인가의 의미로 중요하게 취급된다.

준거법은 흔히 법의 선택(choice of law)이라고도 불리며, 미국에서는 저촉법(conflict of laws)에서, 일본에서는 국제사법(private international law)에서 이러한 문제를 다룬다.53) 준거법은 공서양속(public policy)이나 국가, 주 등이 규정하는 강행법규에 반하지 않는 이상 당사자자치의 원칙이 적용되므로 당사자 간 합의에 의해 자유롭게 정할 수 있다.

계약요소의 연결이론

계약내용 중 불명료한 조건의 해석에 관한 문제가 발생한 경우, 각 주마다 해석이 상이하므로, 일반계약법에서는 통상 준거법 문제에 관한 일정한 견해가 존재한다. 법원은 계약이 어떤 법률에 기초하여 해석될 것인가를 선택하여야 할 때, ① 어느 법률에 의해 준거될 것인가에 대한 양 당사자의 의도, ② 계약이 체결된 장소, ③ 계약이 이행되는 장소 등 몇 가지 요소를 고려한다. 최근에는 '계약요소의 연결이론(grouping of contracts)'에 기초하여 분쟁의 주제와 매우 밀접한 혹은 중요한 관계가 있는 관할권(주)의 법률이 적용된다.

---

53) 우리나라에서도 국제사법으로 이러한 문제를 다룬다. 우리나라는 1962년 1월 15일에 섭외사법이 시행되었고, 2001년 전면개정을 거쳐 2001년 7월 1일부터 국제사법으로 시행하고 있다.

미시간 주 주민인 워렌은 뉴욕의 레스토랑 경영자대회에서 미시간 주의 생산자와 미시간 주 소재 자신의 팬케익 레스토랑 체인에 메이플시럽을 공급받는 계약을 체결하였다. 시럽 생산자가 계약조건을 위반하였으나, 계약에는 분쟁이 발생한 경우 어떠한 법률이 적용되는가에 대한 규정이 존재하지 않았다. 계약은 뉴욕 주에서 체결되었으나, 분쟁이 된 계약과 가장 중요한 관계가 있는 관할권은 미시간 주였다. 계약당사자는 미시간 주민이고, 분쟁의 대상은 미시간 메이플시럽이었으며, 계약의 이행장소 역시 미시간 주였던 것이다. 뉴욕 주 법원은 '계약요소의 연결이론'에 근거하여 미시간 주법이 적용되어야 한다고 판결하였다.

다수의 판례에 의하면 법원은 양 당사자의 거래에 합리적인 연관을 가지고 있고, 양 당사자가 성의를 가지고 행동해 온 상황이라면 양 당사자가 명시적 혹은 추정적으로 해당 계약의 준거법으로 삼으려고 하였던 법률을 적용하게 된다. 양 당사자가 명백히 그 계약이 다른 법률을 준거법으로 삼는다는 의도가 없는 경우는 해당 계약이 체결된 혹은 계약상 의무가 이행되어야 하는 장소의 법률이 적용된다.

준거법의 결정방법

준거라는 용어은 "기본으로 한다"라는 의미로서, 준거법이란 특정법률관계에 적용되어야 하는 법률을 의미한다. 미국에는 50개 주, 워싱턴 D.C., 연방이라는 52개의 관할권이 존재하므로 분쟁 발생 시 어느 법률에 따를 것인가에 대한 분쟁이 빈번히 발생한다. 계약문제는 생활과도 밀접한 문제이며, 주간 왕래가 빈번히 이루어지고 있는 오늘날, 분쟁 발생 시 필연적으로 이러한 문제가 발생하기 마련이다.

위 사건에서 계약은 뉴욕에서 체결되었고, 계약의 조항 중 준거법 설정 조항이 없었지만 내용은 모두 미시간 주내 문제였기 때문에 법원은 미시간 주법을 적용한다고 판단한 것이다. 이는 준거법을 결정할 때, 계약내용의 요소 중 중요한 부분이 가장 많이 관련되어 있는 주의 법률을 적용한다는 center of gravity(중심) 이론이라고도 불리는데, 전술한 계약요소의 연결이론에 기초한 것이다.

준거법의 선택은 기본적으로 당사자 간의 합의에 의해 이루어진다. 이러한 선택이 없는 경우에는 본문에서 소개된 이론에 의해 준거법이 결정된다. 준거법은 국제거래계약 분야에서 매우 중요한 문제인데, 국제계약에서 "This contract shall be governed by the law of Korea(본 계약은 한국법을 준거법으로 한다)"라는 조항을 삽입하는 것은 분쟁발생 시 복잡한 법률충돌을 피하기 위한 하나의 대책이라 할 수 있다.

부 록

Federal Court System
(연방법원 조직도)

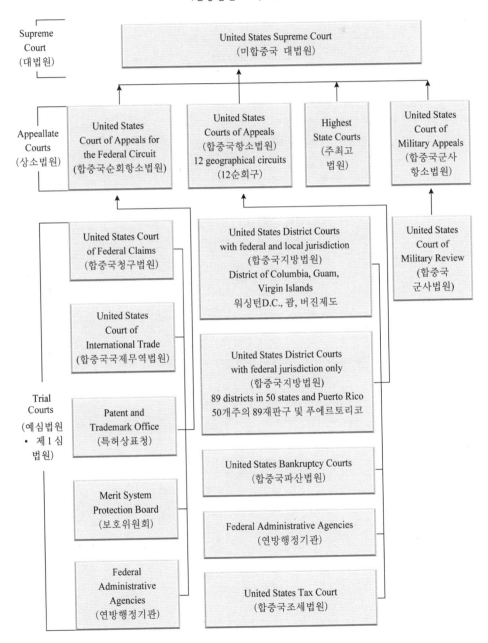

Supreme Court (대법원)

United States Supreme Court
(미합중국 대법원)

Appeallate Courts (상소법원)

United States Court of Appeals for the Federal Circuit
(합중국순회항소법원)

United States Courts of Appeals
(합중국항소법원)
12 geographical circuits
(12순회구)

Highest State Courts
(주최고 법원)

United States Court of Military Appeals
(합중국군사 항소법원)

Trial Courts (예심법원 • 제1심 법원)

United States Court of Federal Claims
(합중국청구법원)

United States Court of International Trade
(합중국국제무역법원)

Patent and Trademark Office
(특허상표청)

Merit System Protection Board
(보호위원회)

Federal Administrative Agencies
(연방행정기관)

United States District Courts with federal and local jurisdiction
(합중국지방법원)
District of Columbia, Guam, Virgin Islands
워싱턴D.C., 괌, 버진제도

United States District Courts with federal jurisdiction only
(합중국지방법원)
89 districts in 50 states and Puerto Rico
50개주의 89재판구 및 푸에르토리코

United States Bankruptcy Courts
(합중국파산법원)

Federal Administrative Agencies
(연방행정기관)

United States Tax Court
(합중국조세법원)

United States Court of Military Review
(합중국 군사법원)

Typical State Court System
(전형적인 주 법원 조직도)

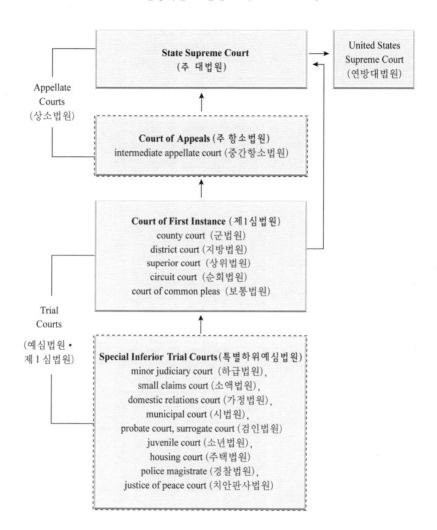

Michigan Judicial Branch
(미시간 주 법원 조직도)

| **State Court Administrative Office** (주법원행정기관) | **Supreme Court** (주 대법원)
재판관 7명
관할범위 : ◆ 주항소법원의 판결의 상소허가신청을 검토하고, 재량으로 상소허가를 한다. | Court of last resort
(최종심법원) |

Court of Appeals (주 항소법원)

4개의 재판구 재판관 28명

관할범위 : ◆ 순회법원, 청구법원, 그 외의 법률이나 규칙에 의해 설치된 법원으로부터의 상소
◆ 중간 판결의 상소허가신청을 검토하고, 재량으로 상소허가를 한다.

Intermediate appellate court (중간상소법원)

Court of Claims(청구법원)

제30순회구법원
(Ingham 군)

관할범위 :

◆ 순회법원이 관할권을 갖는 것을 제외한, 주에 대한 1,000달러 이상의 청구나 요구를 관할. 주행정위원회는 1,000달러 이하의 청구에 대해 재량권한을 갖는다.
◆ 배심재판은 없다.

Circuit Court (순회법원)

법원수 57 재판관 21명

관할범위 :

◆ 형평법상의 문제나 25,000달러를 넘는 일반 민사사건
◆ 특별한 형사법원이 존재하는 경우를 제외하고, 독점적으로 중죄사건의 관할권을 갖는다.
◆ 새롭게 다시 고치기 위한 것, 또는 법원기록의 문제로 인한 상소
◆ 행정상의 상소
◆ 배심재판에 의한다.

Family Division(가정부문)

(순회법원의 일부분으로서 기능)

관할범위

◆ 독점적 : 가정문제
◆ 독점적 : 미성년자비행, 아동의 보호절차와 입양
◆ 부수적관할권-정신위생 문제와 후견인
◆ 가정 관계 및 입양은 배심재판이 없다.

Courts of general jurisdiction (일반적관할권법원)

District Court(지구법원)

법원수 104 재판관 258명

관할범위 :

◆ 형평법상의 문제를 제외한 25,000달러 이하의 민사소송을 독점적으로 다룬다.
◆ 경죄나 1년 이하의 구금형을 부과하는 조례위반, 중죄예비행위
◆ 임대인/임차인 문제, 또는 약식절차
◆ 배심재판에 의한다.

Probate Court (검인법원)

법원수 78 재판관 106명

관할범위:

◆ 후견인, 유산, 신탁, 정신적 장애에 관계되는 소송에 대해 독점적 관할권을 갖는다.
◆ 배심재판에 의한다.
◆ 특정한 종류의 소송은 직접 주항소법원에 상소하는 것이 가능하다.

Municipal Court(시법원)

법원수 5 재판관 6명

관할범위 :

◆ 1,500달러 이하의 민사, 임대인/임차인 문제 (법원의 결의가 통과하면 3,000달러까지).
◆ 100달러까지의 조정 (법원의 결의가 통과하면 600달러까지).
◆ 500달러 미만의 벌금, 1년 이하의 구금형이 부과되는 경죄, 교통이나 조례위반, 중죄 예비행위
◆ 배심재판에 의한다.

Courts of limited jurisdiction (한정적관할권법원)

미국의 지적재산권 개요

	특 허	저작권	상표 (서비스마크 및 트레이드 드레스)	영업비밀
정의	발명에 대한 배타적 권리를 발명자에게 부여하는 정부로부터의 인가	특정한 카테고리에 포함되는 문예작품이나 예술작품의 작가나 창작자에게 부여되는 무체재산권	기업체 등이 그들의 상품이나 서비스를 타자의 것과 구별하기 위해 사용하는 모든 특정한 용어나 명칭, 기호, 도형(관념이나 외관), 또는 그것들을 조합한 것	방식, 패턴, 프로그램, 장치, 기술, 프로세스 등을 포함하는 모든 정보로서, 이를 기업이 소유함으로써 그 정보를 모르는 또는 소유하지 않은 경쟁자보다 그 기업의 입장을 우월하게 하는 것
요건	발명은 1. 신규성, 2. 비자명성, 3. 유용성을 갖고 있지 않으면 안 된다.	문예·예술작품은 1. 오리지널로서, 2. 지각, 재생, 또는 전달이 가능한 영속성이 있는 매체에 고정되어, 3. 저작권으로 보호되는 카테고리에 포함되지 않으면 안 된다.	상표, 서비스마크, 또는 트레이드 드레스는 소비자가 그 제조자, 판매자, 또는 비즈니스 유저의 제품이나 서비스를 그들의 경쟁자들의 것들로부터 구별할 수 있을 정도로 충분히 특정되지 않으면 안 된다(또는 이차적인 의미를 획득하고 있지 않으면 안 된다).	상업적 가치를 가지고, 일반대중이나 다른 기업에는 알려지지 않은, 또는 쉽게 확인할 수 없어 일반적인 공개로부터 보호되는 정보 및 프로세스
종류 또는 카테고리	1. 일반특허, 2. 의장특허, 3. 식물특허 (꽃이나 야채 등)	1. 문예작품(컴퓨터 프로그램 포함), 2. 뮤지컬 작품, 3. 연극작품, 4. 팬터마임 및 무용작품, 5. 회화, 그래픽 아트, 조각작품, 6. 영화 또는 시청각작품, 7. 녹음물	1. 현저하게 특정한 상표(독창적, 자의적, 또는 암시적인 표장), 2. 사용되는 것에 따라서 이차적인 의미를 획득하는 표장, 3. 그 외의 표장. 보증표장 및 단체표장을 포함, 4. 트레이드 드레스(특정한 장식모양, 메뉴, 또는 서비스 형식이나 종류)	1. 고객리스트, 2. 연구개발, 3. 계획예정, 4. 가격결정정보, 5. 제품기술, 6. 마케팅기술, 7. 제법, 방식, 8. 편집물
존속 시기	출원일부터 20년 의장특허는 14년	1. 저작자에 대해서는 그 사람의 생존기간 및 사후 70년 2. 출판사에 대해서는 출판일 후 95년, 또는 창작 후 120년	사용되고 있는 한 무제한. 등록을 계속하기 위해서는 그 등록을 출원하는 것에 의해서 갱신하지 않으면 안 된다.	다른 사람에 의해서 밝혀지지 않는 한 무제한

취득 방법	미합중국 특허상표청에 특허출원을 하고 당국으로부터 인가를 받는다.	자동적으로 취득(형식을 갖춘 시점에 취득). 권리침해에 대해 손해배상을 청구하기 위해서는 미합중국 저작권청에 등록되어 있지 않으면 안 된다.	1. 보통법에서는 재산권은 표장의 사용을 통해 발생한다. 2. 미합중국 특허상표청 또는 적절한 주(州)의 관할사무소에 등록하는 것에 의해서 사용개시일의 정식통지가 이루어진다. 3. 표장이 현재 사용되고 있거나, 또는 출원자가 6개월 이내(기간은 3년까지 연장가능)에 사용할 의사가 있는 경우, 연방등록이 인정된다. 4. 연방등록은 5년째와 6년째의 사이에, 그 후에는 10년마다 갱신이 가능하다.	정보 및 프로세스(다른 기업에는 알려지지 않은, 한 기업에 특정한 것으로서 경쟁자가 그 정보나 프로세스를 알게 되면 그 경쟁자에게 있어서 가치가 있게 되는 것)의 독창성과 성과에 의한다.
권리	발명자는 특허기간의 존속기간 중, 발명에 대해 생산, 사용, 매각, 양도할 수 있는 권리 및 라이선스허락을 하는 권리를 갖는다. 최초로 발명한 자가 특허권을 갖는다.	저작자나 창작자는 저작권으로 보호받는 작품을 복제하거나 반포하거나 전시하거나 라이선스 허락을 하거나 이동할 수 있는 배타적 권리를 갖는다.	재산권자는 표장이나 트레이드 드레스를 사용할 수 있고, 다른 사람이 그것을 사용하는 것을 배제하는 권리를 갖는다. 그 사용권은 다른 사람에게 라이선스 허락을 하거나 또는 매각(양도)하는 것이 가능하다.	재산권자는 영업비밀을 독점적이고 배타적으로 사용할 권리와 다른 사람에 의한 영업비밀의 부정사용으로부터 보호받기 위한 법적수단을 사용할 권리를 갖는다. 재산권자는 영업비밀의 라이선스 허락을 하거나 또는 이것을 양도하는 것이 가능하다.
권리 침해에 대한 민사 구제	금전에 의한 손해배상. 합리적인 사용료 및 일실이익, 변호사비용을 포함한다(3배 배상은 의도적인 권리침해에 대해 청구할 수 있다).	현실적손해배상금액에 침해자가 얻은 이익을 더한 금액, 또는 500달러 이상 2만 달러(침해가 계획적이면 10만 달러) 이하의 법정손해배상금액. 소송비용 및 변호사비용도 더할 수 있다.	1. 표장의 사용을 금지하는 금지명령 2. 현실적 손해배상금액에 침해자가 얻은 이익을 더한 금액(런햄법을 근거로 할 때는 현실적 손해배상금액의 3배까지 증액 가능) 3. 침해물건의 압수 및 파기 4. 소송비용 및 변호사비용도 더할 수 있다.	부정사용에 대한 금전에 의한 손해배상(통일 영업 비밀 법은 계획적이면서 악의에 의한 부정사용에 대해서는 현실적 손해배상금액의 2배까지의 징벌적 손해배상금을 인정한다). 소송비용 및 변호사비용도 더할 수 있다.

(*West's Business Law*, 8th Edition, pp.121-122)

THE CONSTITUTION OF THE UNITED STATES

미합중국 헌법

PREAMBLE

〔전문〕

We the People of the United States, in Order to form a more perfect Union, establish Justice, insure domestic Tranquility, provide for the common defence, promote the general Welfare, and secure the Blessings of Liberty to ourselves and our Posterity, do ordain and establish this Constitution for the United States of America.

우리 연방주(the United States)의 인민은 더욱 완벽한 연방(Union)의 형성과 정의의 확립, 국내의 안녕을 보장, 공동의 방위의 도모하고, 국민의 복지를 증진하며 우리들과 우리들의 후손에게 자유와 축복을 확보할 목적으로 미합중국(the United States of America)을 위하여 이 헌법을 제정한다.

ARTICLE I

제 1 조 〔입법부〕

Section 1. All legislative Powers herein granted shall be vested in a Congress of the United States, which shall consist of a Senate and House of Representatives.

제 1 절 이 헌법에 의하여 부여되는 모든 입법권한은 미국 연방의회(Congress of the United States)에 속하며, 연방의회는 상원(Senate)과 하원(House of Representatives)으로 구성한다.

Section 2. [1] The House of Representatives shall be composed of Members chosen every second Year by the People of the several States, and the Electors in each State shall have the Qualifications requisite for Electors of the most numerous Branch of the State Legislature.

제 2 절 (1) 하원은 각 주의 주민이 2년마다 선출하는 의원으로 구성하며, 각 주의 선거인은 주 의회의 의원수가 가장 많은 의원의 선거인에게 요구되는 자격요건을 구비해야 한다.

[2] No Person shall be a Representative who shall not have attained to the Age of twenty five Years, and been seven Years a Citizen of the United States, and who shall not, when elected, be an Inhabitant of that State in which he shall be chosen.

(2) 누구든지 연령이 만 25세에 미달한 자, 미국시민으로서의 기간이 7년이 못되는 자, 그리고 선거 당시에 선출되는 주의 주민이 아닌 자는 하원의원이 될 수 없다.

[3] Representatives and direct Taxes shall be apportioned among the several States which may be included within this Union, according to their respective Numbers, which shall be determined by adding to the whole Number of free Persons, including those bound to Service for a Term of Years, and excluding Indians not taxed, three fifths of all other Persons. The actual Enumeration shall be made within three Years after the first Meeting of the Congress of the United States, and within every subsequent Term of ten Years, in such Manner as they shall by Law direct. The Number of Representatives shall not exceed one for every thirty Thousand, but each State shall have at Least one Representative; and until such enumeration shall be made, the State of New Hampshire shall be entitled to choose three, Massachusetts eight, Rhode Island and Providence Plantations one, Connecticut five, New York six, New Jersey four, Pennsylvania eight, Delaware one, Maryland six, Virginia ten, North Carolina five, South Carolina five and Georgia three.

[4] When vacancies happen in the Representation from any State, the Executive Authority thereof shall issue Writs of Election to fill such Vacancies.

[5] The House of Representatives shall choose their Speaker and other Officers; and shall have the sole Power of Impeachment.

(3) <하원의원의 수와 직접세는 연방에 가입하는 각 주의 인구수에 비례하여 각 주에 배정한다. 각 주의 인구수는 연기 계약 노무자를 포함한 자유인의 총수에, 과세하지 아니하는 인디언을 제외하고, 그 밖의 인구 총수의 5분의 3을 가산하여 결정한다.>(수정 제13조, 제14조 참조) 인구수의 산정은 제1회 연방의회를 개최한 후 3년 이내에 행하며, 그 후는 10년마다 법률이 정하는 바에 따라 행한다. 하원의원의 수는 인구 3만 명당 1인의 비율을 초과하지 못한다. 다만, 각 주는 적어도 1명의 하원의원을 가져야 한다. 위의 인구수의 산정이 있을 때까지 뉴햄프셔 주는 3명 매사추세츠 주는 8명, 로드아일랜드 주와 프로비던스 식민지는 1명 코네티컷 주는 5명, 뉴욕 주는 6명, 뉴저지 주는 4명, 펜실베이니아 주는 8명, 델라웨어 주는 1명, 메릴랜드 주는 6명, 버지니아 주는 10명, 노스캐롤라이나 주는 5명, 사우스캐롤라이나 주는 5명, 그리고 조지아 주는 3명의 의원을 각기 선출할 수 있다.

(4) 어떤 주에서든 그 주에서 선출하는 하원의원에 결원이 생겼을 경우에는, 그 주의 행정부가 그 결원을 채우기 위한 보궐 선거의 명령을 내려야 한다.

(5) 하원은 그 의장과 그 밖의 임원을 선임하며 탄핵권을 전유한다.

Section 3. [1] The Senate of the United States shall be composed of two Senators from each State, chosen by the Legislature thereof, for six Years; and each Senator shall have one Vote.

[2] Immediately after they shall be assembled in Consequence of the first Election, they shall be divided as equally as may be into three Classes. The Seats of the Senators of the first Class shall be vacated at the Expiration of the second Year, of the second Class at the Expiration of the fourth Year, and of the third Class at the Expiration of the sixth Year, so that one third may be chosen every second Year; and if Vacancies happen by Resignation, or otherwise, during the Recess of the Legislature of any State, the Executive thereof may make temporary Appointments until the next Meeting of the Legislature, which shall then fill such Vacancies.

[3] No person shall be a Senator who shall not have attained to the Age of thirty Years, and been nine Years a Citizen of the United States, and who shall not, when elected, be an Inhabitant of that State for which he shall be chosen.

[4] The Vice President of the United States shall be President of the Senate, but shall have no Vote, unless they be equally divided.

제 3 절　(1) 상원은 <각 주 주의회에서 선출한>(수정 제17조로 개정) 6년 임기의 상원의원 2명씩으로 구성되며 각 상원의원은 1표의 투표권을 가진다.

(2) 상원의원들의 제 1 회 선거의 결과로 당선되어 회합하면, 즉시로 의원 총수를 가능한 한 동수의 3개 부류로 나눈다. 제 1 부류의 의원은 2년 만기로, 제 2 부류의 의원은 4년 만기로, 그리고 제 3 부류의 의원은 6년을 만기로, 그 의석을 비워야 한다.
이렇게 하여 상원의원의 총수의 3분의 1이 2년마다 개선될 수 있게 한다. <그리고 어떤 주에서든 주의회의 휴회 중에 사직 또는 그 밖의 원인으로 상원의원의 결원이 생길 때에는 그 주의 행정부는 다음 회기의 주의회가 결원을 보충할 때까지 잠정적으로 상원의원을 임명할 수 있다.>(수정 제17조)

(3) 연령이 30세에 미달하거나, 미국시민으로서의 기간이 9년이 되지 아니하거나, 또는 선거 당시 선출되는 주의 주민이 아닌 자는 상원의원이 될 수 없다.

(4) 미국의 부통령(Vice President)은 상원의장이 된다. 다만, 표결에서 가부동수일 경우를 제외하고는 투표권이 없다.

[5] The Senate shall choose their other Officers, and also a President pro tempore, in the absence of the Vice President, or when he shall exercise the Office of President of the United States.

[6] The Senate shall have the sole Power to try all Impeachments. When sitting for that Purpose, they shall be on Oath or Affirmation. When the President of the United States is tried, the Chief Justice shall preside: And no Person shall be convicted without the Concurrence of two thirds of the Members present.

[7] Judgment in Cases of Impeachment shall not extend further than to removal from Office, and disqualification to hold and enjoy any Office of honor, Trust or Profit under the United States: but the Party convicted shall nevertheless be liable and subject to Indictment, Trial, Judgment and Punishment, according to Law.

Section 4.　[1] The Times, Places and Manner of holding Elections for Senators and Representatives, shall be prescribed in each State by the Legislature thereof; but the Congress may at any time by Law make or alter such Regulations, except as to the Place of Choosing Senators.

[2] The Congress shall assemble at least once in every Year, and such Meeting shall be on the first Monday in December, unless they shall by Law appoint a different Day.

(5) 상원은 의장 이외의 임원들을 선임하며, 부통령이 결원일 경우나, 부통령이 대통령의 직무를 집행하는 때에는 임시 의장을 선임한다.

(6) 상원은 모든 탄핵심판의 권한을 전유한다. 이 목적을 위하여 상원이 개회될 때, 의원들은 선서 또는 확약을 해야 한다. 미국 대통령을 심판할 경우에는 연방 대법원장(Chief Justice)을 의장으로 한다. 누구라도 출석의원 3분의 2 이상의 찬성 없이는 유죄판결을 받지 아니한다.

(7) 탄핵심판에서의 판결을 면직 그리고 명예직, 위임직, 또는 보수를 수반하는 미국의 공직에 취임, 재직하는 자격을 박탈하는 것 이상이 될 수 없다. 다만, 이같이 유죄판결을 받은 자일지라도 법률의 규정에 따른 기소, 재판, 판결 및 처벌을 면할 수 없다.

제4절　(1) 상원의원과 하원의원을 선거할 시기, 장소 및 방법은 각 주에서 그 주 의회가 정한다. 그러나 연방의회는 언제든지 법률에 의하여 그러한 규정을 제정 또는 개정할 수 있다. <다만, 상원의원의 선거장소에 관하여는 예외로 한다.>(수정 제17조로 개정)

(2) 연방의회는 매년 적어도 1회 집회해야 한다. 그 집회의 시기는 법률에 의하여 다른 날짜를 지정하지 아니하는 한, 12월 첫 번째 월요일로 한다.

Section 5. [1] Each House shall be the Judge of the Elections, Returns and Qualifications of its own Members, and a Majority of each shall constitute a Quorum to do Business; but a smaller number may adjourn from day to day, and may be authorized to compel the Attendance of absent Members, in such Manner, and under such Penalties as each House may provide.

[2] Each House may determine the Rules of its Proceedings, punish its Members for disorderly Behavior, and, with the Concurrence of two-thirds, expel a Member.

[3] Each House shall keep a Journal of its Proceedings, and from time to time publish the same, excepting such Parts as may in their Judgment require Secrecy; and the Yeas and Nays of the Members of either House on any question shall, at the Desire of one fifth of those Present, be entered on the Journal.

[4] Neither House, during the Session of Congress, shall, without the Consent of the other, adjourn for more than three days, nor to any other Place than that in which the two Houses shall be sitting.

Section 6.   [1] The Senators and Representatives shall receive a Compensation for their Services, to be ascertained by Law, and paid out of the Treasury of the United States. They shall in all Cases, except Treason, Felony and

제 5 절 (1) 각 원은 그 소속 의원의 당선, 득표수 및 자격을 판정한다. 각 원은 소속 의원의 과반수가 출석함으로써 의사를 진행시킬 수 있는 정족수를 구성한다. 정족수에 미달하는 경우에는 출석 의원이 연일 휴회할 수 있으며, 각 원에서 정하는 방법과 벌칙에 따라 결석 의원의 출석을 강요할 수 있다.

(2) 각 원은 의사규칙을 결정하며, 원내의 질서를 문란케 한 의원을 징계하며, 의원 3분의 2 이상의 찬성을 얻어 의원을 제명할 수 있다.

(3) 각 원은 의사록을 작성하여 각 원에서 비밀에 붙여져야 한다고 판단하는 부분을 제외하고, 이것을 수시로 공표해야 한다. 각 원은 출석 의원수의 5분의 1이상이 요구할 경우에는 어떠한 문제에 대하여도 소속 의원의 찬반 투표를 의사록에 기재해야 한다.

(4) 연방의회의 회기 중에는 어느 의원도 다른 의원의 동의 없이 3일 이상 휴회하거나, 회의장을 양원이 개최한 장소 이외의 장소로 옮길 수 없다.

제 6 절 (1) 상원의원과 하원의원은 그 직무에 대하여 법률이 정하고 미국 국고로부터 지급되는 보수를 받는다. 양원의 의원은 반역죄, 중죄 및 치안방해죄를 제외하고는 어떠한 경우에도 그 의원의 회의 출석 중에 그리고 의사당까지의 왕복

Breach of the Peace, be privileged from Arrest during their Attendance at the Session of their respective Houses, and in going to and returning from the same; and for any Speech or Debate in either House, they shall not be questioned in any other Place.

[2] No Senator or Representative shall, during the Time for which he was elected, be appointed to any civil Office under the Authority of the United States which shall have been created, or the Emoluments whereof shall have been increased during such time; and no Person holding any Office under the United States, shall be a Member of either House during his Continuance in Office.

Section 7.   [1] All bills for raising Revenue shall originate in the House of Representatives; but the Senate may propose or concur with Amendments as on other Bills.

[2] Every Bill which shall have passed the House of Representatives and the Senate, shall, before it become a Law, be presented to the President of the United States; If he approve he shall sign it, but if not he shall return it, with his Objections to that House in which it shall have originated, who shall enter the Objections at large on their Journal, and proceed to reconsider it. If after such Reconsideration two thirds of that House shall agree to pass the Bill, it shall be sent, together with the Objections, to the other House, by which it shall likewise be reconsidered,

도중에 체포되지 아니하는 특권이 있다. 양원의 의원은 원내에서 행한 발언이나 토론에 관하여 원외에서 문책받지 아니한다.

(2) 상원의원 또는 하원의원은 재임 기간에 신설되거나 봉급이 인상된 어떠한 미국의 공직에도 임명될 수 없다. 미국의 어떠한 공직에 있는 자라도 재직 중에 양원 중의 어느 곳의 의원이 될 수 없다.

제 7 절 (1) 세입 징수에 관한 모든 법률안은 먼저 하원에서 제안되어야 한다. 다만, 상원은 이에 대해 법안에서와 마찬가지로 수정안을 발의하거나 수정을 가하여 동의할 수 있다.

(2) 하원과 상원을 통과한 모든 법률안은 법률로 확정되기에 앞서 대통령에게 이송되어야 한다. 대통령이 이를 승인하는 경우에는 이에 서명하며, 승인하지 아니하는 경우에는 이의서를 첨부하여 이 법률안을 발의한 의원으로 환부해야 한다. 법률안을 환부받은 의원은 이의의 대략을 의사록에 기록한 후 이 법률안을 다시 심의해야 한다. 다시 심의한 결과, 그 의원의 3분의 2 이상의 찬성으로 가결할 경우에는 이 의원은 이 법률안을 대통령의 이의서와 함께 다른 의원으로 이송해야 한다. 다른 의원에서 이 법률안을 재심하여 의원의 3분의 2 이상의 찬성으로 가결할 경우에는 이 법률안은 법률로 확

and if approved by two thirds of that House, it shall become a Law. But in all such Cases the Votes of both Houses shall be determined by Yeas and Nays, and the Names of the Persons voting for and against the Bill shall be entered on the Journal of each House respectively. If any Bill shall not be returned by the President within ten Days (Sundays excepted) after it shall have been presented to him, the Same shall be a Law, in like Manner as if he had signed it, unless the Congress by their Adjournment prevent its Return, in which Case it shall not be a Law.

[3] Every Order, Resolution, or Vote to which the Concurrence of the Senate and House of Representatives may be necessary (except on a question of Adjournment) shall be presented to the President of the United States; and before the Same shall take Effect, shall be approved by him, or being disapproved by him, shall be repassed by two thirds of the Senate and House of Representatives, according to the Rules and Limitations prescribed in the Case of a Bill.

Section 8. [1] The Congress shall have Power To lay and collect Taxes, Duties, Imposts and Excises, to pay the Debts and provide for the common Defence and general Welfare of the United States; but all Duties, Imposts and Excises shall be uniform throughout the United States;

[2] To borrow money on the credit of the United States;

정된다. 이 모든 경우에서 양원은 호명, 구두 표결로 결정하며, 그 법률안에 대한 찬성자와 반대자의 성명을 각 원의 의사록에 기재해야 한다. 법률안이 대통령에게 이송된 후 10일 이내(일요일은 제외)에 의회로 환부되지 아니할 때에는 그 법률안은 대통령이 이에 서명한 경우와 마찬가지로 법률로 확정된다. 다만, 연방의회가 휴회하여 이 법률안을 환부할 수 없는 경우에는 법률로 확정되지 아니한다.

(3) 상, 하 양원의 의결을 필요로 하는 모든 명령, 결의 또는 표결(휴회에 관한 결의는 제외)은 이를 대통령에게 이송해야 하며, 대통령이 이를 승인해야 효력을 발생한다. 대통령이 이를 승인하지 아니하는 경우에는 법률안에서와 같은 규칙 및 제한에 따라서 상원과 하원에서 3분의 2 이상의 의원의 찬성으로 다시 가결해야 한다.

제 8 절 (1) 연방의회는 다음의 권한을 가진다. 미국 채무를 지불하고, 공동방위와 일반복지를 위하여 조세, 관세, 부과금 및 소비세를 부과, 징수한다. 다만, 관세, 공과금, 및 소비세는 미국 전역을 걸쳐서 통일적이어야 한다.

(2) 미국의 신용으로 금전을 차입한다.

[3] To regulate Commerce with foreign Nations, and among the several States, and with the Indian Tribes;

[4] To establish an uniform Rule of Naturalization, and uniform Laws on the subject of Bankruptcies throughout the United States;

[5] To coin Money, regulate the Value thereof, and of foreign Coin, and fix the Standard of Weights and Measures;

[6] To provide for the Punishment of counterfeiting the Securities and current Coin of the United States;

[7] To establish Post Offices and Post Roads;

[8] To promote the Progress of Science and useful Arts, by securing for limited Times to Authors and Inventors the exclusive Right to their respective Writings and Discoveries;

[9] To constitute Tribunals inferior to the supreme Court;

[10] To define and punish Piracies and Felonies committed on the high Seas, and Offenses against the Law of Nations;

[11] To declare War, grant Letters of Marque and Reprisal, and make Rules concerning Captures on Land and Water;

(3) 외국과의, 주 상호간의 그리고 인디언 부족과의 통상을 규제한다.

(4) 미국 전체에 공통되는 통일적인 귀화 규정과 파산 문제에 대한 통일적인 법률을 제정한다.

(5) 화폐를 주조하고 그 화폐 및 외국 화폐의 가치를 규정하며, 도량형의 기준을 정한다.

(6) 미국의 유가증권 및 통화의 위조에 관한 벌칙을 정한다.

(7) 우편 관서와 우편 도로를 건설한다.

(8) 저작자와 발명자에게 그들의 저술과 발명에 대한 독점적인 권리를 일정 기간 확보해 줌으로써 과학과 유용한 기술의 발달을 촉진시킨다.

(9) 연방대법원 아래에 하급 법원을 조직한다.

(10) 공해에서 범한 해적행위 및 중죄 그리고 국제법에 위배되는 범죄를 정의하고 이에 대한 벌칙을 정한다.

(11) 전쟁을 포고하고, 나포 허가장을 수여하고, 지상 및 해상에서의 나포에 관한 규칙을 정한다.

[12] To raise and support Armies, but no Appropriation of Money to that Use shall be for a longer Term than two Years;

(12) 육군을 모집, 편성하고, 이를 유지한다. 다만, 이 목적을 취한 경비의 지출 기간은 2년을 초과하지 못한다.

[13] To provide and maintain a Navy;

(13) 해군을 창설하고 이를 유지한다.

[14] To make Rules for the Government and Regulation of the land and naval Forces;

(14) 육, 해군의 통수 및 규제에 관한 규칙을 정한다.

[15] To provide for calling forth the Militia to execute the Laws of the Union, suppress Insurrections and repel Invasions;

(15) 연방 법률을 집행하고, 반란을 진압하고, 침략을 격퇴하기 위하여 민병의 소집에 관한 규칙을 정한다.

[16] To provide for organizing, arming, and disciplining the Militia, and for governing such Part of them as may be employed in the Service of the United States, reserving to the States respectively, the Appointment of the Officers, and the Authority of training the Militia according to the discipline prescribed by Congress;

(16) 민병대의 편성, 무장 및 훈련에 관한 규칙과, 미국의 군무에 복무하는 자들을 다스리는 규칙을 정한다. 다만, 각 주는 민병대의 장교를 임명하고, 연방 의회가 정한 군율에 따라 민병대를 훈련시키는 권한을 각각 보유한다.

[17] To exercise exclusive Legislation in all Cases whatsoever, over such District (not exceeding ten Miles square) as may, by Cession of particular States, and the acceptance of Congress, become the Seat of the Government of the United States, and to exercise like Authority over all Places purchased by the Consent of the Legislature of the State in which the Same shall be, for the Erection of Forts, Magazines, Arsenals, dock-Yards, and other needful Buildings; And

(17) 특정 주가 미국에 양도하고, 연방 의회가 이를 수령함으로써 미국 정부의 소재지가 되는 지역(1평방 마을을 초과하지 못함)에 대하여는 어떠한 경우를 막론하고 독점적인 입법권을 행사하며, 요새, 무기고, 조병창, 조선소 및 기타 필요한 건물을 세우기 위하여 주 의회의 승인을 얻어 구입한 모든 장소에 대해서도 이와 똑같은 권한을 행사한다.

[18] To make all Laws which shall be necessary and proper for carrying into Execution the foregoing Powers, and all other Powers vested by this Constitution in the Government of the United States, or in any Department or Officer thereof.

Section 9. [1] The Migration or Importation of such Persons as any of the States now existing shall think proper to admit, shall not be prohibited by the Congress prior to the Year one thousand eight hundred and eight, but a tax or duty may be imposed on such Importation, not exceeding ten dollars for each Person.

[2] The privilege of the Writ of Habeas Corpus shall not be suspended, unless when in Cases of Rebellion or Invasion the public Safety may require it.

[3] No Bill of Attainder or ex post facto Law shall be passed.

[4] No capitation, or other direct, Tax shall be laid, unless in Proportion to the Census or Enumeration herein before directed to be taken.

[5] No Tax or Duty shall be laid on Articles exported from any State.

[6] No Preference shall be given by any Regulation of Commerce or Revenue to the Ports of one State over those of another: nor shall Vessels bound to, or from, one State, be obliged to enter, clear, or pay Duties in another.

(18) 위에 기술한 권한들과 이 헌법이 미국 정부 또는 그 부처 또는 그 관리에게 부여한 모든 기타 권한을 행사하는 데 필요하고 적절한 모든 법률을 제정한다.

제 9 절 (1) 연방의회는 기존의 각 주 중 어느 주가 허용함이 적당하다고 인정하는 사람들의 이주 또는 입국을 1808년 이전에는 금지하지 못한다. 다만, 이러한 사람들의 입국에 대하여 1인당 10달러를 초과하지 아니하는 한도 내에서 입국세를 부과할 수 있다.

(2) 인신보호영장에 관한 특권은 반란 또는 침략의 경우에 공공의 안정상 요구되는 때를 제외하고는 이를 정지시킬 수 없다.

(3) 개인의 권리박탈법(Bill of Attainder) 또는 소급처벌법을 통과시키지 못한다.

(4) 인두세나 그 밖의 직접세는 앞서 규정한 인구조사 또는 산정에 비례하지 아니하는 한, 이를 부과하지 못한다.

(5) 주로부터 수출되는 물품에 조세 또는 관세를 부과하지 못한다.

(6) 어떠한 통상 또는 세수입 규정에 의하여도, 어느 주의 항구도 다른 주의 항구보다 특혜대우를 할 수 없다. 또한 어느 주에 도착 예정이거나 어느 주를 출항한 선박을 다른 주에서 강제로 입, 출항 수속을 하게 하거나, 관세를 지불하게 할 수 없다.

[7] No Money shall be drawn from the Treasury, but in Consequence of Appropriations made by Law; and a regular Statement and Account of the Receipts and Expenditures of all public Money shall be published from time to time.

(7) 국고금은 법률에 따른 지출 승인에 의하여만 지출할 수 있다. 또한 모든 공금의 수납 및 지축에 관한 정식 결산서는 수시로 공표해야 한다.

[8] No Title of Nobility shall be granted by the United States: And no Person holding any Office of Profit or Trust under them, shall, without the Consent of the Congress, accept of any present, Emolument, Office, or Title, of any kind whatever, from any King, Prince or foreign State.

(8) 미국은 어떠한 귀족의 칭호도 수여하지 아니한다. 미국 정부에서 유급직 또는 위임에 의한 관직에 있는 자는 누구라도 연방 의회의 승인 없이는 어떠한 국왕, 왕족 또는 외국으로부터도 종류 여하를 막론하고 선물, 보수, 관직 또는 칭호를 받을 수 없다.

Section 10.   [1] No State shall enter into any Treaty, Alliance, or Confederation; grant Letters of Marque and Reprisal; coin Money; emit Bills of Credit; make any Thing but gold and silver Coin a Tender in Payment of Debts; pass any Bill of Attainder, ex post facto Law, or Law impairing the Obligation of Contracts, or grant any Title of Nobility.

제10절   (1) 어느 주라도 조약, 동맹 또는 연합을 체결하거나, 나포 허가장을 수여하거나, 화폐를 주조하거나, 신용 증권을 발행하거나, 금화 및 은화 이외의 것으로써 채무지불의 법정수단으로 삼거나, 권리박탈법, 소급절차법 또는 계약상의 채무에 해를 주는 법률 등을 제정하거나, 또는 귀족의 칭호를 수여할 수 없다.

[2] No State shall, without the Consent of the Congress, lay any Imposts or Duties on Imports or Exports, except what may be absolutely necessary for executing its inspection Laws: and the net Produce of all Duties and Imposts, laid by any State on Imports or Exports, shall be for the Use of the Treasury of the United States; and all such Laws shall be subject to the Revision and Control of the Congress.

(2) 어느 주라도 연방의회의 동의 없이는 수입품 또는 수출품에 대하여 검사법의 시행상 절대 필요한 경우를 제외하고는 공과금 또는 관세를 부과하지 못한다. 어느 주에서나 수입품 또는 수출품에 부과하는 모든 공과금이나 관세의 순 수입은 미국 국고의 용도에 제공해야 한다. 또 연방의회는 이런 종류의 모든 주의 법률을 개정하고 통제할 수 있다.

[3] No State shall, without the Consent of Congress, lay any duty of Tonnage, keep Troops, or Ships of War in time of Peace, enter into any Agreement or Compact with another State, or with a foreign Power, or engage in War, unless actually invaded, or in such imminent Danger as will not admit of delay.

ARTICLE II

Section 1. [1] The executive Power shall be vested in a President of the United States of America. He shall hold his Office during the Term of four Years, and, together with the Vice-President chosen for the same Term, be elected, as follows:

[2] Each State shall appoint, in such Manner as the Legislature thereof may direct, a Number of Electors, equal to the whole Number of Senators and Representatives to which the State may be entitled in the Congress: but no Senator or Representative, or Person holding an Office of Trust or Profit under the United States, shall be appointed an Elector.

[3] The Electors shall meet in their respective States, and vote by Ballot for two persons, of whom one at least shall not lie an Inhabitant of the same State with themselves. And they shall make a List of all the Persons voted for, and of the Number of Votes for each; which List they shall sign and certify, and transmit sealed to the Seat of the Government of the United States,

(3) 어느 주라도 군대나 군함을 보유할 수도 없고, 다른 주나 외국과 협정이나 맹약을 체결할 수 없으며, 실제로 침공 당하고 있거나 지체할 수 없을 만큼 급박한 위험에 처해 있지 아니하고는 교전할 수 없다.

제 2 조 〔행정부〕

제1절 (1) 행정권은 미국 대통령(President of the United States of America)에 속한다. 대통령의 임기는 4년으로 하며, 동일한 임기의 부통령과 함께 다음과 같은 방법에 의하여 선출된다.

(2) 각 주는 그 주의 주 의회가 정하는 바에 따라, 그 주가 연방의회에 보낼 수 있는 상원의원과 하원의원의 총수와 동수의 선거인을 임명한다. 다만, 상원의원이나 하원의원, 또는 미국에서 위임에 의한 또는 유급의 관직에 있는 자는 선거인이 될 수 없다.

(3) <선거인은 각기 자기 주에서 회합하여 비밀투표에 의하여 2인을 선거하되, 그 중 1인은 선거인과 동일한 주의 주민이 아니어야 한다. 선거인은 모든 득표자들의 명부와 각 득표자의 득표수를 기재한 표를 작성하여 서명하고 증명한 다음, 봉함하여 상원의장 앞으로 미국 정부 소재지로 송부한다. 상원의장은 상원의원 및 하원의원들 앞에서 모든 증명서를 개봉하고 계표한다. 최고 득표자의 득표수

directed to the President of the Senate. The President of the Senate shall, in the Presence of the Senate and House of Representatives, open all the Certificates, and the Votes shall then be counted. The Person having the greatest Number of Votes shall be the President, if such Number be a Majority of the whole Number of Electors appointed; and if there be more than one who have such Majority, and have an equal Number of Votes, then the House of Representatives shall immediately choose by Ballot one of them for President; and if no Person have a Majority, then from the five highest on the List the said House shall in like Manner choose the President. But in choosing the President, the Votes shall be taken by States, the Representation from each State having one Vote; A quorum for this Purpose shall consist of a Member or Members from two-thirds of the States, and a Majority of all the States shall be necessary to a Choice. In every Case, after the Choice of the President, the Person having the greatest Number of Votes of the Electors shall be the Vice President. But if there should remain two or more who have equal Votes, the Senate shall chuse from them by Ballot the Vice-President.

[4] The Congress may determine the Time of choosing the Electors, and the Day on which they shall give their Votes; which Day shall be the same throughout the United States.

[5] No Person except a natural born Citizen, or a Citizen of the United States, at the time of the Adoption of this Constitution, shall be eligible to

가 임명된 선거인의 총수의 과반수가 되었을 때에는 그가 대통령으로 당선된다. 과반수 득표자가 2인 이상이 되고, 그 득표수가 동수일 경우에는 하원이 즉시 비밀투표로 그 중의 1인을 대통령으로 선임해야 한다. 과반수 득표자가 없을 경우에는 하원이 동일한 방법으로 최다 득표자 5명 중에서 대통령을 선임한다. 다만, 이러한 방법으로 대통령을 선거할 때에는 선거를 주 단위로 하고, 각 주의 하원의원은 1표의 투표권을 가지며, 그 선거에 필요한 정족수는 각 주의 하원의원의 3분의 2로부터 1명 또는 그 이상의 의원의 출석으로 성립되며, 전체주의 과반수의 찬성을 얻어야 선출될 수 있다. 어떤 경우에서나, 대통령을 선출하고 난 뒤에 최다수의 득표를 한 자를 부통령으로 한다. 다만, 동수의 득표자가 2인 이상 있을 때에는 상원이 비밀투표로 그 중에서 부통령을 선출한다.>(1804년에 비준된 수정헌법 제12조로 대통령과 부통령의 선거는 분리실시되었으므로 이 항목은 사문화되었다. 또한 1828년 이후 정당정치의 발달로 각 주는 대통령의 선거인을 일반유권자가 선출하게 되었으므로 대통령의 선출은 실질적으로 일반유권자의 투표로써 결정하게 되었다.)

(4) 연방의회는 선인들의 선임시기와 이들의 투표일을 결정할 수 있으며, 이 투표일은 미국 전역을 통하여 같은 날이 되어야 한다.

(5) 출생에 의한 미국시민이 아닌 자, 또는 본 헌법의 제정 시에 미국시민이 아닌 자는 대통령으로 선임될 자격이 없다. 연령이 35세에 미달한 자, 또는 14년간

the Office of President; neither shall any Person be eligible to that Office who shall not have attained to the Age of thirtyfive Years, and been fourteen Years a Resident within the United States.

[6] In Case of the Removal of the President from Office, or of his Death, Resignation, or Inability to discharge the Powers and Duties of the said Office, the same shall devolve on the Vice President, and the Congress may by Law provide for the Case of Removal, Death, Resignation or Inability, both of the President and Vice President, declaring what Officer shall then act as President, and such Officer shall act accordingly, until the Disability be removed, or a President shall be elected.

[7] The President shall, at stated Times, receive for his Services, a Compen-sation, which shall neither be increased nor diminished during the Period for which he shall have been elected, and he shall not receive within that Period any other Emolument from the United States, or any of them.

[8] Before he enter on the Execution of his Office, he shall take the following Oath or Affirmation: "I do solemnly swear (or affirm) that I will faithfully execute the Office of President of the United States, and will to the best of my Ability, preserve, protect and defend the Constitution of the United States."

미국 내의 주민이 아닌 자도 대통령으로 선임될 자격이 없다.

(6) <대통령이 면직되거나 사망하거나 사직하거나 또는 그 권한 및 직무를 수행할 능력을 상실할 경우에, 대통령의 직무는 부통령에게 귀속된다. 연방의회는 법률에 의하여 대통령의 면직, 사망, 사직 또는 직무수행 불능의 경우를 규정할 수 있으며, 그러한 경우에 대통형의 직무를 수행할 관리를 정할 수 있다. 이 관리는 대통령의 직무수행이 불능이 제기되거나 대통령이 새로 선임될 때까지 대통령의 직무를 대행한다.>(수정 제25조 참조)

(7) 대통령은 그 직무수행에 대한 대가로 정기적으로 보수를 받으며, 그 보수는 임기 중에 인상 또는 인하되니 아니한다. 대통령은 그 임기 중에 미국 또는 어느 주로부터 그 밖의 어떠한 보수도 받지 못한다.

(8) 대통령은 그 직무수행을 시작하기에 앞서 다음과 같은 선서 또는 확약을 해야 한다. "나는 미국 대통령의 직무를 성실히 수행하며, 나의 능력의 최선을 다하여 미국 헌법을 보전하고 보호하고 수호할 것을 엄숙히 선서한다."

Section 2. [1] The President shall be Commander in Chief of the Army and Navy of the United States, and of the Militia of the several States, when called into the actual Service of the United States; he may require the Opinion, in writing, of the principal Officer in each of the executive Departments, upon any subject relating to the Duties of their respective Offices, and he shall have Power to Grant Reprieves and Pardons for Offenses against the United States, except in Cases of Impeachment.

[2] He shall have Power, by and with the Advice and Consent of the Senate, to make Treaties, provided two thirds of the Senators present concur; and he shall nominate, and by and with the Advice and Consent of the Senate, shall appoint Ambassadors, other public Ministers and Consuls, Judges of the supreme Court, and all other Officers of the United States, whose Appointments are not herein otherwise provided for, and which shall be established by Law: but the Congress may by Law vest the Appointment of such inferior Officers, as they think proper, in the President alone, in the Courts of Law, or in the Heads of Departments.

[3] The President shall have Power to fill up all Vacancies that may happen during the Recess of the Senate, by granting Commissions which shall expire at the End of their next Session.

제 2 절 (1) 대통령은 미국 육, 해군의 총사령관, 그리고 각 주의 민병이 미국의 현역에 복무할 때는 그 민병대의 총사령관이 된다. 대통령은 각 소관 직무사항에 관하여 행정 각 부처 장관의 문서에 견해를 요구할 수 있다. 대통령은 미국에 대한 범죄에 관하여 탄핵의 경우를 제외하고 형의 집행정지 및 사면을 명할 수 있는 권한을 가진다.

(2) 대통령은 상원의 권고와 동의를 얻어 조약을 체결하는 권한을 가진다. 다만, 그 권고와 동의는 상원의 출석의원 3분의 2 이상의 찬성을 얻어야 한다. 대통령은 대사, 밖의 공사 및 영사, 연방 대법원 판사 그리고 그 임명에 관하여 본 헌법에 특별규정이 없으나, 이후에 법률로써 정해지는 그 밖의 모든 미국 관리를 지명하여 상원의 권고와 동의를 얻어 임명한다. 다만, 연방의회는 적당하다고 인정되는 하급관리 임명권을 법률에 의하여 대통령에게만 또는 법원에게 또는 각 부처 장관에게 부여할 수 있다.

(3) 대통령은 상원의 휴회 중에 생기는 모든 결원을 임명에 의하여 충원하는 권한을 가진다. 다만, 그 임명은 다음 회기가 만료될 때에 효력을 상실한다.

Section 3. He shall from time to time give to the Congress Information of the State of the Union, and recommend to their Consideration such Measures as he shall judge necessary and expedient; he may, on extraordinary Occasions, convene both Houses, or either of them, and in Case of Disagreement between them, with Respect to the Time of Adjournment, he may adjourn them to such Time as he shall think proper; he shall receive Ambassadors and other public Ministers; he shall take Care that the Laws be faithfully executed, and shall Commission all the Officers of the United States.

Section 4. The President, Vice President and all civil Officers of the United States, shall be removed from Office on Impeachment for, and Conviction of, Treason, Bribery, or other high Crimes and Misdemeanors.

ARTICLE III

Section 1. The judicial Power of the United States, shall be vested in one supreme Court, and in such inferior Courts as the Congress may from time to time ordain and establish. The Judges, both of the supreme and inferior Courts, shall hold their Offices during good Behavior, and shall, at stated Times, receive for their Services a Compensation which shall not be diminished during their Continuance in Office.

Section 2. [1] The judicial Power shall extend to all Cases, in Law and Equity,

제 3 절 대통령은 연방의 상황에 관하여 수시로 연방의회에 보고하고, 필요하고도 권고할 만하다고 인정하는 법안의 심의를 연방의회에 권고해야 한다. 긴급 시에는 대통령은 상, 하 양원 또는 그 중의 1원을 소집할 수 있으며, 휴회의 시기에 관하여 양원 간의 의견이 일치되지 아니하는 때에는 대통령이 적당하다고 인정할 때까지 양원의 정회를 명할 수 있다. 대통령은 대사와 그 밖의 외교 사절을 접수하며, 법률이 충실하게 집행되도록 유의하며, 또 미국의 모든 관리에게 직무를 위임한다.

제 4 절 대통령, 부통령 그리고 미국의 모든 문관은 반역죄, 수뢰죄, 또는 그 밖의 중대한 범죄 및 경범죄로 탄핵받고 유죄판결을 받음으로써 면직된다.

제 3 조 〔사법부〕

제 1 절 미국의 사법권은 1개의 대법원(Supreme Court)에, 그리고 연방의회가 수시로 제정, 설치하는 하급법원들에게 속한다. 연방대법원 및 하급법원의 판사는 중대한 죄과가 없는 한 그 직을 보유하며, 그 직무에 대하여는 정기에 보수를 받으며, 그 보수는 재임 중에 감액되지 아니한다.

제 2 절 (1) 사법권은 본 헌법과 미국 법률과 그리고 미국의 권한에 의하여 체결

arising under this Constitution, the Laws of the United States, and Treaties made, or which shall be made, under their Authority; to all Cases affecting Ambassadors, other public Ministers and Consuls; to all Cases of admiralty and maritime Jurisdiction; to Controversies to which the United States shall be a Party;—to Controversies between two or more States;—between a State and Citizens of another State;—between Citizens of different States;—between Citizens of the same State claiming Lands under Grants of different States, and between a State, or the Citizens thereof, and foreign States, Citizens or Subjects.

[2] In all Cases affecting Ambassadors, other public Ministers and Consuls, and those in which a State shall be Party, the supreme Court shall have original Jurisdiction. In all the other Cases before mentioned, the supreme Court shall have appellate Jurisdiction, both as to Law and Fact, with such Exceptions, and under such Regulations as the Congress shall make.

[3] The Trial of all Crimes, except in Cases of Impeachment, shall be by Jury; and such Trial shall be held in the State where the said Crimes shall have been committed; but when not committed within any State, the Trial shall be at such Place or Places as the Congress may by Law have directed.

Section 3. [1] Treason against the United States, shall consist only in

되었거나 체결된 조약으로 하여 발생하는 모든 보통법상 및 형평법상의 사건, 대사와 그 밖의 외교사절 및 영사에 관한 모든 사건, 해사재판 및 해상관할에 관한 모든 사건, 미국이 한 편의 당사자가 되는 분쟁, 2개의 주 및 그 이상의 주 사이에 발생하는 분쟁, <한 주와 다른 주의 시민 사이의 분쟁>(수정 제11조 참조), 상이한 주의 시민 사이의 분쟁, 다른 주로부터 부여받은 토지의 권리에 관하여 같은 주의 시민 사이에 발생하는 분쟁, 그리고 어떤 주나 또는 그 주의 시민과 외국, 외국 시민 또는 외국 신민과의 사이에 발생하는 분쟁에 미친다.

(2) 대사와 그 밖의 외교사절 및 영사에 관계되는 사건과, 주가 당사자인 사건은 연방대법원이 제1심의 재판관할권을 가진다. 그 밖의 모든 사건에서는 연방의회가 정하는 예외의 경우를 두되, 연방의회가 정하는 규정에 따라 법률문제와 사실문제에 관하여 상소심 재판관할권을 가진다.

(3) 탄핵사건을 제외한 모든 범죄의 재판은 배심제로 한다. 그 재판은 그 범죄가 행하여진 주에서 해야 한다. 다만, 그 범죄자가 어느 주에도 속하지 아니할 경우에는 연방의회가 법률에 의하여 정하는 장소에서 재판한다.

제3절 (1) 미국에 대한 반역죄는 미국에 대하여 전쟁을 일으키거나 또는 적에

levying War against them, or in adhering to their Enemies, giving them Aid and Comfort. No Person shall be convicted of Treason unless on the Testimony of two Witnesses to the same overt Act, or on Confession in open Court.

[2] The Congress shall have power to declare the Punishment of Treason, but no Attainder of Treason shall work Corruption of Blood, or Forfeiture except during the Life of the Person attainted.

ARTICLE Ⅳ

Section 1. Full Faith and Credit shall be given in each State to the public Acts, Records, and judicial Proceedings of every other State. And the Congress may by general Laws prescribe the Manner in which such Acts, Records and Proceedings shall be proved, and the Effect thereof.

Section 2. [1] The Citizens of each State shall be entitled to all Privileges and Immunities of Citizens in the several States.

[2] A Person charged in any State with Treason, Felony, or other Crime, who shall flee from Justice, and be found in another State, shall on demand of the executive Authority of the State from which he fled, be delivered up, to be removed to the State having Jurisdiction of the Crime.

게 가담하여 원조 및 지원을 할 경우에 만 성립한다. 누구라도 명백한 상기 행동 에 대하여 2명의 증인의 증언이 있거나, 또는 공개법정에서 자백하는 경우 이외 에는 반역죄의 유죄를 선고를 받지 아니 한다.

(2) 연방의회는 반역죄의 형벌을 선고하 는 권한을 가진다. 다만, 반역죄의 선고 로 권리가 박탈된 자는 자기의 생존 기 간을 제외하고 혈통오손(Corruption of Blood)이나, 재산몰수를 초래하지 아니한 다.

제 4 조 〔주와 주 및 연방과의 관계〕

제 1 절　각 주는 다른 주의 법령, 기록 및 사법절차에 대하여 충분한 신뢰와 신 용을 가져야 한다. 연방의회는 이러한 법 령, 기록 및 사법절차를 증명하는 방법과 그것들의 효력을 일반 법률로서 규정할 수 있다.

제 2 절　(1) 각 주의 시민은 다른 어느 주에서도 그 주의 시민이 향유하는 모든 특권 및 면책권을 가진다.

(2) 어느 주에서 반역죄, 중죄 또는 그 밖의 범죄로 인하여 고발된 자가 도피하 여 재판을 면하고, 다른 주에서 발견된 경우, 범인이 도피해 나온 주의 행정 당 국의 요구에 의하여, 그 범인은 그 범죄 에 대한 재판관할권이 있는 주로 인도되 어야 한다.

[3] No Person held to Service or Labour in one State, under the Laws thereof, escaping into another, shall, in Consequence of any Law or Regulation therein, be discharged from such Service or Labour, But shall be delivered up on Claim of the Party to whom such Service or Labour may be due.

(3) <어느 주에서 그 주의 법률에 의하여 사역 또는 노역을 당하도록 되어 있는 자가 다른 주로 도피한 경우에, 다른 주의 어떠한 법률 또는 규정에 의해서도 그 사역 또는 노역의 의무는 해제되지 아니하며, 그 자는 그 사역 또는 노역을 요구할 권리를 가진 당사자의 청구에 따라 인도되어야 한다.>(수정 제13조 참조)

Section 3. [1] New States may be admitted by the Congress into this Union; but no new States shall be formed or erected within the Jurisdiction of any other State; nor any State be formed by the Junction of two or more States, or parts of States, without the Consent of the Legislatures of the States concerned as well as of the Congress.

제 3 절 (1) 연방의회는 신주를 연방에 가입시킬 수 있다. 다만, 어떠한 주의 관할 구역에서도 신주를 형성하거나 설치할 수 없다. 또 관계 각 주의 주 의회와 연방의회의 동의 없이는 2개 이상의 주 또는 주의 일부를 합병하여 형성할 수 없다.

[2] The Congress shall have Power to dispose of and make all needful Rules and Regulations respecting the Territory or other Property belonging to the United States; and nothing in this Constitution shall be so construed as to Prejudice any Claims of the United States, or of any particular State.

(2) 연방의회는 미국에 소속하는 영토 또는 그 밖의 재산을 처분하고 이에 관한 모든 필요한 규칙 및 규정을 제정하는 권한을 가진다. 다만, 이 헌법의 어떠한 조항도 미국 또는 어느 주의 권리를 훼손하는 것으로 해석해서는 아니 된다.

Section 4. The United States shall guarantee to every State in this Union a Republican Form of Government, and shall protect each of them against Invasion; and on Application of the Legislature, or of the Executive (when the Legislature cannot be convened) against domestic Violence.

제 4 절 미국은 이 연방 내의 모든 주의 공화정체(a Republican Form of Government)를 보장하며, 각 주를 침략으로부터 보호하며, 또 각 주의 주 의회 또는 행정부(주 의회를 소집할 수 없을 때)의 요구가 있을 때에는 주 내의 폭동으로부터 각 주를 보호한다.

ARTICLE Ⅴ

The Congress, whenever two thirds of both Houses shall deem it necessary, shall propose Amendments to this Constitution, or, on the Application of the Legislatures of two thirds of the several States, shall call a Convention for proposing Amendments, which, in either Case, shall be valid to all Intents and Purposes, as part of this Constitution, when ratified by the Legislatures of three fourths of the several States, or by Conventions in three fourths thereof, as the one or the other Mode of Ratification may be proposed by the Congress; Provided that no Amendment which may be made prior to the Year One thousand eight hundred and eight shall in any Manner affect the first and fourth Clauses in the Ninth Section of the first Article; and that no State, without its Consent, shall be deprived of its equal Suffrage in the Senate.

ARTICLE Ⅵ

[1] All Debts contracted and Engagements entered into, before the Adoption of this Constitution, shall be as valid against the United States under this Constitution, as under the Confederation.

[2] This Constitution, and the Laws of the United States which shall be made in Pursuance thereof; and all Treaties made, or which shall be made, under the Authority of the United States, shall

제 5 조 〔헌법개정의 절차〕

연방의회는 상, 하 양원의 3분의 2가 본 헌법에 대한 수정의 필요성을 인정할 때에는 헌법수정을 발의해야 하며, 또는 각 주 중 3분의 2 이상의 주 의회의 요청이 있을 때에는 수정 발의를 위한 헌법회의를 소집해야 한다. 어느 경우에서나 수정은 연방의회가 제의하는 비준의 두 방법 중의 어느 하나에 따라, 4분의 3의 주의 주 의회에 의하여 비준되거나, 또는 4분의 3의 주의 주헌법회의에 의하여 비준되는 때에는 사실상 본 헌법의 일부로서 효력을 발생한다. 다만, <1808년에 이루어지는 수정은 어떠한 방법으로도 제 1 조 제 9 절 제 1 항에 변경을 가져올 수 없다.> 어느 주도 그 주의 동의 없이는 상원에서의 동등한 투표권을 박탈당하지 아니한다.

제 6 조 〔연방 최고의 법 규정〕

(1) 본 헌법이 제정되기 전에 계약된 모든 채무와 체결된 모든 조약은 본 헌법에서도 연합(The Confederation)에서와 마찬가지로 미국에 대하여 효력을 가진다.

(2) 본 헌법에 준거하여 제정되는 미국의 법률 그리고 미국의 권한에 의하여 체결되거나 체결된 모든 조약은 이 국가의 최고의 법(the Supreme Law of the Land)이며, 모든 주의 법관은, 어느 주의

be the supreme Law of the Land; and the Judges in every State shall be bound thereby, any Thing in the Constitution or Laws of any State to the Contrary notwithstanding.

헌법이나 법률 중에 이에 배치되는 규정이 있을지라도, 이 헌법에 구속을 받는다.

[3] The Senators and Representatives before mentioned, and the Members of the several State Legislatures, and all executive and judicial Officers, both of the United States and of the several States, shall be bound by Oath or Affirmation, to support this Constitution; but no religious Test shall ever be required as a Qualification to any Office or public Trust under the United States.

(3) 전기한 상원의원 및 하원의원, 각 주의 주 의회 의원, 미국 및 각 주의 행정관 및 사법관은 선서 또는 확약에 의하여 본 헌법을 받들 의무가 있다. 다만, 미국의 어떠한 관직 또는 위임에 의한 공직에도 그 자격요건으로서 종교상의 자격은 요구되지 아니한다.

ARTICLE VII

제 7 조 〔헌법의 승인〕

The Ratification of the Conventions of nine States, shall be sufficient for the Establishment of this Constitution between the States so ratifying the Same.
Done in Convention by the Unanimous Consent of the States present the Seventeenth Day of September in the Year of our Lord one thousand seven hundred and Eighty seven and of the Independence of the United States of America the Twelfth.
In Witness whereof We have hereunto subscribed our Names.

9개 주의 헌법회의가 비준하면 이 헌법은 비준을 마친 각 주 사이에서 효력을 발생하는 데 충분하다 할 것이다.

서기 1787년, 미국 독립 제12년 9월 17일, 헌법회의에 참석한 각 주의 만장일치의 동의를 얻어 본 헌법을 제정한다.

이를 증명하기 위하여 우리들은 이에 서명한다.

AMENDMENTS

AMENDMENT I [1791]

Congress shall make no law respecting an establishment of religion, or prohibiting the free exercise thereof; or abridging the freedom of speech, or of the press; or the right of the people peaceably to assemble, and to petition the Government for a redress of grievances.

AMENDMENT II [1791]

A well regulated Militia, being necessary to the security of a free State, the right of the people to keep and bear Arms, shall not be infringed.

AMENDMENT III [1791]

No Soldier shall, in time of peace be quartered in any house, without the consent of the Owner, nor in time of war, but in a manner to be prescribed by law.

AMENDMENT IV [1791]

The right of the people to be secure in their persons, houses, papers, and effects, against unreasonable searches and seizures, shall not be violated, and no Warrants shall issue, but upon probable cause, supported by Oath or affirmation, and particularly describing the place to be searched, and the persons or things to be seized.

미합중국헌법 수정조항

수정헌법 제 1 조 (1791년 확정)

연방의회는 국교를 정하거나 또는 자유로운 신앙 행위를 금지하는 법률을 제정할 수 없다. 또한 언론, 출판의 자유나 국민이 평화로이 집회할 수 있는 권리 및 불만 사항의 구제를 위하여 정부에게 청원할 수 있는 권리를 제한하는 법률을 제정할 수 없다.

수정헌법 제 2 조 (1791년 확정)

규율 있는 민병은 자유로운 주의 안보에 필요하므로 무기를 소장하고 휴대하는 인민의 권리를 침해할 수 없다.

수정헌법 제 3 조 (1791년 확정)

평화시에 군대는 어떠한 주택에도 그 소유자의 승낙을 받지 아니하고는 숙영할 수 없다. 전시에서도 법률이 정하는 방법에 의하지 아니하고는 숙영할 수 없다.

수정헌법 제 4 조 (1791년 확정)

부당한 수색, 체포, 압수로부터 신체, 가택, 서류 및 통신의 안전을 보장받는 인민의 권리는 이를 침해할 수 없다. 체포, 수색, 압수의 영장은 상당한 이유에 의하고, 선서 또는 확약에 의하여 뒷받침되고, 특히 수색될 장소, 체포될 사람 또는 압수될 물품을 기재하지 아니하고는 이를 발급할 수 없다.

AMENDMENT V [1791]

No person shall be held to answer for a capital, or otherwise infamous crime, unless on a presentment or indictment of a Grand Jury, except in cases arising in the land or naval forces, or in the Militia, when in actual service in time of War or public danger; nor shall any person be subject for the same offense to be twice put in jeopardy of life or limb; nor shall be compelled in any criminal case to be a witness against himself, nor be deprived of life, liberty, or property, without due process of law; nor shall private property be taken for public use, without just compensation.

AMENDMENT VI [1791]

In all criminal prosecutions, the accused shall enjoy the right to a speedy and public trial, by an impartial jury of the State and district wherein the crime shall have been committed, which district shall have been previously ascertained by law, and to be informed of the nature and cause of the accusation; to be confronted with the witnesses against him; to have compulsory process for obtaining witnesses in his favor, and to have the Assistance of Counsel for his defence.

AMENDMENT VII [1791]

In Suits at common law, where the value in controversy shall exceed twenty dollars, the right of trial by jury shall be preserved, and no fact tried by a

수정헌법 제 5 조 (1791년 확정)

누구든지 대배심에 의한 고발 또는 기소가 있지 아니하는 한 사형에 해당하는 죄 또는 파렴치 범죄에 관하여 심리를 받지 아니한다. 다만, 육군이나 해군에서 또는 전시나 사변시 복무 중에 있는 민병대에서 발생한 사건에 관해서는 예외로 한다. 누구라도 동일한 범행으로 생명이나 신체에 대한 위협을 재차 받지 아니하며, 누구라도 정당한 법의 절차에 의하지 아니하고는 생명, 자유 또는 재산을 박탈당하지 아니한다. 또 정당한 보상 없이, 사유 재산이 공공용으로 수용당하지 아니한다.

수정헌법 제 6 조 (1791년 확정)

모든 형사 소추에서, 피고인은 범죄가 행하여진 주 및 법률이 미리 정하는 지역의 공정한 배심에 의한 신속한 공판을 받을 권리, 사건의 성질과 이유에 관하여 통고 받을 권리, 자기에게 불리한 증언과 대질 심문을 받을 권리, 자기에게 유리한 증언을 얻기 위하여 강제 수속을 취할 권리, 자신의 변호를 위하여 변호인의 도움을 받을 권리가 있다.

수정헌법 제 7 조 (1971년 확정)

보통법상의 소송에서, 소송에 걸려 있는 액수가 20달러를 초과하는 경우에는 배심에 의한 심리를 받을 권리가 보유된다. 배심에 의하여 심리된 사실은 보통법의

jury, shall be otherwise re-examined in any Court of the United States, than according to the rules of the common law.

AMENDMENT Ⅷ [1791]

Excessive bail shall not be required, nor excessive fines imposed, nor cruel and unusual punishments inflicted.

AMENDMENT Ⅸ [1791]

The enume- ration in the Constitution, of certain rights, shall not be construed to deny or disparage others retained by the people.

AMENDMENT Ⅹ [1791]

The powers not delegated to the United States by the Constitution, nor prohibited by it to the States, are reserved to the States respectively, or to the people.

AMENDMENT Ⅺ [1798]

The Judicial power of the United States shall not be construed to extend to any suit in law or equity, commenced or prosecuted against one of the United States by Citizens of another State, or by Citizens or Subjects of any Foreign State.

AMENDMENT Ⅻ [1804]

The Electors shall meet in their respective states, and vote by ballot for

규정에 의하는 것 외에 미국의 어느 법원에서도 재심받지 아니한다.

수정헌법 제8조 (1791년 확정)

과다한 보석금을 요구하거나, 과다한 벌금을 과하거나, 잔혹하고 비정상적인 형벌을 과하지 못한다.

수정헌법 제9조 (1791년 확정)

본 헌법에 특정 권리를 열거한 사실이, 인민이 보유하는 그 밖의 여러 권리를 부인하거나 경시하는 것으로 해석되어서는 아니 된다.

수정헌법 제10조 (1791년 확정)

본 헌법에 의하여 미국 연방에 위임되지 아니하였거나, 각 주에게 금지되지 아니한 권한은 각 주나 인민이 보유한다.

수정헌법 제11조 (1798년 확정) [1794년 3월 5일 발의, 1795년 2월 7일 비준]

미국의 사법권은 미국의 한 주에 대하여 다른 주의 시민 또는 외국의 시민이나 시민에 의하여 개시되었거나 제기된 보통법상 또는 형평법상의 소송에까지 미치는 것으로 해석할 수 없다.

수정헌법 제12조 (1804년 확정) [1803년 12월 12일 발의, 1804년 9월 27일 비준]

선거인은 각각 자기 주에서 회합하여, 비밀투표에 의하여 대통령과 부통령을 선

President and Vice-President, one of whom, at least, shall not be an inhabitant of the same state with themselves; they shall name in their ballots the person voted for as President, and in distinct ballots the person voted for as Vice-President, and they shall make distinct lists of all persons voted for as President, and of all persons voted for as Vice-President and of the number of votes for each, which lists they shall sign and certify, and transmit sealed to the seat of the government of the United States, directed to the President of the Senate; —The President of the Senate shall, in the presence of the Senate and House of Representatives, open all the certificates and the votes shall then be counted; The person having the greatest Number of votes for President, shall be the President, if such number be a majority of the whole number of Electors appointed; and if no person have such majority, then from the persons having the highest numbers not exceeding three on the list of those voted for as President, the House of Representatives shall choose imme-diately, by ballot, the President. But in choosing the President, the votes shall be taken by states, the representation from each state having one vote; a quorum for this purpose shall consist of a member or members from two-thirds of the states, and a majority of all the states shall be necessary to a choice. And if the House of Representatives shall not choose a President whenever the right of choice shall devolve upon

거한다. 양인 중 적어도 1인은 선거인과 동일한 주의 주민이 아니어야 한다. 선거인은 투표 용지에 대통령으로 투표되는 사람의 이름을 지정하고, 별개의 투표 용지에 부통령으로 투표되는 사람의 이름을 지정하여야 한다. 선거인은 대통령으로 투표된 모든 사람의 명부와 부통령으로 투표된 모든 사람의 명부, 그리고 각 득표자의 득표수를 기재한 표를 별개로 작성하여 선거인이 이에 서명하고 증명한 다음, 봉합하여 상원의장 앞으로 미국정부 소재지로 송부한다. 상원의장은 상원의원 및 하원의원의 참석하에 모든 증명서를 개봉하고 개표한다. 대통령으로서의 투표의 최고 득표자를 대통령으로 한다. 다만 득표수가 선임된 선거인의 총수의 과반수가 되어야 한다. 이와 같은 과반수 득표자가 없을 경우 하원은 즉시 대통령으로 투표된 사람의 명단 중 3인을 초과하지 아니하는 최다수 득표자들 중에서 대통령을 비밀투표로 선거하여야 한다. 다만, 이러한 방법으로 대통령을 선거할 때에는 선거를 주 단위로 하고, 각 주는 1표의 투표권을 가지며, 그 선거에 필요한 정족수는 각 주의 하원 의원 3분의 2로부터 1명 또는 그 이상의 의원의 출석으로써 성립되며, 전체주의 과반수의 찬성을 얻어야 선출될 수 있다. 대통령 선정권이 하원에 귀속된 경우 하원은 다음 3월 4일까지 대통령을 선정하지 않을 때에는 부통령이 대통령의 직무를 행한다. 부통령으로서의 최고 득표자를 부통령으로 한다. 다만, 그 득표수는 선임된 선거인의 총수의 과반수가 되어야 한다. 과반수 득표자가 없을 경우에는 상원의 득표자 명부 중 최다수 득표자 2인 중에서 부통령을 선임한다. 이 목적을 위한 정족수는 상원의원 총수의 3분의 2로 성립되며, 그 선임에는 의원 총수의 과반수가 필요하다. 다만, 헌법상의 대통령의

them, before the fourth day of March next following, then the Vice-President shall act as President, as in the case of the death or other constitutional disability of the President. The person having the greatest number of votes as Vice-President, shall be the Vice-President, if such number be a majority of the whole number of Electors appointed, and if no person have a majority, then from the two highest numbers on the list, the Senate shall choose the Vice-President; a quorum for the purpose shall consist of two-thirds of the whole number of Senators, and a majority of the whole number shall be necessary to a choice. But no person constitutionally ineligible to the office of President shall be eligible to that of Vice-President of the United States.

직에 취임할 자격이 없는 사람은 미국 부통령의 직에도 취임할 자격이 없다.

AMENDMENT XIII [1865]

Section 1.　Neither slavery nor involuntary servitude, except as a punishment for crime whereof the party shall have been duly convicted, shall exist within the United States, or any place subject to their jurisdiction.

Section 2.　Congress shall have power to enforce this article by appropriate legislation.

AMENDMENT XIV [1868]

Section 1.　All persons born or naturalized in the United States, and subject to the jurisdiction thereof, are citizens of the United States and of the

수정헌법 제13조 (1865년 확정)

제1절　노예 또는 강제노역은 당사자가 정당하게 유죄판결을 받은 범죄에 대한 처벌이 아니면 합중국 또는 그 관할에 속하는 어느 장소에서도 존재할 수 없다.

제2절　연방의회는 적당한 입법에 의하여 본 조의 규정을 시행할 권한을 가진다.

수정헌법 제14조 (1868년 확정) [1866년 6월 13일 발의, 1868년 7월 9일 비준]
제1절　합중국에서 출생하고 또는 귀화하고, 합중국의 관할권에 속하는 모든 사람은 합중국 및 그 거주하는 주의 시민이다. 어떠한 주도 합중국 시민의 특권과

State wherein they reside. No State shall make or enforce any law which shall abridge the privileges or immunities of citizens of the United States; nor shall any State deprive any person of life, liberty, or property, without due process of law; nor deny to any person within its jurisdiction the equal protection of the laws.

Section 2. Representatives shall be apportioned among the several States according to their respective numbers, counting the whole number of persons in each State, excluding Indians not taxed. But when the right to vote at any election for the choice of electors for President and Vice-President of the United States, Representatives in Congress, the Executive and Judicial officers of a State, or the members of the Legislature thereof, is denied to any of the male inhabitants of such State, being twenty-one years of age, and citizens of the United States, or in any way abridged, except for participation in rebellion, or other crime, the basis of representation therein shall be reduced in the proportion which the number of such male citizens shall bear to the whole number of male citizens twenty-one years of age in such State.

Section 3. No person shall be a Senator or Representative in Congress, or elector of President and Vice-President, or hold any office, civil or military, under the United States, or under any State, who, having previously taken an oath, as a member of Congress, or as

면책권을 박탈하는 법률을 제정하거나 시행할 수 없다. 어떠한 주도 정당한 법의 절차에 의하지 아니하고는 어떠한 사람으로부터도 생명, 자유 또는 재산을 박탈할 수 없으며, 그 관할권 내에 있는 어떠한 사람에 대하여도 법률에 의한 평등한 보호를 거부하지 못한다.

제2절 하원의원은 각 주의 인구수에 비례하여 각 주에 할당한다. 각 주의 인구수는 과세되지 아니하는 인디언을 제외한 각 주의 총인구수이다. 다만, 합중국 대통령 및 부통령의 선거인, 연방의회의 하원의원, 각주의 행정관, 사법관 또는 각 주 의회의 의원을 선출하는 어떠한 선거에서도, 반란이나 그 밖의 범죄에 가담한 경우를 제외하고, 21세에 달하고 합중국시민인 당해 주의 남성주민 중의 어느 누구에게 투표권이 거부되거나, 어떠한 방법으로 제한되어 있을 때에는 그 주의 하원의원 할당수의 기준은 그러한 남성주민의 수가 그 주의 21세에 달한 남성주민의 총수에 대하여 가지는 비율에 따라 감소된다.

제3절 과거에 연방의회, 의원, 합중국 관리, 각 의회의원 또는 각주의 행정관이나 사법관으로서, 합중국 헌법을 수호할 것을 선서하고, 후에 이에 대한 폭동이나 반란에 가담하거나 또는 그 적에게 원조를 제공한 자는 누구라도 연방의회의 상원의원이나 하원의원, 대통령 및 부통령

an officer of the United States, or as a member of any State legislature, or as an executive or judicial officer of any State, to support the Constitution of the United States, shall have engaged in insurrection or rebellion against the same, or given aid or comfort to the enemies thereof. But Congress may by a vote of two-thirds of each House, remove such disability.

Section 4. The validity of the public debt of the United States, authorized by law, including debts incurred for payment of pensions and bounties for services in suppressing insurrection or rebellion, shall not be questioned. But neither the United States nor any State shall assume or pay any debt or obligation incurred in aid of insurrection or rebellion against the United States, or any claim for the loss or emancipation of any slave; but all such debts, obligations and claims shall be held illegal and void.

Section 5. The Congress shall have power to enforce, by appropriate legislation, the provisions of this article.

AMENDMENT XV [1870]

Section 1. The right of citizens of the United States to vote shall not be denied or abridged by the United States or by any State on account of race, color, or previous condition of servitude.

Section 2. The Congress shall have

의 선거인, 합중국이나 각주 밑에서의 문무의 관직에 취임할 수 없다. 다만, 연방의회는 각원의 3분의 2의 찬성투표로써 그 실격을 해제할 수 있다.

제4절　폭동이나 반란을 진압할 때의 공헌에 대한 은급 및 하사금을 지불하기 위하여 起債한 부채를 포함하여 법률로 인정한 국채의 법적효력은 이를 문제로 삼을 수 없다. 그러나 합중국 또는 주는 합중국에 대한 폭동이나 반란을 원조하기 위하여 기채한 부채에 대하여 또는 노예의 상실이나 해방으로 인한 청구에 대하여서는 채무를 부담하거나 지불하지 아니한다. 모든 이러한 부채, 채무 및 청구는 위법이고 무효이다.

제5절　연방의회는 적절한 입법에 의하여 본 조의 규정을 시행할 권한을 가진다.

수정헌법 제15조 (1870년 확정) [1869년 2월 26일 발의, 1870년 2월 3일 비준]
제1절　합중국시민의 투표권은 인종, 피부색 또는 과거의 예속 상태로 인하여 합중국이나 주에 의하여 거부되거나 제한되지 아니한다.

제2절　연방의회는 적절한 입법에 의하

power to enforce this article by appropriate legislation.

AMENDMENT XVI [1913]

The Congress shall have power to lay and collect taxes on incomes, from whatever source derived, without apportionment among the several States, and without regard to any census or enumeration.

AMENDMENT XVII [1913]

[1] The Senate of the United States shall be composed of two Senators from each State, elected by the people thereof, for six years; and each Senator shall have one vote. The electors in each State shall have the qualifications requisite for electors of the most numerous branch of the State legislatures.

[2] When vacancies happen in the representation of any State in the Senate, the executive authority of such State shall issue writs of election to fill such vacancies: Provided, That the legislature of any State may empower the executive thereof to make temporary appointments until the people fill the vacancies by election as the legislature may direct.

[3] This amendment shall not be so construed as to affect the election or term of any Senator chosen before it becomes valid as part of the Constitution.

여 본 조의 규정을 시행할 권한을 가진다.

수정헌법 제16조 (1913년 확정) [1909년 7월 12일 발의, 1913년 2월 3일 비준]
연방의회는 어떠한 소득원에서 얻어지는 소득에 대하여서도, 각주에 배당하지 아니하고, 국세조사나 인구수산정에 관계없이, 소득세를 부과·징수할 권한을 가진다.

수정헌법 제17조 (1913년 확정) [1912년 5월 13일 발의, 1913년 4월 8일 비준]
(1) 합중국의 상원은 각주 2명씩의 상원의원으로 구성된다. 상원의원은 그 주의 주민에 의하여 선출되고 5년의 임기를 가진다. 각 상원의원은 1표의 투표권을 가진다. 각주의 선거인은 주입법부 중 의원수가 많은 1원(院)의 선거인에 요구되는 자격을 가져야 한다.

(2) 상원에서 어느 주의 의원에 결원이 생긴 때에는 그 주의 행정부는 결원을 보충하기 위하여 선거명령을 발하여야 한다. 다만, 주민이 주 의회가 정하는 바에 의한 선거에 의하여 결원을 보충할 때까지, 주 의회는 그 주의 행정부에게 임시로 상원의원을 임명하는 권한을 부여할 수 있다.

(3) 본 수정조항은 본 헌법의 일부로서 효력을 발생하기 이전에 선출된 상원의원의 선거 또는 임기에 영향을 주는 것으로 해석하지 못한다.

AMENDMENT XVIII [1919]

Section 1.   After one year from the ratification of this article the manufacture, sale, or transportation of intoxicating liquors within, the importation thereof into, or the exportation thereof from the United States and all territory subject to the jurisdiction thereof for beverage purposes is hereby prohibited.

Section 2. The Congress and the several States shall have concurrent power to enforce this article by appropriate legislation.

Section 3.   This article shall be inoperative unless it shall have been ratified as an amendment to the Constitution by the legislatures of the several States, as provided in the Constitution, within seven years from the date of the submission hereof to the States by the Congress.

AMENDMENT XIX [1920]

[1] The right of citizens of the United States to vote shall not be denied or abridged by the United States or by any State on account of sex.

[2] Congress shall have power to enforce this article by appropriate legislation.

AMENDMENT XX [1933]

Section 1.   The terms of the President and Vice President shall end at noon on the 20th day of January, and the

수정헌법 제18조 (1919년 확정) [1917년 12월 18일 발의, 1919년 1월 26일 비준]
제1절   본 조의 비준으로부터 1년을 경과한 후에는 합중국 내와 그 관할에 속하는 모든 영역 내에서 음용할 목적으로 주류를 양조, 판매 또는 운송하거나 합중국에서 이를 수입 또는 수출하는 것을 금지한다.

제2절   연방의회와 각주는 적절한 입법에 의하여 본 조를 시행할 동등할 권한을 가진다.

제3절   본 조는 연방의회로부터 이를 각주에 회부한 날로부터 7년 이내에 각주의회가 헌법에 규정된 바와 같이 헌법수정으로서 비준하지 아니하면 그 효력을 발생하지 아니한다.

수정헌법 제19조 (1920년 확정) [1919년 6월 4일 발의, 1920년 8월 18일 비준]
제1절   합중국시민의 투표권은 성별로 해서 합중국이나 주에 의하여 거부 또는 제한되지 아니한다.

제2절   연방의회는 적절한 입법에 의하여 본 조를 시행할 권한을 가진다.

수정헌법 제20조 (1933년 확정) [1932년 3월 2일 발의, 1933년 1월 23일 비준]
제1절   대통령과 부통령의 임기는 본 조가 비준되지 아니하였더라면 임기가 만료하였을 해의 1월 20일 정오에, 그리

terms of Senators and Representatives at noon on the 3rd day of January, of the years in which such terms would have ended if this article had not been ratified; and the terms of their successors shall then begin.

Section 2. The Congress shall assemble at least once in every year, and such meeting shall begin at noon on the 3d day of January, unless they shall by law appoint a different day.

Section 3. If, at the time fixed for the beginning of the term of the President, the President elect shall have died, the Vice President elect shall become President. If a President shall not have been chosen before the time fixed for the beginning of his term, or if the President elect shall have failed to qualify, then the Vice President elect shall act as President until a President shall have qualified; and the Congress may by law provide for the case wherein neither a President elect nor a Vice President elect shall have qualified, declaring who shall then act as President, or the manner in which one who is to act shall be selected, and such person shall act accordingly until a President or Vice President shall have qualified.

Section 4. The Congress may by law provide for the case of the death of any of the persons from whom the House of Representatives may choose a President whenever the right of choice shall have devolved upon them, and for

고 상원의원과 하원의원의 임기는 그러한 해의 1월 3일 정오에 끝난다. 그 후임자의 임기는 그때부터 시작된다.

제 2 절 연방의회는 매년 적어도 1회 집회한다. 그 집회는 의회가 법률로 다른 날을 정하지 아니하는 한 1월 3일 정오부터 시작된다.

제 3 절 대통령의 임기 개시일로 정해놓은 시일에 대통령 당선자가 사망하였으면 부통령 당선자가 대통령이 된다. 대통령 임기의 개시일로 정한 시일까지 대통령이 선정되지 아니하였거나, 대통령 당선자가 자격을 구비하지 못하였을 때에는 부통령 당선자가 대통령이 그 자격을 구비할 때까지 대통령의 직무를 대행한다. 연방의회는, 대통령 당선자와 부통령 당선자가 다 자격을 구비하지 못하는 경우에 대비하여 법률로써 규정하고, 대통령의 직무를 대행하여야 할 자 또는 그 대행자의 선정방법을 선언할 수 있다. 이러한 경우에 선임된 자는 대통령 또는 부통령이 자격을 구비할 때까지 대통령의 직무를 대행한다.

제 4 절 연방의회는 하원이 대통령의 선정권을 갖게 되었을 때에 하원이 대통령으로 선정할 인사 중 사망자가 생긴 경우와 상원이 부통령의 선정권을 갖게 되었을 때에 상원이 부통령으로 선정할 인사 중 사망자가 생긴 경우에 대비하여

the case of the death of any of the persons from whom the Senate may choose a Vice President whenever the right of choice shall have devolved upon them.

Section 5.   Sections 1 and 2 shall take effect on the 15th day of October following the ratification of this article.

Section 6.   This article shall be inoperative unless it shall have been ratified as an amendment to the Constitution by the legislatures of three-fourths of the several States within seven years from the date of its submission.

AMENDMENT XXI [1933]

Section 1.   The eighteenth article of amendment to the Constitution of the United States is hereby repealed.

Section 2.   The transportation or importation into any State, Territory, or possession of the United States for delivery or use therein of intoxicating liquors, in violation of the laws thereof, is hereby prohibited.

Section 3.   The article shall be inoperative unless it shall have been ratified as an amendment to the Constitution by conventions in the several States, as provided in the Constitution, within seven years from the date of the submission hereof to the States by the Congress.

법률로 규정할 수 있다.

제 5 절   제 1 절 및 제 2 절은 본 조의 비준 후 최초의 10월 15일부터 효력을 발생한다.

제 6 절   본 조는 회부된 날로부터 7년 이내에 각주의 4분의 3의 주 의회에 의하여 헌법수정 조항으로 비준되지 아니하면 효력을 발생하지 아니한다.

수정헌법 제21조 (1933년 확정) [1933년 2월 20일 발의, 1933년 12월 5일 비준]
제 1 절   연방헌법수정 제18조는 이를 폐기한다.

제 2 절   주, 합중국의 영토 또는 속령의 법률에 위반하여 이들 지역 내에서 인도 또는 사용할 목적으로 주류를 이들 지역에 수송 또는 수입하는 것을 금지한다.

제 3 절   본 조는 연방의회가 이것을 각 주에게 회부한 날부터 7년 이내에 헌법 규정에 따라서 각 주의 헌법회의에 의하여 헌법수정조항으로서 비준되지 아니하면 효력을 발생하지 아니한다.

AMENDMENT XXII [1951]

Section 1.　No person shall be elected to the office of the President more than twice, and no person who has held the office of President, or acted as President, for more than two years of a term to which some other person was elected President shall be elected to the office of the President more than once. But this Article shall not apply to any person holding the office of President, when this Article was proposed by the Congress, and shall not prevent any person who may be holding the office of President or acting as President, during the term within which this Article becomes operative from holding the office of President, or acting as President during the remainder of such term.

Section 2.　This article shall be inoperative unless it shall have been ratified as an amendment to the Constitution by the legislatures of three-fourths of the several States within seven years from the date of its submission to the States by the Congress.

AMENDMENT XXIII [1961]

Section 1.　The District constituting the seat of Government of the United States shall appoint in such manner as the Congress may direct: A number of electors of President and Vice President equal to the whole number of Senators and Representatives in Congress to which the District would be entitled if it were a State, but in no event more

수정헌법 제22조 (1951년 확정) [1947년 3월 24일 발의, 1951년 2월 27일 비준]

제 1 절　누구라고 2회 이상 대통령직에 선출될 수 없으며, 누구라도 타인이 대통령으로 당선된 임기 중 2년 이상 대통령직에 있었거나, 대통령 직무를 대행한 자는 1회 이상 대통령직에 당선될 수 없다. 다만, 본 조는 연방의회가 이를 발의하였을 때에 대통령직에 있는 자에게는 적용되지 아니하며, 또 본 조가 효력을 발생하게 될 때에 대통령직에 있거나 대통령 직무를 대행하고 있는 자가 잔여임기 중 대통령직에 있거나 대통령 직무를 대행하는 것을 방해하지 아니한다.

제 2 절　본 조는 연방의회가 각주에 회부한 날로부터 7년 이내에 각주의 4분의 3의 주의회에 의하여 헌법수정조항으로서 비준되지 아니하면 효력을 발생하지 아니한다.

수정헌법 제23조 (1961년 확정) [1960년 6월 16일 발의, 1961년 3월 29일 비준]

제 1 절　합중국정부 소재지를 구성하고 있는 지구는 연방의회가 다음과 같이 정한 방식에 따라 대통령 및 부통령의 선거인을 임명한다. 그 선거인의 수는 이 지구가 주라면 배당받을 수 있는 연방의원 내의 상원 및 하원 의원수와 같은 수이다. 그러나 어떠한 경우에도 최소의 인구를 가진 주보다 더 많을 수 없다. 그들은 각주가 임명한 선거인들에 첨가된다.

than the least populous State; they shall be in addition to those appointed by the States, but they shall be considered, for the purposes of the election of President and Vice President, to be electors appointed by a State; and they shall meet in the District and perform such duties as provided by the twelfth article of amendment.

Section 2. The Congress shall have power to enforce this article by appropriate legislation.

AMENDMENT XXIV [1964]

Section 1. The right of citizens of the United States to vote in any primary or other election for President or Vice President, for electors for President or Vice President, or for Senator or Representative in Congress, shall not be denied or abridged by the United States or any State by reason of failure to pay any poll tax or other tax.

Section 2. The Congress shall have power to enforce this article by appropriate legislation.

AMENDMENT XXV [1967]

Section 1. In case of the removal of the President from office or of his death or resignation, the Vice President shall become President.

Section 2. Whenever there is a vacancy in the office of the Vice President, the President shall nominate

그러나 그들도 대통령 및 부통령의 선거를 위하여 주가 선정한 선거인으로 간주된다. 그들은 이 지구에서 회합하여, 헌법수정 제12조가 규정하고 있는 바와 같은 직무를 수행한다.

제 2 절 연방의회는 적절한 입법에 의하여 본 조를 시행할 권한을 가진다.

수정헌법 제24조 (1964년 확정) [1962년 8월 27일 발의, 1964년 1월 23일 비준]
제 1 절 대통령 또는 부통령 선거인들 또는 합중국의회상원의원이나 하원의원을 위한 예비선거 또는 그 밖의 선거에서의 합중국시민의 선거권은 인두세나 기타 조세를 납부하지 아니하였다는 이유로 합중국 또는 주에 의하여 거부되거나 제한되지 아니한다.

제 2 절 연방의회는 적절한 입법에 의하여 본 조를 시행할 권한을 가진다.

수정헌법 제25조 (1967년 확정) [1965년 7월 6일 발의, 1967년 2월 10일 비준]
제 1 절 대통령이 면직, 사망 또는 사임하는 경우에는 부통령이 대통령이 된다.

제 2 절 부통령직이 궐위되었을 때에는 대통령이 부통령을 지명하고, 지명된 부통령은 연방의회 양원의 다수결에 의한

a Vice President who shall take office upon confirmation by a majority vote of both Houses of Congress.

Section 3.   Whenever the President transmits to the President pro tempore of the Senate and the Speaker of the House of Representatives his written declaration that he is unable to discharge the powers and duties of his office, and until he transmits to them a written declaration to the contrary, such powers and duties shall be discharged by the Vice President as Acting President.

Section 4.   Whenever the Vice President and a majority of either the principal officers of the executive departments or of such other body as Congress may by law provide, transmit to the President pro tempore of the Senate and the Speaker of the House of Representatives their written declaration that the President is unable to discharge the powers and duties of his office, the Vice President shall immediately assume the powers and duties of the office as Acting President. Thereafter, when the President transmits to the President pro tempore of the Senate and the Speaker of the House of Representatives his written declaration that no inability exists, he shall resume the powers and duties of his office unless the Vice President and a majority of either the principal officers of the executive department or of such other body as Congress may by law provide, transmit within four days

인준에 따라 취임한다.

제3절 대통령이 상원의 임시의장과 하원의장에게, 대통령의 권한과 임무를 수행할 수 없다는 것을 기재한 공한을 송부할 경우에, 그리고 대통령이 그들에게 그 반대의 사실을 기재한 공한을 송부할 때까지는 부통령이 대통령권한대행으로서 그 권한과 임무를 수행한다.

제4절 부통령, 그리고 행정부 각성의 또는 연방의회가 법률에 의하여 설치하는 기타 기관의 장관들의 대다수가 상원의 임시의장과 하원의장에게, 대통령이 그의 직의 권한과 임무를 수행할 수 없다는 것을 기재한 공한을 송부할 경우에는 부통령이 즉시 대통령권한대행으로서 대통령직의 권한과 임무를 떠맡는다. 그 이후 대통령이 상원의 임시의장과 하원의장에게 직무수행 불능이 존재하지 아니하다는 것을 기재한 공한을 송부할 때는, 대통령이 그의 직의 권한과 임무를 다시 수행한다. 다만, 그러한 경우에 부통령 그리고 행정부 각부, 또는 연방의회가 법률에 의하여 설치하는 기타 기관의 장들의 대다수가 4일 이내에 상원의 임시의장과 하원의장에게 대통령이 그의 직의 권한과 임무를 수행할 수 없다는 것을 기재한 공한을 송부하지 아니하여야 한다. 그 경우에 연방의회는 비회기 중이라 할지라도 목적을 위하여 48시간 이내에 소집하여 그 문제를 결정한다. 연방의회가 후자의 공한을 수령한 후 21일 이내에 또는 비회기중이라도 연방의

to the President pro tempore of the Senate and the Speaker of the House of Representatives their written declaration that the President is unable to discharge the powers and duties of his office. Thereupon Congress shall decide the issue, assembling within forty eight hours for that purpose if not in session. If the Congress, within twenty one days after receipt of the latter written declaration, or, if Congress is not in session, within twenty one days after Congress is required to assemble, determines by two thirds vote of both Houses that the President is unable to discharge the powers and duties of his office, the Vice President shall continue to discharge the same as Acting President; otherwise, the President shall resume the powers and duties of his office.

AMEDMENT XXVI [1971]

Section 1.　The right of citizens of the United States, who are eighteen years of age or older, to vote shall not be denied or abridged by the United States or by any State on account of age.

Section 2.　The Congress shall have power to enforce this article by appropriate legislation.

AMENDMENT XXVII [1992]

No law, varying the compensation for the services of the Senators and Representatives, shall take effect, until an election of Representatives shall have intervened.

회가 소집 요구를 받은 후 21일 이내에 양원의 3분의 2의 표결로써 대통령이 그의 직의 권한과 임무를 수행할 수 없다는 것을 결의할 경우에는 부통령이 대통령권한대행으로서 계속하여 그 권한과 임무를 수행한다. 다만, 그렇지 아니한 경우에는 대통령이 그의 직의 권한과 임무를 다시 수행한다.

수정헌법 제26조 (1971년 확정) [1971년 3월 23일 발의, 1971년 7월 1일 비준]
제1절　연령 18세 이상의 합중국시민의 투표권은 연령을 이유로 하여 합중국 또는 주에 의하여 거부되거나 제한되지 아니한다.

제2절　연방의회는 적절한 입법에 의하여 본 조를 시행할 권한을 가진다.

수정헌법 제27조 (1992년 확정) [1992년 5월 7일 비준]
상·하의원의 세비 변경에 관한 법률은 다음 하원의원 선거 때까지 효력을 발생하지 않는다.

영문색인

국문색인

저자 약력

福田 守利 (Dr. Moritoshi Fukuda)
[B.A., LL.B., LL.M., S.J.D., LL.D.]

S.J.D. 법학박사, 국제경영 카운슬러
법무부 일본법령외국어번역추진회 전문위원
일본 神田外國語大學 교수
중국절강성 寧波大學 특별초빙종신객좌교수

일본 慶應義塾大學 법학부 법률학과 졸업후 도미하여 경영학을 공부하고,
로스쿨에서 미국 국내법을 공부함.
미시간대학 로스쿨에서 연구를 계속하여 1978년 미시간대학에서 S.J.D. 학위취득.
미국의 모교 중 하나로부터 명예박사학위를 수여받음.

기업의 해외전략 및 리걸 마인드를 갖춘 국제인재양성 등, 해외비즈니스 전반에 걸친 국제
문제 전문가. 대학에서는 국제거래법, 영미법, 미국계약법, 비교상사법 등의 강의를 담당.
법률학의 영어강의도 담당. 미일간 상호이해에 관한 집필 및 강의 다수.

저서로는 Legal Problems of Japanese Americans [영문] (慶應義塾大學 출판부), 미국상사법사
전 (Japan Times사), Glocalization 국제사회의 신조류 (공저, 神田外國語大學 출판부), 미국비
즈니스법사전 (상사법무). 그 밖에 논문 및 저술 다수.

역자 약력

박덕영 (Deok-Young PARK)

연세대학교 법과대학 졸업
연세대학교 대학원 법학석사, 법학박사
국비유학시험 합격(국제법 분야)
영국 University of Cambridge 법학석사(LL.M.)
영국 University of Edinburgh 박사과정 마침
프로그램심의 조정위원회 수석연구원 / 지적
　재산권팀장
숙명여자대학교 법과대학 조교수
사법시험, 외무고시, 행정고시, PSAT 출제위원
대한국제법학회 연구이사, 부회장

Yonsei Law Journal 편집위원장
외교통상부 FTA 민간자문위원
국방부 국방기관 평가위원
한국국제경제법학회 회장

연세대학교 법학전문대학원 부교수 (현)
연세대학교 EU법센터장 (현)
법무부 국제투자/지식재산권 자문위원 (현)
국회 입법자문위원/법제처 법제자문위원 (현)
산업통상자원부 통상교섭민간자문위원 (현)

주요 저서

국제법기본판례 50(공역), 박영사, 2014.3
국제비즈니스를 위한 영미법입문(역), 박영사, 2014.1
환경문제와 국제법(공역), 세창출판사, 2013.6
기후변화시대 기업의 대응전략(공역), 세창출판사, 2013.6
국제사회와 법(역), 연세대 출판부, 2013.3
신 국제경제법(개정판)(공동), 박영사, 2013.1
EU법강의(개정판)(공동), 박영사, 2012.10
국제투자협정과 ISDS(공역), 한국학술정보, 2012.9
EU법 기본판례집(공역), 연세대 출판부, 2012.8
세계 주요국의 기후변화법제(공동), 한국학술정보, 2012.6
기후변화와 통상문제(공역), 박영사, 2012.6
국제투자법(공동), 박영사, 2012. 4
법학입문(공동), 박영사, 2011.2
국제법 기본조약집(개정판), 박영사, 2011.1
국제경제법 기본조약집(공동), 박영사, 2010.9
EU법강의(공동), 박영사, 2010.9
국제환경조약집, 세창출판사, 2010.7
국제법(공동), 박영사, 2010.3
국제저작권과 통상문제(공동), 세창출판사, 2009.3

주요 논문

"WTO EC - 석면사건과 첫 환경예외의 인정", 국제법학회논총(2006.12) 외
국제법, 국제통상법, 저작권 분야 논문 다수

수정판
미국법과 법률영어

초판발행   2009년 2월 10일
수정판발행   2014년 10월 30일
중판발행   2023년 1월 30일

저 자   Fukuda Moritoshi
역 자   박덕영
발행인   안종만·안상준

편 집   문선미
기획/마케팅 조성호
표지디자인   최은정
제 작   우인도·고철민

펴낸곳   (주) 박영사
          서울특별시 금천구 가산디지털2로 53, 210호(가산동, 한라시그마밸리)
          등록 1959. 3. 11. 제300-1959-1호(倫)
전 화   02)733-6771
f a x   02)736-4818
e-mail   pys@pybook.co.kr
homepage   www.pybook.co.kr
ISBN   979-11-303-2681-8   93360

* 파본은 구입하신 곳에서 교환해 드립니다. 본서의 무단복제행위를 금합니다.
* 저자와 협의하여 인지첩부를 생략합니다.

정 가   26,000원